条約法

THE LAW OF TREATIES
NAKANO TETSUYA

中野徹也 著

法律文化社

はしがき

　条約法は、国際法の分野の中でも、古い歴史を持つ分野である。条約法は、条約に関する諸規則の総体であり、その展開は条約のそれと軌を一にする。長い歴史の集大成が条約法に関するウィーン条約（条約法条約）であり、同条約は既存の慣習法を法典化するとともに漸進的発達の要素も取り入れ、条約法の基本法として、絶大な信頼を寄せられるにいたっている。

　本書の目的は、読者に、条約法上の諸問題を理解するために必要な知識を得てもらうことにある。序章は、国際法の形式的法源としての条約の特質と、もう一つの形式的法源である慣習法との関係を説明している。条約法条約の諸規定の多くは慣習法化しており、まずそれがどのような意味を持つのかを理解してもらう必要があると考えたからである。第1章は条約の概念、第2章は条約の歴史、第3章は条約の成立、第4章は条約の遵守、適用および解釈、そして第7章は条約の無効・終了・運用停止を扱っているが、いずれも標準的かつ典型的な条約法上の諸問題を、可能な限り網羅的に示すことを心がけた。第2章は、第1章に係るものであり、条約の展開とそれが果たしてきた機能を理解する一助になれば幸いである。

　他方、「条約の実施」と題した第5章と6章は、ともに日本での条約実施の諸相を描き出すことを試みたものであり、不可分の一体であるが、厳密にいえば、これらの章で扱っているのは、典型的な条約法上の諸問題ではない。日本の教科書では、通常、これは国際法と国内法との関係を扱う章に配置されることが多い。しかし、条約法のみならず国際法の重要な原則の一つである「合意は守らなければならない」（*Pacta sunt servanda*）から、また、日本国憲法98条2項から導かれる条約遵守義務を果たすためには、実施の側面はきわめて重要であり、条約法と密接な関係にある。諸外国の条約法に関する著作でも、この点がふれられているのは、その証左である。それゆえ、本書では、多くの頁を割いている。諸外国との比較法的考察をあわせて行えば、より理解が深まると思われるが、全体のバランスを考えて、他日を期することにした。

本書により、比較的「地味な」分野である条約法に関心を抱く者が増えてく
れれば、望外の喜びである。

　本書の出版にあたっては、法律文化社の舟木様に大変お世話になった。度重
なる遅延にもかかわらず、忍耐強く完成まで待っていただいた。本書が、こう
して世に出たのは、ひとえに舟木様のおかげである。記して謝意を表する。

＊本研究の一部は、2021年度関西大学研修員研究費および2022年度関西大学学術研究
　員研究費によって行った。

2024年11月

中野　徹也

目　次

はしがき
凡　例

序　章　国際法の「法源」としての条約 ················· I
　　1　「法源」の意味　1
　　2　国際法の「法源」の種類　2
　　3　国際法の「法源」としての条約　3

第1章　条約の概念 ································· 7
　　1　主体——「国」または「国際機関」　8
　　2　「文書の形式」　9
　　3　「名称のいかんを問わない」　9
　　4　「単一の文書によるものであるか関連する二以上の文書による
　　　　ものであるかを問わず」　10
　　5　「国際法によって規律される国際的な合意」　11

第2章　条約の歴史 ································ 16
　　1　起　源　17
　　2　15世紀から第1次世界大戦まで　20
　　3　第1次世界大戦から第2次世界大戦まで　40
　　4　第2次世界大戦から現在まで　42
　　5　日本と条約　43

第3章　条約の成立 ································ 46
　　1　条約締結能力　46
　　2　締結過程　48

第4章　条約の遵守、適用および解釈 ··············· 62
　　1　条約の遵守　63

2　適　　用　63

　　3　解　　釈　73

第5章　条約の実施（総論）──日本の場合 ………………………… 89

　　1　国際的な側面　90

　　2　国内的な側面　91

第6章　条約の実施（各論）──日本の場合 ………………………… 116

　　1　社会権規約　116

　　2　自由権規約　126

　　3　拷問等禁止条約　147

　　4　児童の権利条約　148

　　5　人種差別撤廃条約　150

　　6　女子差別撤廃条約　158

　　7　障害者権利条約　163

　　8　難民条約　167

　　9　社会保障の最低基準に関する条約（第102号）　168

　　10　WTO設立協定および附属書に含まれる協定　169

　　11　条約法条約　173

　　12　日韓請求権協定　178

　　13　日中共同声明　179

　　14　そ　の　他　180

第7章　条約の無効、終了および運用停止 ……………………………… 182

　　1　無効原因　182

　　2　終了および運用停止原因　190

　　3　手続および効果　200

参考文献

事項索引

判例索引

凡　例

国内判例に関しては下記のように略記した。

最大判　最高裁判所大法廷判決
最一小判　最高裁判所第一小法廷判決
高判　高等裁判所判決
高支判　高等裁判所支部判決
高決　高等裁判所決定
地判　地方裁判所判決
地支判　地方裁判所支部判決
地決　地方裁判所決定
家審　家庭裁判所審判

民集　最高裁判所民事判例集
刑集　最高裁判所刑事判例集
裁判集刑　最高裁判所裁判集刑事
裁判集民　最高裁判所裁判集民事
高刑　高等裁判所刑事判例集
高検速報　高等裁判所刑事裁判速報集
判時　判例時報
判タ　判例タイムズ
訟月　訟務月報
賃社　賃金と社会保障
税資　税務訴訟資料
労判　労働判例
判自　判例地方自治
東高刑時報　東京高等裁判所刑事判決時報

※ D1-Law.com 判例体系所収のものには、判例 ID 番号を付している。

序　章　国際法の「法源」としての条約

【この章で学ぶこと】
・「法源」とは、どのような意味なのだろうか。
・国際法の「法源」には、どのようなものがあるのだろうか。
・国際法の「法源」としての条約には、どのような特徴があるのだろうか。

図表序-1　国際法の形式的法源

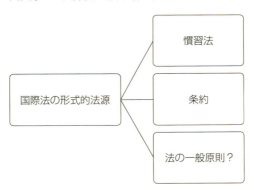

1　「法源」の意味

　主として、国で構成される国際社会には、さまざまな規範がある。「お互いに助け合うこと」を求める道徳規範、「安息日には労働をしてはならない」ことを求める宗教規範、および、「弱者はいたわれなければならない」ことを求める倫理規範などである。これらは国際社会の構成員が行動する際の基準になっているという意味で、社会規範と呼ばれる。
　法規範も社会規範の一つであるが、従うことが要求されるという点で、上記の規範と異なる。法以外の規範は、それに従うかどうかは、各主体の自由であ

図表序-2　社会規範の類型

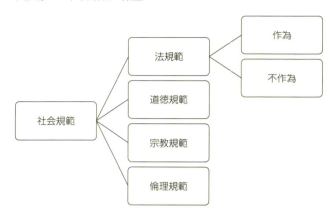

るが、法規範にはその自由がない。「従わなければならない」のである。このように、一定の行為を行うようにさせる（作為）、または、させない（不作為）ようにする力のことを拘束力という。そして、「法的拘束力」は、その力が法規範により与えられている場合に生じる。

「法源」には、さまざまな意味があるが、数ある社会規範の中から「法規範」を取り出し、それがどのような形式で成立しているかを明らかにするという意味があることについては一致している。「形式的法源」とは、この意味での「法源」である。このような観点から、法規範である国際法の「法源」を特定することは、きわめて重要になるのである。

2　国際法の「法源」の種類

それでは、国際法は、どのような形式で成立しているのだろうか。この点で、しばしば参照される国際司法裁判所規程38条1項は、「裁判所は、付託される紛争を『国際法』に従って裁判することを任務とし、次のものを適用する」と規定している。

　a. 一般又は特別の国際条約で係争国が明らかに認めた規則を確立しているもの

b. 法として認められた一般慣行の証拠としての国際慣習

c. 文明国が認めた法の一般原則

d. 法則決定の補助手段としての裁判上の判決及び諸国の最も優秀な国際法学者の学説

　この規定の目的は、裁判にあたって適用されるものを列挙することであって、国際法の「法源」を明らかにすることではない。しかし、国際司法裁判所規程には、ほぼすべての国が参加しており、国際社会の主たる構成員である国が共通して認める「国際法」の成立形式を反映していると考えられる。もっとも、これらのうち、aの条約とbの「法として認められた一般慣行の証拠としての国際慣習」すなわち慣習法が、国際法の形式的法源であることには、ほぼ異論のないところであるが、cの法の一般原則については評価が分かれている。cは、aおよび（または）bが存在しない場合にも、裁判ができるようにするために挿入されたという経緯があり、国際司法裁判所およびその前身である常設国際司法裁判所も、法の一般原則に言及することに慎重な姿勢をとってきたからである。dは、「法則決定の補助手段」であり、国際法の形式的法源ではない。

　したがって、国際法の主たる法源は、条約と慣習法ということになる。

3　国際法の「法源」としての条約

（1）慣習法との相違

　慣習法は、「一般慣行」が「法として認められた」ときに成立する。一般慣行は、諸国の行動が一貫している、または、統一されており、広範かつ大多数の国の立場を反映しているとみなされるときに成立する。この一般慣行が「法として認められた」とき、すなわち、国際法が要求する義務として行動しているという法的信念が存在すると認められたときに、慣習法は成立する。

　成立した慣習法の拘束力は、地域に特有の地域的慣習法または特定の場所にのみ妥当する地方的慣習法を除き、すべての国に及ぶ。この点が、当事国のみにしか拘束力の及ばない条約との最大の相違である。

　また、次章で学ぶように、条約は、文書によることが要件とされる成文の法であるが、慣習法は不文の法であり、明確さで劣るという相違もある。

序　章　国際法の「法源」としての条約　　3

（2）条約と慣習法との関係
（ア）慣習法の条約化
　20世紀に入ると、慣習法を条約の形式で表し、内容を明確にしようとする法典化作業が開始されるようになる。1949年、国連総会は、国際法の漸進的発達と法典化を任務とする国際法委員会を設置した。同委員会規程の15条によれば、国際法の漸進的発達とは、「未だ国際法により規律されていない事項又は法が国家実行の点で未だ十分に発達していない事項について条約草案を準備すること」である。国際法の法典化とは、「既に広範な国家実行、先例及び学説が存在している分野における国際法規則のより厳密な定式化及び体系化をいう」。このように、国際法の法典化は、慣習法の条約化である。委員会は、海洋法に関するジュネーヴ4条約、外交関係条約および領事関係条約などの草案を次々に作成し、慣習法の条約化が進んだ。本書の対象である条約法についても、当初から法典化の対象とされ、1966年に条約法条約の最終草案を採択している。

　慣習法が条約化されたとき、同じ内容の規則が、慣習法と条約という2つの法源の中に同時に存在することになる。（1）で述べたように、条約上の規則は、当事国のみを拘束する。しかし、慣習法上の規則は、すべての国を拘束するので、当事国以外の国も、慣習法上の規則として、それを守らなければならない。

　多くの条約は、「漸進的発達」と「法典化」の両方を兼ね備えており、条約法条約も例外ではない。現在、条約法条約の当事国は116であり、80あまりの国は、条約上の規則には拘束されない。しかし、「法典化」された規定には、

図表序-3　条約と慣習法との関係

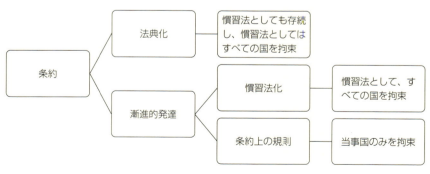

これらの国も慣習法上の規則として拘束される。したがって、「漸進的発達」の規則と「法典化」の規則とを区別することは、きわめて重要な作業となる。

国際司法裁判所（以下、ICJ）は、慣習法の条約化には、2つのパターンがある、と述べている。第1に、その条約上の規則がすでに存在している慣習法を「宣言する効果」を有する場合と、条約が採択されるまでは慣習法として成立していなかったが、採択時に慣習法として「結晶化する効果」を有する場合、である。いずれも、条約の審議過程および留保の可否に照らして、そのような効果を有するかどうかが判断される（*North Sea Continental Shelf, Judgment, I.C.J. Reports 1969*, p. 3, at pp. 37-41, paras. 60-68.）。実際、北海大陸棚事件では、これらの基準に照らして、大陸棚条約の慣習法化が検討された。その結果、12条1項により、1条から3条までの規定については留保が認められていないので、それらは慣習法の法典化である。他方、境界画定の方式を規定している6条に対しては留保が認められており、また、同条約の草案を作成した国際法委員会が、既存の法（*de lege lata*）ではなく「あるべき法（*de lege ferenda*）」として提案していたことを考慮して、同条は純粋に条約上の規則であって、第3国である西ドイツ（当時）を拘束しない、との結論にいたっている（*ibid.*, p. 41, para. 69.）。

条約法条約のどの規定が慣習法の法典化なのかは、主に国際裁判所が示した判断に照らして、本書の各章で言及する。

（イ）条約の慣習法化

当初は、「漸進的発達」だった条約またはその条約の規定が、後に慣習法化することもある。「国際慣習となることにより第3国を拘束することとなる条約の規則」との標題が付けられている条約法条約の38条は、このことを明文で定めている。すなわち、同条約の34条から37条までは、条約と条約の当事国でない国（第3国、条約法条約2条1項(h)）に関する規則を定めているが、38条は、34条から37条までの規定のいずれも、「条約に規定されている規則が国際法の慣習的規則と認められるものとして第3国を拘束することとなることを妨げるものではない」と規定している。

上述の北海大陸棚事件で、ICJは、制定時には条約上の規則であっても、その後の国家実行を通じて、慣習法化したとみなされる際の基準も提示されている。この場合、条約上の規則は慣習法の「形成を促進する効果」を有する。

序　章　国際法の「法源」としての条約　　5

ICJ によれば、条約上の規則が慣習法化するには、自国の利益が特に影響を受ける国（特別利害関係国）を含めて、広範囲にわたる諸国がその条約へ参加している必要がある。また、特別利害関係国を含めて、諸国の法的信念に裏付けられた実行が広範かつ一様でなければならず、このような状況を確認することができれば、そのような実行が長期間に及ぶ必要はなく、短期間で慣習法化する可能性もある。本件で問題となった大陸棚条約の6条は、これらの要件をみたしていないので、依然として条約上の規則である、と判断している。

（ウ）抵　触

　同一事項について、慣習法上の規則と条約上の規則が異なり、同時に適用できない場合、抵触が存在することになる。

　強行規範、すなわち、「いかなる逸脱も許されない規範として、また、後に成立する同一の性質を有する一般国際法の規範によってのみ変更することのできる規範として、国により構成されている国際社会全体が受け入れ、かつ、認める規範」の場合、これと抵触する条約は、無効となる（条約法条約53条）。新たな強行規範が成立し、それに抵触する既存の条約は、効力を失い、終了する（同64条）。

　これら以外の場合、慣習法と条約の「形式的法源」としての地位は同列なので、特別法優位の原則（*lex specilis*）および後法優位の原則（*lex posterior*）により、適用の優劣が決定される。慣習法成立後に、その規則と異なる条約が締結された場合には、特別法優位の原則と後法優位の原則により、当事国の関係では、条約上の規則が優先して適用される。しかし、条約が前法で、慣習法が後法の場合、通常、条約が特別法とみなされるので、慣習法の優位を認めない当事国の関係では、条約上の規則が適用され続ける。この場合は、特別法優位の原則のみにより、優劣が決定されることになる。

第1章　条約の概念

```
【この章で学ぶこと】
・「条約」には、どのような要素が含まれているのだろうか。
・「条約」であるかないかは、どのような基準で判断されるのだろうか。
・「条約」の登録には、どのような意味があるのだろうか。
```

条約法条約は、「条約」を次のように定義している。

　　「国の間において文書の形式により締結され、国際法によって規律される国際的な合意（単一の文書によるものであるか関連する二以上の文書によるものであるかを問わず、また、名称のいかんを問わない。）をいう。」（2条1項(a)）

　また、国際機関条約法条約も、冒頭の「国の間」に代えて、「(i)一若しくは二以上の国と一若しくは二以上の国際機関との間において、又は(ii)国際機関相互の間において」と規定しているところ以外は、同じ定義を採用している（（2条1項(a)）。

　これらの定義は、各条文の冒頭で「この条約の適用上」と規定されていることからわかるように、これらの条約の当事国間でのみ妥当するものだった。しかし、条約法条約の効力発生から40年以上経過した今では、国際機関条約法条約が未だに効力を発生していないにもかかわらず、国際社会で幅広く受け入れられ、慣習法上の定義でもあると認識されている。したがって、日々の外交実務や国際裁判で問題となるのは、「条約」の定義そのものではなく、ある文書がこれらの定義の範疇に入るかどうかである。以下、「条約」を構成する各要素について見ていくことにしよう。

第1章　条約の概念　7

図表1-1　条約の構成要素

1　主体——「国」または「国際機関」

　上述の定義によれば、条約は、「国の間」、「国と国際機関との間」または「国際機関相互の間」において締結される国際的な合意である。したがって、アップルやマイクロソフトなどの世界で業務を展開している企業間の合意や国とこのような企業との合意は、条約ではない。ICJ は、アングロ・イラニアン石油会社事件（イギリス対イラン）先決的抗弁判決で、国が外国企業に付与した石油採掘権契約（concession）は、企業の国籍国が契約の当事国ではないので、条約ではない、と判示した（*Anglo-Iranian Oil Co. Case (jurisdiction), Judgement, I.C.J. Reports 1952* p. 93, at p. 112.）。

　ところで、「国」とは、国際法上の国の要件をみたす主権独立国をさしている。しかし、実際には、この要件をみたさない「国以外の国際法上の主体」にも、「条約」締結能力（第3章参照）が認められている。このような主体が締結する「条約」は、条約法条約の適用範囲外の国際的な合意である。ただし、そのことは、かかる合意の法的効力や慣習法による規律に影響を及ぼすものではなく、多数国間条約の場合、「国の間の関係」へ条約法条約が適用されることに影響を及ぼすものでもない（3条）。

2 「文書の形式」

条約法条約は、明確さを確保し、混乱を招かないようにするため、「文書の形式」で締結される条約にのみ適用されることになった。したがって、「文書の形式によらない」国際的な合意、すなわち口頭の合意には適用されない。もっとも、これは口頭の合意の法的効力に影響を及ぼすものではなく、また、条約法条約の中で慣習法となっている諸規定が慣習法として口頭の合意に適用されることを妨げるものでもない（3条）。ICJ によれば、条約法条約3条に反映されている慣習法によれば、「『文書の形式によらない合意』も、『法的効力』を有しうる。合意がどのような形式をとっていようとも、法的効力を有するには、法的義務に拘束されることを当事国が意図していなければならない。このことは、黙示の合意にもあてはまる」(*Obligation to Negotiate Access to the Pacific Ocean (Bolivia v. Chile), Judgment, I.C.J. Reports 2018*, p. 507, at p. 540, para. 97.) 「黙示の法的合意が存在するとの証拠は、信ずるに足る説得力を有するもの (compelling) でなければならない」。(*Territorial and Maritime Dispute between Nicaragua and Honduras in the Caribbean Sea (Nicaragua v. Honduras), Judgment, I.C.J. Reports 2007 (II)*, p. 659, at p. 735, para. 253.) 。

「電子メール」や「電子ファイル」でやりとりされた「文書」も、永久に読める形式で、電子署名を用いるなど、適式に「署名」されたことが確認できるならば、「文書の形式」とみなしてはならないとするに足る理由はない。実際、すでにいくつかの国家実行が存在する（アメリカ大統領クリントンとアイルランド首相アーレン（肩書はいずれも当時）との間で1998年9月に発出された電子商取引に関するコミュニケ、オーストラリアとシンガポールが2020年8月6日に署名したデジタル経済に関する協定など）。

3 「名称のいかんを問わない」

文書の名称は、当事国の意図を示唆することが多いものの、条約であるかないかを決定するに足る要素ではない。実際、条約、協定、議定書、憲章、規約、

第1章 条約の概念　9

規程、宣言および取極などさまざまの名称が付けられており、「合意議事録」（agreed minutes）のように、名称から条約であるかないかを判別し難い文書も、条約とみなされることがある（*Maritime Delimitation and Territorial Questions between Qatar and Bahrain, Jurisdiction and Admissibility, Judgment, I.C.J. Reports 1994*, p. 112, at p. 120, para. 23; *"Hoshinmaru" (Japan v. Russian Federation), Prompt Release, Judgment, ITLOS Reports 2005-2007*, p. 18, at p. 46, para. 86; *Delimitation of the maritime boundary in the Bay of Bengal (Bangladesh/Myanmar), Judgment, ITLOS Reports 2012*, p. 4, at p. 35, para. 90.）。また、「憲章」のように、明らかに条約である文書（国連憲章など）に付けられることもあれば、条約ではない文書に「憲章」の名称が付けられることもある（欧州安全保障協力機構憲章など）。

　了解覚書は、一般に、条約ではない文書の名称として用いられていたが、近年では、条約の名称として用いられる例が増えている（1995年の適切な化学物質管理のための組織間プログラムの制定に関する了解覚書、1999年のアフリカ大西洋岸におけるウミガメの保存措置に関する覚書、2001年のインド洋および東南アジアにおけるウミガメ類とその生息地の保存および管理に関する覚書、2005年の南アフリカ・シンガポールの了解覚書、2013年の文化財の分野における協力に関するトルコ・韓国の了解覚書など）。深海底問題暫定的了解も、誤解を招く名称だが、条約である。

4　「単一の文書によるものであるか関連する二以上の文書によるものであるかを問わず」

　国連憲章などの条約は、単一の文書で規定されているが、交換公文など、相互に関連する複数の文書で条約が締結されることも多々ある。交換公文の場合、一方の国から他方の国へ送られる公文（往簡）で、申込（offer）の内容（受入国の領域に軍隊を駐留させるなど）が記され、他方の国がその申込を受諾する旨の公文を送り返す（返簡）ことによって、２国間の条約になる。たとえば、日米安保条約第６条の実施に関する交換公文は、日本の内閣総理大臣からアメリカ国務長官にあてた書簡と、後者から前者にあてた書簡から成る。日本は、同条約第６条の実施に関して、「合衆国軍隊の日本国への配置における重要な変更、同軍隊の装備における重要な変更並びに日本国から行なわれる戦闘作戦行動（前記の条約第５条の規定に基づいて行なわれるものを除く。）のための基地としての

日本国内の施設及び区域の使用は、日本国政府との事前の協議の主題とする。」と了解していることを通報するとともに、それが「アメリカ合衆国政府の了解でもあることを」確認するよう求めている。この申込を受けて、アメリカ国務長官は、上記のことが「アメリカ合衆国政府の了解でもあることを本国政府に代わって確認する」書簡を送っている。

このように、交換公文や交換書簡は、通常、2国間の往簡と返簡で構成される。カタール対バーレーン事件（1994年）では、3ヵ国が関与する交換書簡の法的効力が争点となったものの、形式的には、サウジアラビアとカタールとの間の交換書簡およびサウジアラビアとバーレーンとの間の交換書簡だった。

標準的な形式に従っていない交換公文は、国際的な合意ではないとした裁判例がある。上記のように、交換公文や交換書簡は、往簡と同一の文言を返簡が繰り返すことによって、国際的な合意が成立する。それゆえ、往簡の文言と返簡の文言が異なり、関係国が同一の立場をとっていることがうかがえないような場合には、国際的な合意とみなされなかった（*Obligation to Negotiate Access to the Pacific Ocean (Bolivia v. Chile), Judgment, I.C.J. Reports 2018*, p. 507, at p. 546, para. 117.）。

このほか、1981年のアルジェ協定のように、2または3以上の文書により、条約が構成されることもある。

5 「国際法によって規律される国際的な合意」

この要件は、国内法によって規律される文書ではなく、かつ、「国際法上の義務を創設する意図」が存在しなければならないことを示している。

たとえば、国が、大使館を建設するにあたって必要な用地を取得するために外国と締結する契約で、準拠法が当該外国の国内法と明記されている場合などは、「国の間の国際的な合意」であっても、条約ではない。

「国際法上の義務を創設する意図」は、名称からある程度推定できる。条約ではない文書に、「条約」という名称を付けることは、不可能ではないが、混乱を招くだけで、そのような名称を選択することに全く利点がないので、まずあり得ない。「国際法上の義務を創設する意図」があるがゆえに、「条約」とい

第 1 章　条約の概念　11

う名称を選択したと考えられる。

問題は、「国際法上の義務を創設する意図」が名称から定かでなく、このような意図があったかどうかについて、当事国の見解が一致していないときである。先例は、合意議事録、了解覚書、共同コミュニケまたは宣言といった名称が付されている文書の場合、「国際法上の義務を創設する意図」があったかどうかを、「文書の文言」、「締結の際の事情」および「当事国の事後の実行」など、さまざまな要素に照らして判定してきた (*Award on Jurisdiction and Admissibility, An Arbitral Tribunal constituted under Annex VII to the 1982 United Nations Convention on the Law of the Sea between the Republic of the Philippines and the People's Republic of China, PCA 2015*, p. 1, at p. 82, para. 213; *Aegean Sea Continental Shelf (Greece v. Turkey), Judgment, I.C.J. Reports 1978*, p. 3, at p. 39, para. 96; *Maritime Delimitation and Territorial Questions between Qatar and Bahrain, Jurisdiction and Admissibility, Judgment, I.C.J. Reports 1994*, p. 112, at pp. 120-122, paras. 23-29; *Land and Maritime Boundary (Cameroon v. Nigeria; Equatorial Guinea intervening), Judgment, I.C.J. Reports 2002*, pp. 427, 429, paras. 258, 262-263; *Obligations to Negotiate Access to the Pacific Ocean (Bolivia v Chile), Judgment, I.C.J. Reports 2018*, p. 507, at p. 539, para. 91; *Delimitation of the Maritime Boundary in the Bay of Bengal (Bangladesh/Myanmar), Judgment, ITLOS Reports 2012*, p. 4, at p. 35, paras. 89-91.)。

カタール対バーレーン事件で、バーレーンは、合意議事録には法的拘束力がないと主張した。これに対して、ICJ は、「合意議事録は、単なる会合の記録ではな」く、「審議内容を記し、合意した諸点を要約したものではない」としたうえで、合意議事録は、当事国が同意した約束を列挙しているので、当事国に対して国際法上の権利義務を創設している国際的な合意であると認定した (*Maritime Delimitation and Territorial Questions between Qatar and Bahrain, Jurisdiction and Admissibility, Judgment, I.C.J. Reports 1994*, p. 112, at p. 121, para. 25.)。さらに、両国の外務大臣は、自国政府が受諾した文書であって、かつ、記されていた約束のいくつかは即時に適用することが予定されていたものに署名している。それゆえ、バーレーン外務大臣は、政治的な了解を記録している声明に同意する意図であり、国際的な合意に同意する意図はなかった、と後に主張することは許されない、とも述べている (*Ibid.*, pp. 121-122, para. 27.)。

南シナ海仲裁事件（管轄権および受理可能性）で、仲裁廷は、南シナ海におけ
る関係各国の行動宣言（以下、DOC）が、国連海洋法条約281条1項にいう「当
事者間の合意」にあたるかどうかを審査した。仲裁廷は、「条約」や「協定」
ではなく「宣言」という名称であるが、国際的な合意には、多くの形式があり、
名称も多種多様なので、文書の形式や名称は、当事国間に義務を設定する合意
であるかどうかを判定するにあたって、決定的な要素ではないとした。DOC
には、前文のある公式文書であること、中国とアセアン諸国の外務大臣が署名
していること、および署名国が「当事国」と記載されていることなど、条約の
特徴である要素がそなわっている。しかし、署名国が、既存の義務を「再確認
する」との文言を多数含むこと、「合意する」との文言も、行動綱領を将来に
向けて達成するための活動に合意するとの趣旨で用いられていることから、新
たな義務を創設するものではないと解される。また、DOC の目的および採択
にいたるまでの事情に照らしてみても、DOC は、紛争解決に関して法的効力
のある合意であることを意図していなかった。さらに、中国当局は、仲裁手続
が開始される前に、DOC は政治的文書であると述べており、当事国の事後の
行動も、DOC が法的拘束力のない合意であることを確認している。こうして、
仲裁廷は、文書の文言、採択にいたるまでの事情および当事国の事後の実行を
詳細にみたうえで、DOC は法的拘束力のない合意であるとの結論にいたった
（*Award on Jurisdiction and Admissibility, An Arbitral Tribunal constituted under
Annex VII to the 1982 United Nations Convention on the Law of the Sea between the
Republic of the Philippines and the People's Republic of China, PCA 2015*, p. 1, at
paras. 214-218, pp. 82-85.）。

　文書に、効力発生に関する規定が挿入されていることは、その文書に法的拘
束力があることを示唆する要素であるとした裁判例もある（*Maritime
Delimitation in the Indian Ocean (Somalia v. Kenya), Preliminary Objections,
Judgment, I.C.J. Reports 2017*, p. 3, at p. 21, para. 42.）。

　文書の交渉者または署名者が、条約法条約7条2項に規定されている「全権
委任状の提示を要求されることなく、自国を代表するものと認められる」元首、
政府の長および外務大臣の場合であっても、その文書に「国際法上の義務を創
設する意図」がそなわっているとは限らない。ただし、文書の交渉者または署

名者が、これらの者に該当せず、関係国により全権委任状の提示を要求することなく、国を代表するものと認められていないもの（同条1項参照）の場合、その文書には法的拘束力がないと推定される。国を代表する権限のないものが、国を法的に拘束する文書を締結できるとは考えられないからである。加えて、このような文書が、拘束力のある国際的な合意に関して、憲法が要求する国内手続に付されていないことは、「国際法上の義務を創設する意図」がないことを示す証左となる（*Delimitation of the Maritime Boundary in the Bay of Bengal (Bangladesh/Myanmer), Judgment, ITLOS Reports 2012*, p. 4, at p. 36, paras. 96-98.）。

　主題によっては、「国際法上の義務を創設する意図」があったことを認定するには、そのように信ずるに足る説得力を有する（compelling）証拠が必要となる。たとえば、海域の画定のように、センシティブできわめて重大な事項を主題とする文書の性質が問題となる場合、その文書が当事国を法的に拘束する条約であるとの推定を安易にしてはならない（*Territorial and Maritime Dispute between Nicaragua and Honduras in the Caribbean Sea (Nicaragua v. Honduras), Judgment, I.C.J. Reports 2007*, p. 659, p. 735, para. 253: *Delimitation of the maritime boundary in the Bay of Bengal (Bangladesh/Myanmar), Judgment, ITLOS Reports 2012*, p. 4, at p. 36, para. 95.）。

　国連事務局への条約の登録は、2国間の文書で、一方の当事国による登録に他方の当事国が一定期間異議を申し立てなかった場合、「国際法上の義務を創設する意図」が備わっていることを補強する要素となりうる（*Maritime Delimitation in the Indian Ocean (Somalia v. Kenya), Preliminary Objections,*

図表1-2　条約の登録制度

国際連盟	「聯盟国力将来締結スヘキ一切ノ条約又ハ国際約定ハ、直ニ之ヲ聯盟事務局ニ登録シ、聯盟事務局ハ成ルヘク速ニ之ヲ公表スヘシ。右条約又ハ国際約定ハ、前記ノ登録ヲ了スル迄、其ノ拘束カヲ生スルコトナカルヘシ。」（18条）（下線筆者）
国連	「1．この憲章が効力を生じた後に国際連合加盟国が締結するすべての条約及びすべての国際協定は、なるべくすみやかに事務局に登録され、目つ、事務局によって公表されなければならない。 　2．前記の条約又は国際協定で本条1の規定に従って登録されていないものの当事国は、国際連合のいかなる機関に対しても当該条約又は協定を援用することができない。」（102条）（下線筆者）

Judgment, I.C.J. Reports 2017, p. 3, at pp. 21-23, paras. 42-46.)。もっとも、国連事務局は、加盟国により文書が登録された場合、その文書の性質および当事国の地位などについては判断しない。したがって、登録が認められたからといって、条約ではない文書が条約になるわけではない (Note of the Secretariat, 2486 UNTS, p. XXXV.)。逆に、未登録であっても、条約として当事国を拘束し続けている文書もありうる (*Maritime Delimitation and Territorial Questions between Qatar and Bahrain, Jurisdiction and Admissibility, Judgment, I.C.J. Reports 1994,* p. 112, at p. 122, para. 29.)。未登録の効果は、当事国が、国連の機関で援用できない、ということにとどまる (国連憲章102条2項)。

　日本が締結する国際的な合意で、「宣言」という名称が付されているものは、法的拘束力のない合意であることが多い (日露関係に関する東京宣言、日朝平壌宣言および慰安婦問題に関する日韓合意など)。しかし、日ソ共同宣言のように、その文言や批准が発効要件とされていることから、「宣言」であっても法的拘束力のある「条約」と解されている文書もある。それゆえ、ある文書が「条約」であるかどうかは、名称だけではなく、上記の基準に照らして判定される必要がある。

第1章　条約の概念　15

第2章　条約の歴史

出典：UN Photo/Teddy Chen

【この章で学ぶこと】

- この写真は、紀元前1259年に、ヒッタイトの王であるハッシリ3世とエジプトのファラオであるラムセス2世との間で結ばれたカデシュ平和「条約」の条文を記した粘土板の複製である。国連のホームページには、「世界最古の『条約』」と記載されているが、この「条約」は、前章でみた「条約」と同じ性質を備えていたのだろうか。
- 国際法が発展する過程で、条約はどのような役割を果たしてきたのだろうか。
- 多数国間条約は、20世紀に入ってから急速に増加したが、それはなぜだろうか。
- 条約は国際法を確認する手段であるとともに創設手段であるともいわれるが、それはなぜだろうか。

前の章でみたように、条約は「国際法により規律される国の間の国際的な合意」である。この定義に従えば、条約の歴史は、主権国家および国際法の誕生から始まり、同じ歴史をたどることになる。

　しかし、実際には、主権国家および国際法の誕生する前から、支配者間の合意によって問題解決が図られてきた。「条約」の起源を、そうした実行に求めることも、あながち的外れとはいえない。ある日突然、「条約」が誕生したというよりも、長い歴史を経て、現代の「条約」が発展していったとみることもできるからである。

　本章では、こうした合意も含めて、「条約」の歴史を紐解いていくことにしよう。

1　起　源

　「条約」は、「国」の間で「文書」の形式により締結され、「国際法」によって規律される国際的な合意である。「国」とは主権国家、すなわち、一定の領域とそこに居住する住民に対して、排他的な統治を行う組織（政府）を有し、他国との関係を持つ能力（外交能力）を持つものを指す（1933年のモンテビデオ条約1条参照）。そして、「国際法」とは、このような主権国家間の関係を主に規律する。したがって、「条約」の起源は、「主権国家」および「国際法」のそれと同じでなければならないはずである。そこで、まず、「主権国家」と「国際法」の起源を確認しておこう。

　「主権」は、もともと「至高のもの」を指し、フランス国王の権力が、対外的にはローマ教皇や神聖ローマ皇帝に対し、対内的には封建領主に対して、独立かつ最高の存在であることを示すための用語として登場した。すなわち、「主権」は、対内的には自身よりも上位の権威を認めないという意味で「最高」であること、対外的には外部の支配や干渉を受けないという意味で「独立」していること、そしてそれゆえ相互に「平等」であることを示す用語である。これらの条件をみたす国家が、「主権国家」である。

　主権国家で構成される主権国家体系は、主に、16世紀から19世紀のヨーロッパで徐々に形成されていった。それまでの中世ヨーロッパは、ローマ教皇が宗

第2章　条約の歴史　17

教上の、神聖ローマ皇帝が世俗の普遍的権威として君臨し、その下に諸侯、自治都市および修道院長・司教など、複数の統治団体が併存していた。

16世紀から17世紀にかけての宗教改革、30年戦争に代表される宗教戦争、そして30年戦争を終結させたウェストファリア条約を経て、主権国家体系がヨーロッパで形成され、発展していく。

主権国家体系の下では、上位の権力が存在せず、諸国家が併存する中で自国を存続させるという課題が生じた。この課題を解決する手段の一つとして、主権国家間の関係を規律する国際法が誕生したのである。ただし、当初、主権国家体系はヨーロッパに限定されていたため、国際法の適用範囲も限られていた。「ヨーロッパ公法」と称されていたゆえんである。

その後、アメリカおよびラテンアメリカ諸国の独立、日本、タイ、アフガニスタン、エチオピアなど、植民地化を免れた一部の諸国も、ヨーロッパ型の主権国家を目指したことにより、主権国家体系の範囲は大きく拡大された。それに伴い、国際法の適用範囲も拡大し、世界全体に妥当する国際法になった。19世紀後半から20世紀初頭にかけてのことである。

このように、「主権国家」で構成される主権国家体系を規律する国際法は、早くとも19世紀初頭に誕生したのであって、世界全体に適用される国際法となると、それよりもさらに後のことになる。それゆえ、「条約」の起源も、19世紀初頭よりも前に求めることはできないということになる。

しかし、紀元前3100年頃に、メソポタミアの都市国家ラガシュとウンマが、両国の境界を画定した濠と石を侵してはならないことを誓った旨を刻んだ石碑は、「最古の条約」といわれている。また、紀元前1279年に、エジプトのラムセス2世とヒッタイトのハッシリ3世との間で、国境線の不可侵だけでなく、犯罪人（政治犯罪人も含めて）の引渡しも約束したことを記すものも発見されている。「主権国家」および「国際法」の影すらみられなかった時代に、「条約」は存在していたのだろうか。

古代において、多民族を包摂する帝国は、世界各地に存在した。エジプト、メソポタミア、フェニキアおよびペルシャなど、古代のオリエント地域に存在した諸帝国や、ギリシャの都市国家などである。そして、少なくとも次の3つの時期に、このような「諸国」の間で、国際的な法制度が機能していたと考え

られる。第1は、紀元前1450年から1200年頃までの時期で、エジプト、バビロニアおよびヒッタイト帝国間の関係を規律していた制度である。第2は、紀元前600年から338年までの時期で、ギリシャの都市国家間に加えて、都市国家とペルシャ帝国ならびにカルタゴとの関係を規律していた法制度である。第3は、紀元前4世紀の半ばから、ローマ帝国がマケドニア軍に勝利をおさめたピュドナの戦いのあった紀元前168年頃までの時期で、エジプト、シリアならびにマケドニアのヘレニズム諸国間とこれら諸国とカルタゴならびに古代ローマ帝国の支配下にあったイタリア同盟市との関係を規律していた法制度である。とりわけ、ギリシャの都市国家間では、人種・文化・言語・宗教が同一だったので、協同意識が成立し、それに基づいて相互の間にかなり緊密な法的紐帯が形成され、さまざまな規範（外国人の保護、外交使節の特権ならびに派遣接受の方式、庇護権、開戦の方式および害敵手段の制限）が生まれ、発展していた。紛争が発生した場合、仲裁裁判によって解決することを約束したとさえいわれている。

　このような「諸国」間の関係を規律する規範として、古代国際法と称されうるものが存在していたことは否定できない。それゆえ、古代国際法により規律される「条約」の萌芽をラガシュとウンマの石碑に見出し、ラムセス2世とハッシリ3世との約束を古代国際法により規律されていた「条約」とみなすことに理由がないわけではない。

　とはいえ、当時の「条約」は、主権国家体系の成立以降に誕生した国際法により規律される「条約」とは、かなりの相違があることに注意しなければならない。まず、当時の「条約」は、「国」の間というよりも、支配者間で交わされた個人的な約束だった。それゆえ、私的な約束なのか、それとも公的な「条約」なのか、その区別がつかないものだった。また、「条約」は、それぞれが信仰する神の前で、その遵守を誓うという方式で締結されており、その拘束力は、違反すれば神の罰が下るという畏怖から導かれていた。

　神々から解放され、宗教的な色合いが失われ、私的な約束ではない「条約」が締結されるには、「合意は守られなければならない」（*Pacta Sunt Servanda*）という共通の規範意識が成立し、それを基本原則とする国際法の成立を待たなければならなかったのである。

第2章　条約の歴史　19

2　15世紀から第1次世界大戦まで

　主権国家体系とそれを規律する国際法は、ある日突然成立したわけではなく、およそ300年の時間をかけて徐々に形成されていった。

（1）「発見」の時代

　1492年、大航海時代を代表する航海者の一人であるコロンブスは、スペイン王室からの支援を得て、3隻の船で出港し、同年10月、「新大陸」を発見する。コロンブスは、スペインへ戻る途中、嵐に遭遇し、ポルトガルに入港したが、これにより、ポルトガル王国とスペイン王国との間に紛争が発生することになる。両国は、1479年に、アルカソヴァス条約を締結し、それぞれの活動範囲を定めていた。ポルトガル国王は、コロンブスの航海が、この条約に違反するのではないかと考え、ローマ教皇に裁定を求めた。そして、1493年に示されたのが「教皇子午線」である。しかし、スペイン側に有利な裁定だったので、ポルトガル国王は強い不満を抱き、直接交渉に訴えることにした。そして、両国は、トルデシリャス条約（1494年）を締結し、新たな分界線を定めるにいたった。

　さらに、1529年のサラゴサ条約が、東半球の分界線を設定したことにより、地球は両国によって分割されることになった。サラゴサ条約が定めた分界線は、日本の東経133度（岡山付近）を通っていた。

　スペインおよびポルトガルは、分界線内の大西洋、インド洋および太平洋を許可なく航海することを禁じたが、新興海洋国であるオランダ、イギリスなどは、「海洋の自由」を主張して、激しく反発した。オランダのグロティウスは、1609年に『自由海論』を著し、海洋は自然法によって万人の使用に開放されていると主張し、オランダの立場を擁護した。「海洋の自由」は、陸地に近接する一定範囲を除き、いずれの国も自由に使用することができるとする「公海自由の原則」として、19世紀に慣習法として成立することになる。

（2）主権国家体系の成立

　1559年、フランス王アンリ2世、スペイン王フェリペ2世およびイギリス王

エリザベス1世は、イタリア戦争を終結させるため、カトー＝カンブレジ条約を締結した。この条約は、以後100年間に及ぶヨーロッパ政治の枠組みをつくりあげ、主権国家体系の形成を促した。イタリア戦争の過程で、国境で区切られた「領域」とその領域内の住民を統治する国家主権が意識され、フランス、スペインおよびイギリスは、主権国家として統一を遂げていく。

　1648年には、主権国家体系の形成をさらに推し進めるきっかけとなった条約が締結された。ウェストファリア条約である。カトリックとプロテスタントにより繰り広げられた30年戦争を終結させるための平和条約で、主に神聖ローマ皇帝とスウェーデン女王との講和問題を扱うミュンスター条約および主に神聖ローマ皇帝とフランスとの講和問題を扱うオスナブリュック条約から成る。

　条約締結交渉には、神聖ローマ帝国内の領邦君主、有力聖職者および都市から成る帝国等族も参加した。その結果、オスナブリュック条約には、神聖ローマ皇帝の全権使節2名、スウェーデン女王の全権使節2名および帝国等族の使節36名の計40名が署名している。ミュンスター条約には、神聖ローマ皇帝の全権使節2名、フランス国王の全権使節1名および帝国等族の使節35名の計38名が署名している。各条約は、署名しなかったものも履行および遵守の義務を負うものとし、さらに、イングランドやロシアのように、交渉に参加しなかった国も、条約の適用範囲に含まれるものとした。

　このように、皇帝や国王本人は、直接交渉に参加せず、それぞれの代理人として使節を派遣し、採択された条約文に署名するという実行は、今日にも引き継がれている。しかし、国家以外の当事者が含まれていること、および、署名しなかったものも拘束する、としているなど、現代の条約とは異なるところも多々ある。

　ウェストファリア条約により、スイス連邦とネーデルラント連邦共和国は独立を承認された。ネーデルラント連邦共和国は、同年、独立戦争を戦っていたスペインとミュンスター条約を締結し、あらためて独立を認められている。神聖ローマ帝国内の領邦には領邦高権が認められ、領邦君主による連合体という体制へと移行することになる。

　こうして、緩やかではあるが普遍的にヨーロッパを統治していたローマ教皇と神聖ローマ帝国の権威は失墜し、スイス、ネーデルラントおよび領邦君主を

取り込み、独立対等な主権国家から成る主権国家体系が形成されていくことになる。

　ウェストファリア条約は、中世の封建的な秩序から近代主権国家体系への過渡期に締結されたものであり、ヨーロッパに恒久的な平和をもたらすにはいたらなかった。その後も王位継承問題および領土の拡大などをめぐって、各所で戦争が繰り広げられ、同盟を樹立するまたは破棄する手段として、および、発端となった問題を解決し、一時的にではあるが平和を回復する手段として、条約の重要性はますます高まっていく。ピレネー条約（1659年）、ブレダ条約（1667年）、アーヘン（エクスラシャペル）条約（1668年）、ナイメーヘン条約（1678～1679年）、ライスヴァイク条約（1697年）、トラヴェンタール条約（1700年）、ハーグ条約（1701年）、ナルヴァ条約（1704年）、ワルシャワ条約（1705年）、アルトランシュテット条約（1706年）、ドレスデン条約（1709年）、トルン条約（同）、コペンハーゲン条約（同）およびハノーファー条約（1710年）など枚挙に暇がないほどの条約が締結されていった。この間には、当時の国家が採用した経済政策である重商主義の典型とされるメシュエン条約（1703年）も締結されている。これは、ポルトガル産のワインとイギリス産の毛織物の輸出入に関する通商条約だった。通商条約は、後年、ヨーロッパ諸国が、ヨーロッパ以外の諸国および地域を経済的に支配する手段として多用されることになる。

　また、条約実行は、ヨーロッパ外にも広がっていく。カルロヴィッツ条約（1699年）は、オスマン帝国がオーストリア（ハプスブルク家）などと締結した条約であり、オスマン帝国が、はじめて領土を放棄したことで、その衰退の始まりを示しているとされている。翌年、オスマン帝国は、露土戦争を終結させるために、ロシア・ツァーリ国とコンスタンティノープル条約（1700年）も締結している。オスマン帝国は、このとき割譲した領土を、プルト条約（1711年）で取り戻している。ロシア・ツァーリ国のピョートル1世と清の康熙帝との間に締結されたネルチンスク条約（1689年）も注目に値する。清朝にとって最初のかつ対等の条約であり、国境線および対等貿易の承認を定めていた。条約締結交渉には、清朝の宮廷で重用されていたイエズス会宣教師たちが参加し、清朝側全権を補佐した。ラテン語、ロシア語および満州語で作成され、正文はラテン語とされた。

1713年から1715年にかけて、ウェストファリア条約の枠組みを維持しつつ、「勢力均衡」による平和維持をはじめて明文で定めたユトレヒト条約が締結される。この条約は、スペイン継承戦争を終結させるために、スペイン、イギリス、フランス、ポルトガル、サヴォイア公国、ネーデルラント連邦共和国および神聖ローマ帝国（オーストリア）から派遣された代表団による交渉を経て、神聖ローマ帝国（オーストリア）を除く各国の間で締結された。「勢力均衡」は、並存する個別国家または国家群の判断に基づいて形成される国家間関係である。階層秩序ではなく、条約当事国（群）の並存を前提とする「勢力均衡」を規定したユトレヒト条約は、並存する主権国家で構成される主権国家体系の形成をさらに推し進めることになる。その結果、ユトレヒト条約は、フランスと神聖ローマ帝国（オーストリア）との間で締結されたラシュタット条約（1714年）とともに、ヨーロッパという限られた地域内ではあったが、戦争後の国際秩序を樹立する手段としての機能するようになった。「勢力均衡」は、ハノーファー条約（1725年）、ウィーン条約（同）およびウィーン条約（1738年）などでも言及され、政治的な原則にとどまらず、法規範として受容されていく。

　「勢力均衡」は、戦争が繰り返されながらも、維持されていく。その際、条約は重要な役割を果たす。1717年に、ネーデルラント連邦共和国、フランスおよびグレートブリテン王国の間で締結された同盟条約は、スペインとの勢力を均衡させ、ユトレヒト条約で合意された事項を維持しようとしたものだった。翌年、この目的を達成するため、ロンドン条約を締結し、新たに神聖ローマ皇帝（オーストリア）を加えて四国同盟を結成しようとした。神聖ローマ皇帝（オーストリア）は、パッサロヴィッツ条約を締結し、オスマン帝国との戦争を終結させたうえで参加し、四国同盟が成立した。これらの動きに刺激されたスペインが、サルデーニャおよびシチリア島に侵攻したことにより、四国同盟戦争が勃発する。スペインは、この戦争に敗北し、平和条約であるハーグ条約（1720年）が締結された。

　同時期には、スウェーデンでの覇権をめぐって争った大北方戦争との関係で締結されたシュヴェート条約（1713年）、シュテッティン条約（1715年）、ベルリン条約（同年）およびグライフスヴァルト条約により、反スウェーデン同盟が結成されている。1719年から1721年までに、スウェーデンと関係諸国との間で

締結されたストックホルム条約、フレデリクスボー条約およびニスタット条約（1721年）は、大北方戦争の平和条約である。ロシアは、スウェーデンに代わってバルト海の覇権を握り、ヨーロッパでの地位を向上させた。スウェーデンの地位は低下したが、北ヨーロッパでの勢力は均衡し、安定をもたらした。他方ロシアは、1728年に、ネルチンスク条約では未画定だった外モンゴルの国境を画定するため、清朝とキャフタ条約を締結している。

　1748年、アーヘン条約が締結された。この条約により、オーストリア継承戦争は終結し、オーストリアはマリア＝テレジアのハプスブルク家の家督継承を諸外国に認めさせる代わりに、シレジアをプロイセン王国に、北イタリアの諸都市をスペインに割譲することになった。1752年には、アランフェス条約が締結され、オーストリア、スペインおよびサルデーニャ王国との関係が正常化され、以降、40年間、イタリアに平和をもたらした。

　1756年から1763まで、18世紀の実質的な世界大戦ともいわれる七年戦争が繰り広げられた。オーストリアが、アーヘン条約で失ったシレジアをプロイセンから奪回しようとしたことがきっかけだったが、1754年以来のイギリスとフランスとの植民地競争が加わり世界規模の戦争となった。イギリスおよびプロイセン陣営とフランス、オーストリア、ロシア、スペインおよびスウェーデン陣営とに分かれて、当時のヨーロッパ列強がすべて参戦し、戦闘はヨーロッパ以外にも拡大した。

　この戦争の過程で、フランスとスペインとの間にフォンテーヌブロー条約が締結され、フランスはルイジアナ（現在のルイジアナはその一部）をスペインに割譲した。この条約は秘密条約であり、スペインへの割譲は、1764年まで公表されなかった。また、同年、スウェーデンおよびロシアは、プロイセンとハンブルク条約およびサンクトペテルブルク条約を締結し、戦線から離脱した。

　七年戦争を終結させたのは、1763年に締結されたフランス、スペインおよびイギリス間のパリ条約とオーストリア、プロイセン等との間のフベルトゥスブルク条約だった。パリ条約により、フランスは、ケベック、東ルイジアナおよびセネガルなどをイギリスに、西ルイジアナをスペインに割譲した。上述のフォンテーヌブロー条約では、ルイジアナ全域がスペインに割譲されていたが、この時点では未公表であり、スペインも異議を唱えなかった。イギリスは、スペ

インにマニラとハバナを返還する一方で、フロリダを獲得した。なお、西ルイジアナは、後にスペインとの秘密条約により、再びフランス領となった後、1803年に、アメリカとの間の条約により売却された。これにより、アメリカの領土は2倍になった。

イギリスおよびプロイセン陣営が勝利したことで、ヨーロッパでのイギリスの地位が向上した一方で、フランスは優位性を失った。このことは、19世紀のパクス・ブリタニカの遠因となった。また、オーストリアの神聖ローマ帝国内での権威が低下したことに伴い、ヨーロッパの勢力均衡が変わることになった。

一方で長期にわたる植民地抗争は、イギリスに深刻な財政難をもたらした。そのため、イギリスは、北米植民地に対して経済統制を強めたことから、北米移民の反発を招きアメリカ独立戦争が勃発した。

北アメリカ東部沿岸のイギリス領の13植民地は、1776年に独立を宣言し、アメリカ合衆国が誕生した。1778年に、フランスは、新国家アメリカと同盟条約を締結すると、スペインやネーデルラント連邦共和国（オランダ）も、アメリカ側に付いて参戦した。1783年のパリ条約により独立戦争は終結し、イギリスはアメリカの独立を正式に認めた。同年、イギリスは、スペインおよびフランスとの間では、ヴェルサイユ条約を締結し、フロリダなどをスペインに、セネガルをフランスに割譲した。莫大な負債を作って参戦したこの戦争で、フランスはセネガルを獲得したにとどまったため、政府に対する批判が高まり、のちのフランス革命の一因になった。イギリスとオランダとの間では、1784年にパリ条約が締結されている。

1794年、イギリスとアメリカは、最初の仲裁裁判条約といわれている友好通商航海条約（ジェイ条約）を締結している。1789年にフランス革命が起こると、イギリスは対フランス大同盟を結成して干渉する姿勢をとる一方で、アメリカは中立の立場を取り、フランスとの貿易を継続しようとした。イギリスが、貿易を妨害しようとしたため、アメリカとの間に緊張関係が発生した。上述のパリ条約では、両国の経済関係が規律されていなかったこと、また、戦争を回避するために、この条約が締結された。条約に基づき設置された混合委員会は、食料品が戦時禁制品にあたるか否か、徴発の合法性の問題など、戦時国際法上の重要な先例となる判断を示した。

第2章　条約の歴史　25

(3)「ヨーロッパ協調」

図表2-1　1810-12年頃のヨーロッパ

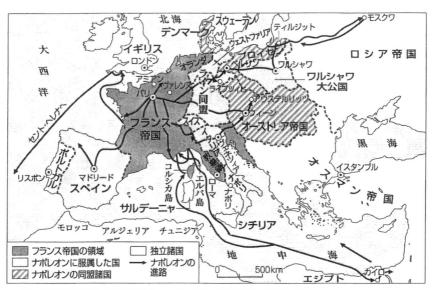

出典：福井憲彦『新版　世界各国史12　フランス史』（山川出版社、2001年）283頁

　1793年、フランス革命政府により、ルイ16世が処刑されると、王制の否定につながる革命思想が波及することを恐れたイギリスなどの周辺諸国は、革命政府の打倒を目的として、対仏大同盟を結成した。それに先立ち宣戦を布告していたプロイセンは、1795年に、バーゼル条約を締結し、革命政府と講和することを決定した。革命政府は、同年、スペインとの間でもバーゼル条約を締結した。この条約により、スペインは、革命政府を承認し、サントドミンゴを割譲した。

　1796年、イタリア方面軍司令官に任命されたナポレオンは、次々と勝利をおさめ、翌年、レオーベン条約およびカンポ・フォルミオ条約を締結し、オーストリアと休戦しただけでなく、多くの領土を割譲させた。

　1798年、フランスの勢力拡大を脅威と感じたヨーロッパ諸国は、ナポレオン

の不在をついて、再度、対フランス大同盟を結成した。しかし、オーストリアが敗れ、1801年にリュネヴィル条約が締結されると、対仏大同盟は崩壊し、イギリスのみが戦争を続けることとなった。そのイギリスも、翌年、フランスとアミアン条約を締結し、ヨーロッパに束の間の平和が訪れた。

　1803年、フランスが、ヨーロッパ市場からイギリス製品を駆逐しようとしたことやアミアン条約違反をおかしたことなどにより、両国間の対立が強まると、イギリスは同条約を廃棄し、ナポレオンの打倒を唱えた。他方、1804年、ナポレオンは帝政の開始を宣言し、フランス皇帝ナポレオン1世となった。

　1805年、ナポレオンはイギリスを屈服させるため、イギリス本土への侵攻作戦を計画し、大軍を集結させた。これに対して、イギリスは各国と3度目の対仏大同盟を結成した。イギリスは、トラファルガーの海戦でフランス艦隊を撃破し、ナポレオンにイギリス本土への侵攻を断念させた。しかし、大陸での覇権を覆すにはいたらず、オーストリアは、プレスブルク条約を締結し、同盟から脱落した。1806年、ナポレオンはナポリ王国を征服し、ナポリ王国も同盟から脱落した。さらにナポレオンは、ドイツの諸邦を支配下に置くためにライン同盟を結成し、多くのドイツ諸邦が神聖ローマ帝国から離脱した。その結果、ヨーロッパにおける勢力均衡は大きく変わり、フランスの覇権は中央ヨーロッパにまで及ぶことになった。

　こうした動きは、バーゼル条約以降、中立を保ってきたプロイセン王国の警戒心をあおり、4度目の対仏大同盟を結成させることとなった。フランス軍は、プロイセン軍を破り、プロイセンを占領した。フランス軍は、ロシア軍も破り、プロイセンおよびロシアはティルジット条約の締結を余儀なくされた。この条約により、プロイセンはエルベ川以西の領土とポーランドを失い、ザクセン王国とロシアにも領土を割譲させられた。対仏大同盟は、またしても崩壊し、フランスのヨーロッパ大陸での覇権は、さらに強化された。

　他方、イギリスはフランスとの対立姿勢を崩さず、1807年に、フランスおよびスペインの連合軍がイギリスの同盟国であるポルトガルに侵攻すると、1809年にオーストリアを加えて、5度目の対仏大同盟が結成された。

　同年、フランス軍は、オーストリア軍を破り、シェーンブルン条約が締結され、オーストリアは多くの領土を割譲した。オーストリアが戦線から離脱した

第2章　条約の歴史　27

ことで、対仏大同盟は崩壊したが、イギリス、スペインおよびポルトガルは戦争を継続し、フランスと交戦状態にあった。フランス軍は、1812年、ロシアに遠征したが、壊滅的な打撃を被った。それを契機として、翌年、6度目の対仏大同盟が結成される。1814年、同盟諸国は、ショーモン条約を締結し、1791年当時の境界線を回復することを条件に、フランスに停戦を求めた。同条約は、「ヨーロッパにおける勢力均衡を維持するために」、「長年にわたり世界を荒廃させてきた侵略を防止するために」締結された。同盟諸国は、長年にわたって続いた戦争により、ヨーロッパ全体の利益を考慮しなければ、自らの国益を守ることもできないことを実感するようになっていた。しかし、ナポレオンがこれを拒否したことから、戦争は継続されたが、同盟諸国軍はフランス軍を圧倒した。そして、降伏条件として、フォンテーヌブロー条約が締結され、ナポレオンは皇帝の称号とフランスから年金を受け取ることなどを認められたものの、エルバ島の小領主として追放された。

同年、こうした情勢の中で、スウェーデンは、デンマーク軍を攻撃し、デンマークおよびノルウェーとキール条約を締結した。この条約によって、ノルウェーはスウェーデンに割譲されたが、ノルウェーは拒否し、独立を宣言した。スウェーデン軍は、ノウェルー軍を破り、モス条約が締結された。同条約により、ノルウェーは、スウェーデンと同君連合を組むことに同意し、スウェーデン＝ノルウェーが正式に樹立された。

同年5月、フランスとイギリス、ロシア、オーストリア、プロイセン、ポルトガルおよびスウェーデンとの間で第1次パリ条約が締結された。スペインは、7月に署名した。パリ条約は、多数国間条約ではなく、2国間条約であり、ショーモン条約を確認するものだった。また、2ヵ月後に、最終的な講和条件を、すべての交戦国が参加する会議で決定することが合意されていた（32条）。この条項により開催されたのが「会議は踊る、されど進まず」で有名なウィーン会議である。

ウィーン会議は、従来の戦争を終結させて戦利品を分配するためではなく、将来の戦争を予防し、平和を創出する国際秩序を構築するために開かれた。「会議は踊る、されど進まず」は、各国の利害が衝突して、交渉が進まなかったことを描写したものだが、1815年3月に、ナポレオンがエルバ島から脱出し、再

びフランスで権力を握ったことで、ようやく進行し、同年6月9日に、ウィーン会議最終議定書が締結された。これにより、「勢力均衡」と「正統主義」を基本原則とする、新たな国際秩序が出現した。「ウィーン体制」または「ヨーロッパ協調」とも呼ばれる国際秩序である。「正統主義」とは、フランス革命前の「正統な」支配者の復位、すなわち、「旧体制」の復活を目指す主義である。これは、「勢力均衡」と折り合いのつくものでもあった。たとえば、ナポレオンが作ったドイツ諸国の枠組みを基本的に引き継ぎ、神聖ローマ帝国の復活ではなく、ドイツ連邦が作り出されたことからも、そのことはわかる。その意味で、「正統主義」は単なる「復古」や「反動」ではなく、「勢力均衡」の観点から唱えられたのである。なお、この時、15世紀にイタリアの都市国家間で始まったといわれる常駐外交使節の席次に関する規則が採択されている。

　ナポレオンが脱出してから、7度目の対仏大同盟が結成され、ウィーン会議最終議定書の締結後に、同盟諸国は、再度ナポレオンに率いられたフランス軍を打ち破り、11月に第2次パリ条約が締結され、戦争は終結した。

　この過程で、2つの同盟が条約と君主間の盟約により成立している。イギリス、ロシア、オーストリアおよびプロイセンによる四国同盟とロシア皇帝、オーストリア皇帝およびプロイセン王による神聖同盟である。

（4）「ウィーン体制」

　ウィーン体制を維持するためには、議定書締結後も、大国が協調する必要があった。その手段として用いられたのが「会議」である。諸国は、「会議」によって、平和を構築しようとする「外交」を展開した。それ以前の外交は、主に2国間で行われており、また戦争終結後の講和に関する問題が主題だった。ウィーン体制下の「会議」は、平時でも、ヨーロッパに係る事項に対するヨーロッパ諸国の対応を検討するために開催された。当時の大国中心ではあったが、このように制度化された「会議」を通じての「外交」が、「ヨーロッパ協調」と呼ばれる19世紀のヨーロッパを支える重要な要素だった。

　1818年に開催されたアーヘン（エクスラシャペル）会議では、四国同盟のフランスからの撤退および四国同盟にフランスを加えて五国同盟にすることなどが審議され、秘密条約の締結にいたった。

第2章　条約の歴史　29

図表2-2 「ウィーン体制」下のヨーロッパ

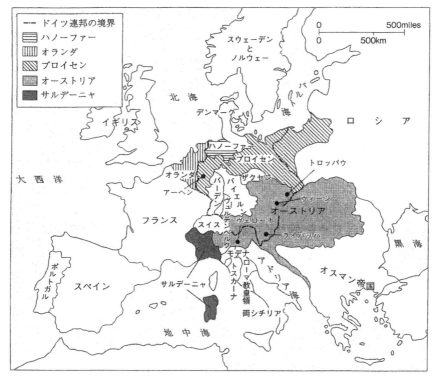

出典：君塚直隆『近代ヨーロッパ国際政治史』（有斐閣、2010年）208頁

　しかし、ウィーン体制の柱の一つだった「正統主義」は、1848年のフランス革命とそれが中央ヨーロッパに飛び火したことにより崩壊した。もう一つの柱である「勢力均衡」による平和も、クリミア戦争およびドイツ帝国の成立により崩れることになった。

　クリミア戦争は、1856年に開催されたパリ会議で採択されたパリ条約により終結した。五国同盟の当事国が敵対したことで、クリミア戦争は、ウィーン体制の終焉をもたらした。このとき、キリスト教国ではないオスマン・トルコが、「ヨーロッパ公法と協調の利益に参加すること」を認められ、国際法の適用範囲がキリスト教国以外にも広がった。また、同条約は、ボスポラス海峡ならび

にダーダネルス海峡の通航制度およびダニューヴ川の国際化（後述）を規定している。海峡の通航制度は、国連海洋法条約35条(c)でも踏襲されている。黒海の中立化およびオーランド諸島の非武装化が定められたのも、このときである。もっとも、前者については、普仏戦争をきっかけとして、ロシアが義務の履行を拒否し、1871年のロンドン条約により、関連条項が変更され、艦隊を置くことが認められることになった。同年採択されたロンドン宣言が、ロシアによる実行を念頭に、「友好的理解に基づく締約国の同意なくしては、いずれの国も条約上の約束を免れ、又はその条項を変更し得ないことが国際法の主要な原則であることを認める。」としていることから、国際法における事情変更原則の適用が認められなかった先例として引用されることもある。

　パリ条約は、露土戦争の平和条約であるサン・ステファノ条約（1878年）により、黒海沿岸の一部がロシアに割譲され、その後開催されたベルリン会議で

図表2-3　1871年頃のヨーロッパ

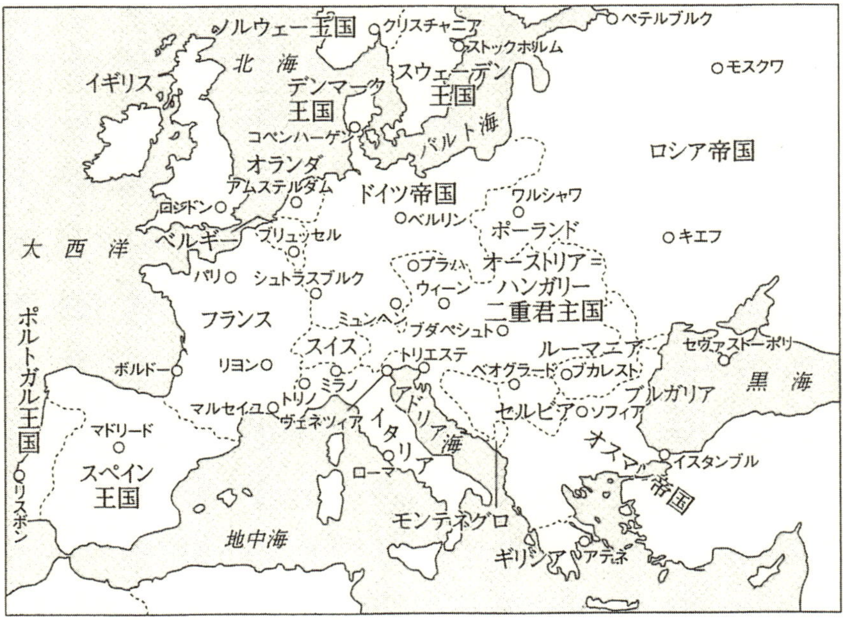

出典：南塚信吾・秋田茂・高澤紀恵責任編集『新しく学ぶ西洋の歴史——アジアから考える』（ミネルヴァ書房、2016年）137頁

ベルリン条約が締結されたことなどにより、死文化することになった。オスマン・トルコがロシアに支払う賠償金などは、翌年のコンスタンチノープル条約により定められた（5条）。

ドイツ帝国は、普墺戦争および普仏戦争の平和条約であるプラハ条約（1866年）およびフランクフルト条約（1871年）を経て成立した。数多の領邦に分かれ、緩衝地帯となっていたヨーロッパの中心に強大な国家が成立し、ウィーン体制の主役が交替することになった。

（5）「ヨーロッパ公法」の拡大

1783年、イギリスが、アメリカと独立戦争の平和条約であるパリ条約を締結し、アメリカの独立を承認した。この条約をきっかけに、ヨーロッパ諸国の間に生まれ、「ヨーロッパ公法」とも呼ばれた国際法の適用範囲は、ヨーロッパ域外にも拡大されることになった。

さらに、19世紀に入ると、スペイン、ポルトガルおよびフランスが中南米に保持していた植民地があいついで独立し、「主権国家体制」の範囲は拡大し続ける。現在のアルゼンチン、ボリビア、ブラジル、チリ、コロンビア、コスタリカ、キューバ、ドミニカ共和国、エクアドル、エルサルバドル、グアテマラ、ハイチ、ホンジュラス、メキシコ、ニカラグア、パナマ、パラグアイ、ペルー、ウルグアイおよびベネズエラは、「ヨーロッパ公法」の受容を前提としつつ、地域に特有の事情から、「ラテンアメリカ国際法」と称される独自の国際法を発展させていくことになる。たとえば、1825年のパナマ条約は、自国領土の防衛と植民地化に反対する義務（21条）、協定による国境の決定とその遵守（22条）および奴隷取引の禁止（27条）などを定めていたが、これらは植民地から独立した諸国が共有する特別の問題を解決しようとしたものだった。独立時の行政区画を国境線とする原則であるウティ・ポティデティス・ユリス（1848年の連合条約7条1項）、外交使節団の公館に庇護を求めてきた政治犯罪人に庇護を供与する外交的庇護の制度（1889年の国際刑事法条約など）など、それまでの国際法になかった原則が条約で定められていった。ウティ・ポティデティス・ユリスは、今では、地域を超えて国際社会一般に妥当する慣習法になっている（*Différend frontalier, arrêt, C.I.J. Recueil 1986*, pp. 565-567, pars. 21-26.）。さらに、

1826年のパナマ条約などは、紛争の平和的解決原則や集団安全保障体制を明文で規定しており、現代の国際法にも少なからぬ影響を及ぼしたと考えられる先進的な条約が数多く締結されていった。

また、ほぼ同時期に、ヨーロッパ諸国は、トルコ（1856年のパリ条約）、中国（1842年の南京条約）、日本（1854年の神奈川条約）などと条約を締結し、それらを国際法の適用範囲に含めた。もっとも、これらの諸国とヨーロッパ諸国との関係は長期にわたって対等ではなく、領事裁判権や関税自主権がヨーロッパ諸国の手に留保された不平等な関係だった。国際法の適用範囲を拡大する手段として、条約は重要な機能を果たしたが、諸国間の不平等を法的に創設する役割を果たしており、「強者の法」といわれた当時の国際法の性格を色濃く反映するものだった。

（6）共通利益の実現

19世紀の産業革命の進展により続出した交通、通信、保健衛生および産業・文化などの専門的・技術的な諸問題のうち、一国だけでは処理できないものに対処する必要性が生じた。それにより、政治的な利害の対立を傍に置きながら、これらの諸問題の解決に向けて協力することが共通の利益になると認識されるようになり、それを実現する手段として、多くの条約が締結された。また、当時の主たる輸送手段だった船舶航行を容易にし、かつ、その安全を確保するため、1815年のウィーン議定書を皮切りに、ヨーロッパを貫流する河川の航行を自由化する条約が締結されたのも同時期である。

ところで、19世紀の前半から、イギリスが清国にアヘンを輸出するようになってから、アヘンの使用は、清国だけではなく、清国末期の混乱に伴い移住した土地にも広がりつつあった。それに伴い、アヘンの害悪は広く知られるようになり、アヘンに対する反対運動が高まっていく。アヘンをはじめとする麻薬の規制は共通の利益であって、取締りに関しては国際協力が不可欠であると認識され、条約の締結に向けての取り組みが始まったのも、この時期である。

（ア）交　通

19世紀後半に、ドイツ、オーストリア、スイスおよびハンガリー等によって、貨物輸送のための規則が制定されるようになった。しかし、それぞれの規則は

著しく異なっており、地理的区間の異なる運送（通し運送）の妨げとなっていた。それゆえ、鉄道貨物運送に関する規則を統一するために、1890年、鉄道運送に関する条約が締結されている。

海上輸送に関しては、1912年に発生したタイタニック号の沈没事故を契機として、1914年、海上における人命の安全のための条約（SOLAS条約）が締結された。その後、技術の進歩および社会情勢の変化などを踏まえて、数回の改正が行われ、現在にいたっている。

航空輸送に関しては、第1次世界大戦前後に、航空機の性能が向上し、無線設備が搭載されるようになったことから、1919年に航空法規に関する条約（パリ条約）が締結された。その後、1944年に締結された、国際民間航空条約（シカゴ条約）によって取って代わられることになる。

（イ）通　信

19世紀半ば、ヨーロッパ諸国で電信網が建設され始めると、隣接する2国間で、制度・方式を統一して電信線を物理的に接続するようになった。以降、電信の国際化が進むにつれて、国際電信業務を統一した制度の下に行うことが求められるようになり、1865年、万国電信条約か締結され、その条約に基づき世界最古の国際組織である万国通信連合が設立された。また、19世紀末には、無線通信が発明され、船舶通信などに利用されるようになると、海上無線通信も統一した制度の下に行うことが求められるようになり、1906年、国際無線電信条約が締結され、その条約に基づき国際無線電信連合が設立された。その後、有線および無線はともに著しく発達し、相互の関係も密接になってきたため、1932年には、上記の2つの条約を統合し、国際電気通信条約が締結され、その条約に基づき国際電気通信連合が発足した。国際電気通信連合は、1947年に国連の専門機関となり、現在にいたっている。

衛星通信の分野では、単一の商業衛星通信システムの樹立を目的として、国際電気通信衛星機構に関する協定（1971年）が採択された。移動衛星通信システムを利用した海事通信に関しては、国際海事衛星機構に関する条約（1976年）が採択されている。

郵便に関しては、1874年に、郵便に関する各国のサービスと規則を統一して、国際郵便の自由通行を促進するために、一般郵便連合の成立に関する条約（ベ

ルン条約）が締結された。条約の締結日である10月9日は、「世界郵便の日」となっている。この条約により設立された一般郵便連合は、加盟国の増加により、1878年に万国郵便連合に改称された。万国通信連合に次ぎ、世界で2番目に古い国際機構であり、現在は、国連の専門機関となっている。

（ウ）保健・衛生

「公衆衛生国際事務局設置に関する千九百七年のローマ協定」が、この分野での最初の条約である。この条約により設置された国際公衆衛生事務局は、1946年に、世界保健機関（WHO）憲章が採択されたことに伴い、解散した。

（エ）産業・文化

度量衡は、計量に用いる長さ（度）、体積（量）および重さ（衡）の基準を定めた制度である。18世紀までの世界には、同じ物理量に対してさまざまな単位があった。人間の移動範囲が一定の地域内に限られている間は、その地域内で単位が統一されていれば足りた。しかし、交通手段の発展に伴い、移動範囲が広がるにつれて、単位が統一されていないことは大きな問題となってきた。そこで、フランスは、18世紀末、世界共通の単位制度の確立を目指して、長さの単位であるメートルと質量の単位であるキログラムを基準とする、メートル法を制定した。フランス以外の国も、度量衡の単位の統一に関心を示し、1875年、各国が協力してメートル法の導入に努めることを目的として、メートル条約が締結された。日本も、1885年に加入した。

工業所有権および著作権についても、同様の問題が発生していた。ヨーロッパでは、産業革命以前に、18世紀後半から19世紀前半にかけて、産業革命が起こる前に、特許権を中心に工業所有権制度の確立が国ごとに進んでいた。しかし、外国人が特許の確保だけを行い、国内での生産が不可能になると、輸入に頼らざるを得なくなるため、権利の取消し、および適正な条件で他者への実施許諾を強制する制度が登場する。たとえば、オーストリアでは、1年間実施されない場合、特許権が強制的に収用されたため、日本の明治政府がはじめて参加した1873年のウィーン万博に出展すると最新技術を模倣される恐れがあった。すでに、万博出展品の模倣に関する事件が頻発していたこともあって、オーストリア政府は、出展品を収用の対象外とする特別法を制定するとともに、工業所有権に関する国際会議を開催した。会議は、1878年の第3回パリ万博時に

第2章　条約の歴史　　35

も開催され、1883年に、工業所有権の国際的保護を定めたパリ条約（パリ条約）が締結されるにいたった。

　著作権については、1710年に、イギリスで世界最初の著作権法であるアン法が制定されている。また、1791年および1793年にに、フランスでも著作権法が制定されている。しかし、19世紀のヨーロッパ大陸で、最も使用頻度が高い言語はフランス語だったので、フランス語の著作物がフランス国外で海賊版として大量に複製され、それがフランスに逆輸入される事態が発生し、フランスの著作者は甚大な被害を受けた。英語圏のイギリスでも、英語著作物がアメリカで無断かつ無償で流通し、著作者に印税等が入らない事態が発生していた。イギリスおよびフランスを除く当時のヨーロッパ諸国およびアメリカは、外国著作物の海賊版を不正行為と認めていなかったことから、フランスとイギリスの著作者が特に被害を受けていたのである。そこで、フランスは、1843年から1885年にかけて、他のヨーロッパ諸国と２国間条約を締結し、自国著作者の保護に取り組んだ。しかし、これらの条約の内容は、輸入国の保護水準に合わせて定められていたため、保護水準が高く、輸出国だったフランスの著作物の国外での保護が十分ではなかった。各国の権利保護期間も統一されていなかったので、1886年、文学的及び美術的著作物の保護に関するベルヌ条約（ベルヌ条約）を締結することによって、問題の解決を図ることになった。

　1892年、パリ条約とベルヌ条約に基づき、知的所有権保護合同国際事務局が設立された。この事務局は、1967年に採択された世界知的所有権機関を設立する条約（WIPO設立条約）21条に従い、世界知的所有権機関に引き継がれている。

（オ）国際河川

　1815年のウィーン議定書105条は、河川の国際化に関する規則を定め、その附属書は、ライン川についての規則を設けていた。1831年のマインツ条約は、ライン川に関する規則をより具体的に定めた。また、1856年のパリ条約は、ダニューヴ川の国際河川化が規定され、各当事国の自由航行が認められた。さらに、1869年には、マインツ条約を改正するマンハイム条約が締結されている。

（カ）麻薬統制

　1909年、上海で、麻薬に関する世界ではじめての国際会議が開かれた。各国の阿片、モルヒネおよびコカインの輸出入の状況などが６つの委員会で検討さ

れた。さらに、1911年から1912年にかけて、ハーグで開催された国際会議は、世界ではじめての薬物統制に関する条約である万国阿片条約（1912年）を採択した。

しかし、万国阿片条約を批准する国は少なく、ほどなく第1次世界大戦が勃発すると、モルヒネが戦場で疼痛剤として用いられるとともに、コカインを使用する兵士もいたことから、戦後、参戦国でこれらの使用が増加した。こうして、第1次世界大戦の講和会議で、万国阿片条約の批准問題が議論されることになった。

その結果、ヴェルサイユ条約は、締約国であって万国阿片条約を署名していない国および批准していない国に対し、同条約の実施、および、必要な法令の制定を義務として課すことにした（295条）。また、ヴェルサイユ条約の批准は、万国阿片条約を批准していない国については、同条約の批准に「一切ノ點ニ於テ均シキモノト看做ス」とも規定されている（同条）。

また、ヴェルサイユ条約の第1編に含まれていた国際連盟規約は、連盟国に対し、「阿片其ノ他ノ有害薬物ノ取引ニ關スル取極ノ實行ニ付一般監視ヲ聯盟ニ委託スヘシ」と規定した（23条（ハ））。国際連盟は、万国阿片条約の実行を監視する機関として、「阿片及び他の危険薬品の取引諮問委員会」を設置した。

その後も、第一あへん条約（1925年）、第二あへん条約（同年）、麻薬の製造制限および分配取締りに関する条約（1931年）、あへんの吸食防止に関する協定（同年）、危険薬品の不正取引の防止に関する条約（1936年）、麻薬に関する協定、条約および議定書を改訂する議定書（1946年）、麻薬の製造制限および分配取締りに関する条約の範囲外の薬品を国際統制の下に置く議定書（1948年）、および、けしの栽培ならびにあへんの生産，国際取引，卸取引および使用の制限および取締りに関する議定書（1953年）が締結されている。

多くの条約が締結され、きわめて複雑な体系になってしまったことから、より簡明かつ実効性のある規定に統一することを目的として、1961年の麻薬に関する単一条約が締結された。また、新たに国際的に懸念されるようになっていた向精神薬については、向精神薬に関する条約（1971年）がある。麻薬及び向精神薬の不正取引の防止に関する国際連合条約（1988年）は、これら2つの条約に定める措置を「強化し及び補完するための」（前文）条約である。

第2章　条約の歴史　　37

（7）第1次世界大戦前夜

ドイツ帝国は、1873年に三帝協定をオーストリア＝ハンガリーおよびロシアと締結した。上述のベルリン会議後に、いったんロシアが離脱したものの、ドイツ帝国宰相ビスマルクの働きかけにより、新たな内容を含む三帝協定が1881年に締結された。その一方で、ビスマルクは、オーストリアおよび統一されたイタリアと三国同盟を形成した。しかし、ビスマルクの引退後の1894年、ロシアは、三国同盟への対抗として、秘密条約により露仏同盟を結んだ。また、イギリスは、1904年にフランスと英仏協商を、1907年にロシアと英露協商を締結した。これらにより、フランスまたはロシアが関与する戦争にイギリスが参戦する可能性が出てきたことから、一連の2国間条約は、三国協商と呼ばれることになる。こうして、当時の主要国が二分して相争う状況が作り出された。

（ア）アフリカ分割

19世紀末から第1次世界大戦までの時代は、ヨーロッパ諸国が、植民地の拡大に走り、世界を分割していったことから、帝国主義の時代と呼ばれる。それを端的に象徴するのが、1884年から85年にかけて開催されたベルリン会議とその際に採択されたベルリン会議一般議定書である。同議定書は、アフリカ沿岸部に対する領域権原を先占により取得するための要件を定めている（34条および35条）。アフリカ人の参加していない「国際」会議で、アフリカ分割の規則が定められたのである。その結果、ヨーロッパ諸国は、「実効支配」をいち早く確立するために、こぞって現地の首長との間で保護条約を締結し、1914年には、エチオピアとリベリアを除き、アフリカ全土がヨーロッパ諸国の植民地となったのである。

（イ）万国平和会議

この時代には、1899年と1907年の2度にわたり、オランダのハーグで万国平和会議が開かれている。ヨーロッパ諸国間の対立が深まる中、軍備拡張費が各国にとって大きな負担となっていたからである。帝国主義の時代の中で、世界平和という理想が追求されたことは興味深い。

第1回会議では、国際紛争平和的処理条約、陸戦ノ法規慣例ニ関スル条約およびその附属書である陸戦ノ法規慣例ニ関スル規則、ダムダム弾の禁止に関する宣言などが採択された。

図表2-4　アフリカ分割

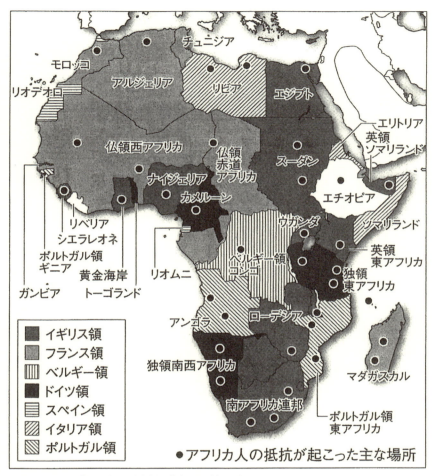

出典：木畑洋一『二〇世紀の歴史』（岩波書店、2014年）14頁

　第2回会議では、開戦ニ関スル条約、陸戦ノ法規慣例ニ関スル条約およびその附属書である陸戦ノ法規慣例ニ関スル規則、戦時海軍力ヲ以テスル砲撃ニ関スル条約、契約上ノ債務回収ノ為ニスル兵力使用ノ制限ニ関スル条約（ポーター条約）、自動触発海底水雷ノ敷設ニ関スル条約などが採択された。
　こうして、紛争の平和的解決および戦争法の分野で、法典化が大きく進んだ。

第2章　条約の歴史　　39

とりわけ、陸戦条約と陸戦規則は重要な役割を果たした。陸戦規則に「違反シタル交戦当事者ハ、損害アルトキハ、其ノ責ヲ負ウヘキモノトス」との規定（陸戦条約3条）は、日本による戦後賠償との関係で、原告側が依拠するところとなっている。

3　第1次世界大戦から第2次世界大戦まで

（1）ヴェルサイユ体制

　第1次世界大戦は、1919年、ヴェルサイユ条約の締結をもって終結した。ヴェルサイユ条約は、ドイツとの平和条約であり、オーストリアとはサン・ジェルマン条約（1919年）、ブルガリアとはヌイイー条約（同年）、ハンガリーとはトリアノン条約（1920年）およびオスマン・トルコとはセーヴル条約が、それぞれ締結されている。これらの条約によってもたらされた国際秩序を「ヴェルサイユ体制」という。なお、希土戦争を経て、セーヴル条約によりギリシャが獲得した領土を、オスマン・トルコが奪還し、続けてアルメニアを平定し、革命後のソ連とモスクワ条約を、フランスとは休戦条約を締結したことから、1923年に、セーヴル条約に代わるローザンヌ条約が締結された。これにより、トルコ共和国が主権国家として認められた。

　ヴェルサイユ条約の第1篇には、国際連盟規約が規定されている。サン・ジェルマン条約、ヌイイー条約、トリアノン条約およびセーヴル条約も同じである。国際連盟規約によって設立されたのが、国際連盟であって、連盟の機関である総会および理事会の議決が、「連盟国全部ノ同意ヲ要ス」（5条）と規定されているように、加盟国は平等の地位を得た。国際社会が、主権平等の原則に基づき、国により構成されていることを、明文で確認したことには、画期的な意義がある。

　また、平和維持の方式としては、勢力均衡に代えて、集団安全保障が採用されている。結果的に、第2次世界大戦を防ぐことができなかったので、実効的に機能したとは言い難いが、当時としては、これも画期的なことだった。

　さらに、14条により、はじめての普遍的な常設の国際裁判所である常設国際司法裁判所が設置されたこと、18条により、条約の登録が拘束力を発生させる

要件とされたこと、および、22条により、委任統治制度が規定されたことも注目に値する。委任統治制度は、内実はともかく、従来の植民地制度とは異なる論理で設けられており、植民地併合という形式がとれなくなっていたことを垣間見ることができるという意味で、重要な制度だった。

（2）戦争違法化

　アメリカは、議会の反対により、国際連盟には加盟しなかったが、1913年から14年にかけて、締約国間で発生し、外交交渉により解決できなかった紛争を、国際紛争平和的処理条約による仲裁裁判に付託されるものを除き、常設の国際委員会による審査に付託することを定める条約を30以上の国と締結した。審査中は、戦争を禁止するものであり、戦争違法化の先駆けと評価されている。

　1924年には、自衛以外の武力の行使を禁止した国際紛争の平和的解決に関するジュネーヴ議定書が、国際連盟総会に提出され、承認されたが，イギリスなど各国が批准しなかったために発効しなかった。

　1925年には、イギリス、フランスおよびドイツなどヨーロッパ7ヵ国が、地域的な安全保障条約であるロカルノ条約を締結した。同条約は、第1次世界大戦後の懸案であったドイツとフランスおよびドイツとベルギーとの間の国境不可侵を定め、イギリスとイタリアがそれを保障したラインラント条約、フランス、ポーランド、ベルギーおよびチェコスロヴァキアがドイツと締結した4つの仲裁裁判条約、そして、チェコスロヴァキアおよびポーランドがフランスとの間に締結した相互援助条約で構成されていた。条約の発効要件として、ドイツの国際連盟加盟が規定されており、翌年、ドイツは国際連盟に加盟した。ロカルノ条約によって実現した集団安全保障体制は、ロカルノ体制と呼ばれている。

　アジア・太平洋地域では、1921年から1922年にかけてワシントン会議が開催され、1921年に四ヵ国条約、1922年に海軍軍縮条約および九ヵ国条約が締結され、ワシントン体制が成立した。ロカルノ体制とワシントン体制は、ヴェルサイユ体制と並んで、戦間期の国際協調を支える国際秩序を樹立するものだった。

　こうした動向の集大成として、1928年、不戦条約が締結された。同条約は、「国際紛争解決ノ為戦争ニ訴フルコトヲ非トシ且其ノ相互関係ニ於テ国家ノ政

策ノ手段トシテノ戦争ヲ抛棄スルコトヲ其ノ各自ノ人民ノ名ニ於テ厳粛ニ宣言」（1条）するとともに、「相互間ニ起コルコトアルベキ一切ノ紛争又ハ紛議ハ其ノ性質又ハ起因ノ如何ヲ問ハズ平和的手段ニ依ルノ外之ガ処理又ハ解決ヲ求メザルコトヲ約ス」（2条）としている。戦争違法化が、どの時点で成立したのかという点については、諸説あるが、少なくとも不戦条約以降であることは、おおむね一致している。その意味で、戦争違法化の記念碑というべき条約である。

　しかし、1936年に、フランスがソ連と相互援助条約を締結し、ドイツがそれをロカルノ条約違反であるとして同条約の廃棄を各国に通告したうえで、ラインラント進駐を強行したことでロカルノ体制は破綻した。また、日本が、1931年に起こした満州事変により、ワシントン体制も崩壊し、世界は第2次世界大戦へと突き進むことになる。

4　第2次世界大戦から現在まで

　第2次世界大戦後、「一生のうちに二度まで言語に絶する悲哀を人類に与えた戦争の惨害から将来の世代を救い」、「正義と条約その他の国際法の源泉から生ずる義務の尊重とを維持することができる条件を確立し」、「共同の利益の場合を除く外は武力を用いないことを原則の受諾と方法の設定によって確保し」、「すべての人民の経済的及び社会的発達を促進するために国際機構を用いることを決意して」（国際連合憲章（以下、国連憲章）前文）、国際連合（以下、国連）が設立された。国連も、国連憲章という条約に基づく機構である。

　国連憲章は、総会が「国際法の漸進的発達及び法典化を奨励すること。」という「目的のために研究を発議し、及び勧告をする。」と規定している（13条a）。この目的のために、国連総会174（II）により設置されたのが、国際法委員会である。

　国際法委員会は、数多の条約案を作成し、「国際法の漸進的発達及び法典化」に多大な貢献を果たしてきた。1958年に採択されたジュネーヴ海洋法4条約、外交関係及び領事関係に関する条約、そして、条約法条約も、同委員会が作成した条約案がもとになっている。

国際法委員会以外にも、人権については国連人権委員会（現国連人権理事会）、環境については国連環境計画、軍縮については国連軍縮委員会（後に、会議）、そして海事については国際海事機関など、各分野の機関が主導して、条約案を作成し、後に条約化されている。2つの国際人権規約（1966年）、オゾン層保護に関するウィーン条約（1985年）、核兵器不拡散条約（1968年）、および、船舶汚染防止条約（1973年）など、枚挙に暇のない程に多くの重要な条約が採択され、国際社会の秩序維持に重要な役割を果たしている。

5　日本と条約

　1853年、ペリー提督率いる4隻の艦隊が、浦賀に到着した。ペリーは、アメリカ政府からの一連の要求を伝え、翌年、今後は9隻の艦隊を率いて、日本政府の回答を得るために来航した。このとき、徳川将軍家は、圧力に屈し、日米和親条約（神奈川条約とも呼ばれている）への署名を余儀なくされた。これは、日本が締結したはじめての条約だった。

　この条約は、下田と函館の開港を規定しており、アメリカ船は両港で「薪水、食料、石炭、その他の必要な物資の供給を受けることができる」ようになった（2条）。同様の条約を、イギリス（1854年）、ロシア（1855年）およびオランダ（1855年）と締結している。1858年には、アメリカ、イギリス、フランス、ロシアおよびオランダと修好通商条約を締結した。その後、さらにヨーロッパの9ヵ国と同様の条約を締結した。

　これらの条約には、相手国に領事裁判権を片務的に認め、その国民が日本国内で行った犯罪に日本の法律により裁判を行えないとする規定、日本の関税自主権を制限し、相手国との協定税率を遵守しなければならないとする規定、および相手国に無条件かつ片務的な最恵国待遇を認める規定が含まれており、日本にとって不利な内容を定めている「不平等条約」だった。

　ヨーロッパ諸国は、18世紀から19世紀にかけて、主権国家体系が形成されていく中で、ヨーロッパ内の主権国家間の政治的および経済的対立を回避するため、互いに外交使節を派遣し、貿易を円滑に行うため友好通商条約を締結していった。アメリカの独立後は、その実行は、新大陸にも広がった。19世紀に入

第2章　条約の歴史　　43

ると、ヨーロッパ諸国は、法制度、文化および伝統の異なるオスマン・トルコ帝国、ペルシア、中国、シャムおよび日本などの「半文明国」と遭遇するようになると、武力を背景にして「不平等条約」の締結を強い、貿易によって利潤を得ようとした。領事裁判権制度は、法制度の異なる国との貿易を、自国商人が安心して行えるようにするために必要とされた。

　当時の日本は、相応に発展を遂げていたが、法や政治制度が異なっていたため、「半文明国」とみなされた。それゆえ、日本は、大日本帝国憲法を制定し、議会を開設するなど、「文明国」への仲間入りを果たすことによって、これらの諸規定の改正をヨーロッパ諸国に認めさせようとした。莫大な労力を費やし、条約改正が完了するまで、実に56年の月日を要した。

　条約改正交渉に取り組む一方で、1871年には中国と日清修好条規を、また1876年には朝鮮と日朝修好条規を締結した。これらは対等条約だった。1894年、上海で朝鮮人が殺害され、朝鮮で農民が蜂起したことによって、日清両軍が朝鮮半島に派遣された。日清戦争の始まりである。清国は敗れ、1895年4月17日、下関条約（馬関条約）が締結された。この条約によって、清国は朝鮮国が「独立自主の国」であることを認める一方で、日本に賠償金を支払うとともに、台湾、澎湖諸島および遼東半島を割譲した。また、最恵国待遇を日本に認めた。遼東半島は、三国干渉により「遼東還付条約」の締結を余儀なくされ、返還することになったが、台湾は1895年から1945年まで日本の植民地となった。これにより、日本は西欧諸国以外ではじめての植民地支配国となった。1896年には、下関条約に基づき、日清通商航海条約が新たに締結された。日清戦争勃発によって、日清修好条規が破棄されたためである。日本は清国に対して領事裁判権、協定関税、最恵国待遇などヨーロッパ諸国と同一の特権を獲得するなど、日本に有利な不平等条約だった。

　清国の弱体化が明らかになったことに伴い、1898年に、ドイツが「膠州湾租借条約」を締結し、膠州湾地域を99年間租借したことを皮切りに、ロシア、フランスおよびイギリスも租借地を得た。第1次世界大戦後、膠州湾租借地は、ドイツから日本へ譲渡された（1922年に、中華民国に返還）。

　日露戦争後の1905年、アメリカ大統領ルーズベルトの周旋により、ポーツマス講和条約が締結された。ロシアは、サハリン（樺太）の南半分、遼東半島の

租借権および南満州鉄道の利権を日本に割譲した。

　日本は、1905年11月17日、日韓保護条約を締結し、「韓国の外国に対する関係および事務を監理し、指揮」することになった。

　韓国皇帝は、日本の同意を得ずにハーグ平和会議に密使を派遣し、日本の保護権が違法であることを訴えた。しかし、会議の参加国はその訴えを無視した。そして1910年8月22日、日本は併合条約を締結し、韓国を編入することにした。

　1905年の保護条約と1910年の併合条約の有効性は、第2次世界大戦後、日韓間で激しい論争の対象となった。日韓基本条約（1965年発効）は、「1910年8月22日以前に大日本帝国と大韓帝国との間で締結されたすべての条約及び協定は、もはや無効であることが確認される。」と規定している（2条）。

　1931年9月18日、満州事変が勃発した。日本は、自衛として満州での軍事行動を正当化しようとした。しかし、連盟が派遣したリットン調査団は、その主張を認めなかった。日本は、1933年3月27日、連盟を脱退した。

　1941年12月、日本は真珠湾を攻撃し、太平洋戦争が始まった。1945年8月6日、アメリカは世界で最初の原子爆弾を広島に投下し、10万人以上を殺害した。8月9日、アメリカは2発目の原子爆弾を長崎に落とした。8月14日、日本は、ポツダム宣言を受諾し、9月2日、降伏文書に署名した。

　1951年9月8日、日本は対日平和条約に署名した。同日、日米安全保障条約が締結され、1952年4月28日、両条約の効力発生に伴い、7年間にわたる連合国の占領が終了した。日本の国連加盟が認められるのは、それから4年後の1956年のことである。

第3章　条約の成立

【この章で学ぶこと】
・「国」以外のものも、条約を締結できるのだろうか。
・条約は、どのような過程を経て、成立するのだろうか。
・「留保」とは、どのようなものなのだろうか。

図表3-1　条約の成立過程

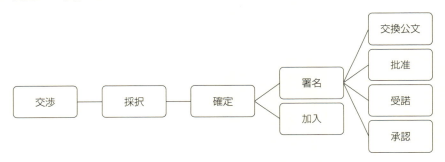

　条約は、交渉から始まり、いくつかの過程を経て成立する。交渉に参加する国が増えれば増えるほど、多様な利害を反映させる必要が生じるので、成立までの期間は長くなる。国連海洋法条約のように、交渉から採択まで10年程度、採択から効力発生までに、さらに10年以上かかることもある。
　本章では、成立にいたるまでの各々の行為が、条約法上、どのような法的効果を有するのかをみていくことにしよう。

1　条約締結能力

　国は、条約を締結する能力を有する（条約法条約6条）。国際機関も、一定の範囲内で、条約を締結する能力を有する（国際機関条約法条約6条）。

上述のように（第1章（1）参照）、「国」とは、国際法上の国の要件をみたす主権独立国をさしている。しかし、この要件をみたさないと考えられるクック諸島とニウエは、条約を締結する能力を有している。また、要件をみたしているかどうかについて疑義が提起されているバチカン市国とパレスチナにも、条約を締結する能力が認められている。

　クック諸島とニウエは、自治権を有しているが、外交と防衛については、自由連合関係にあるニュージーランド政府が責任を負うことになっている。したがって、国際法上の国の要件をみたす主権独立国ではないが、条約を締結する能力は認められてきた。実際、クック諸島とニウエは、多くの多数国間条約の当事国になっているだけでなく、国連専門機関の加盟国にもなっている。

　バチカン市国は、教皇聖座（Holy See）に居所を提供し、教皇聖座による宗教上の職務を支援することを主たる目的とする。バチカン市国と教皇聖座は、別個の法的実体であるが、主権者はいずれも教皇である。教皇聖座の領域的基盤はバチカン市国であって、教皇聖座はバチカン市国に対して主権的権限と管轄権を有しているが、バチカン市国の国籍を有する住民がいないことから、国際法上の国の要件をみたしていないのではないかとの疑義が提起されている。しかし、イタリアがバチカン市国を独立主権国として承認した1929年のラテラノ条約と、諸国による承認または黙認により、バチカン市国は、国際法上の主体として条約を締結する能力を認められ、多くの2国間条約および多数国間条約の当事国になっている。教皇聖座も、その法的地位は不明確だが、多くの2国間条約および多数国間条約の当事国になっている。

　パレスチナは、自治政府が「領域」と主張する場所の大部分がイスラエルに占領され、実効的支配を行うことができないことから、国の要件をみたしているかどうかについて疑義が提起されてきた。しかし、1988年に、自治政府が「パレスチナ国」を宣言してから、現在までに139ヵ国が「パレスチナ国」を承認しており、いくつかの多数国間条約への加入も認められている。その限りで、「パレスチナ国」に、条約を締結する能力が認められているということができる。

2　締結過程

　条約の締結は、通常、交渉、条約文の採択および確定という過程をたどる。

（1）交　　渉

　交渉は、全権委任状を持っている者により行われる。全権委任状とは、「条約文の交渉、採択若しくは確定を行うため、条約に拘束されることについての国の同意を表明するため又は条約に関するその他の行為を遂行するために国を代表する一又は二以上の者を指名しているものをいう」（条約法条約2条1項(c)）。日本では、全権委任状の認証は、天皇の国事行為となっている（日本国憲法7条5号）。

　もっとも、関係国が、慣行またはその他の状況から、上記の目的のために国を代表するものと認め、かつその者について全権委任状の提示を要求しないことを意図していたことが明らかな場合、全権委任状は不要である（条約法条約7条1項(b)）。また、元首、政府の長および外務大臣は、職務の性質により、全権委任状の提示を要求されることなく、国を代表するものと認められる（同2項(a)）。

　これらの規定により、国を代表する権限を有すると認められない者による行為は、当該国の追認がない限り、法的効果を伴わない（同8条）。国を代表する権限はあるが、国内法などにより、条約に拘束されることについての同意を表明する代表者の権限に、特別の制限が付されている場合、代表者がその制限を同意の表明に先立って他の交渉国に通告していない限り、代表者がその制限に従わなかったということを、代表者によって表明された同意を無効にする根拠として援用することはできない（同47条）。

（2）条約文の採択および確定

　交渉は、条約文の採択により終了する。条約文は、その作成に参加したすべての国の同意により採択される。ただし、国際会議においては、出席しかつ投票する国の3分の2以上の多数による議決で採択される（条約法条約9条）。実

際には、コンセンサス方式で採択されることが多い。条約法条約に明文の規定
はないが、この方式の意義は、交渉国が明確に反対しなくなるまで意見を調整
し、投票を行うことなく議決をすることにある。それゆえ、条約文の内容につ
き、必ずしもすべての交渉国の積極的な賛成が得られたとは限らないので、投
票による採択とは区別される。

　条約文が採択されると、条約文の確定に進む。これは、採択された条約文を
「真正かつ最終的なもの」とする手続である。したがって、多数国間条約の場合、
条約文が確定されると、条約文の修正を行うことはできなくなる。条約文の確
定は、条約文に手続が定められている場合または交渉国が合意した手続があれ
ば、それらに従って行われる。これらの手続がない場合には、交渉国の代表者
による条約文の署名などにより行われる（同10条）。

（3）条約に拘束されることについての同意の表明

　条約文が確定されると、交渉国、すなわち「条約文の作成」および「採択」
に参加した国（条約法条約2条1項(e)）は、その条約に参加するかどうかを検討
することになる。参加する場合、条約に拘束されることについての同意を表明
する。

　通常、条約文の確定は、交渉国がその条約に拘束されることについての同意
を表明したことにはならない。この意味での同意は、（ア）署名、（イ）条約を
構成する文書の交換、（ウ）批准、受諾および承認、（エ）加入により表明される。
また、交渉国が合意する場合、これら以外の方法によることもできる（同11条）。

（ア）署　名

　国の代表者の署名により、条約に拘束されることについての国の同意が表明
されるのは、次の場合である。(a)条約が定めている場合、(b)署名が同意の表明
の効果を有することを交渉国が合意していた場合、(c)署名がそのような効果を
有することを意図していたことが代表者の全権委任状から明らかであるかまた
は交渉の過程で表明されたかのいずれかの場合（同12条1項）。いわゆる行政協
定に拘束されることについての同意は、この方法により表明されることが多い。
行政協定は、通常、議会の承認を要さず、行政府限りで締結できるので、迅速
な処理が求められるこの種の条約（円借款協定など）に適した方法だからである。

第3章　条約の成立　　49

なお、条約文への仮署名は、交渉国の合意があると認められる場合には、条約への署名とされる（同2項(b)）。

（イ）条約を構成する文書の交換

　条約を構成する文書とは、一方の当事国が出す往簡と他方の当事国がそれに対して出す返簡をさす。往簡は、前文で対象事項に言及し、本文で提案内容を記載し、末文で提案内容の受諾、往簡と返簡が両当事国間の合意を構成し、その合意が返簡の日に効力を生ずることを提案する。返簡は、前文で往簡を受領したことを確認し、本文で往簡の提案内容を記載し、末文で往簡の末文に記載された提案を受諾し、確認する旨を記載する（たとえば、航空業務に関する日本とイスラエルとの間の協定の付表の改正に関する交換公文（2016年））。このように、文書（往簡と返簡）が両当事国間の合意すなわち条約を構成し、その交換が、同意の表明の効果を有することを、文書が定めている場合、条約に拘束されることについての国の同意は、当該文書の交換により表明される（条約法条約13条(a)）。

（ウ）批准、受諾および承認

　「批准」、「受諾」および「承認」は、それぞれ、条約に拘束されることについての国の同意を、国際的に確定的なものとする国際的な行為である（条約法条約2条1項(b)）。

　批准により条約に拘束されることについての国の同意が表明されるのは、次の場合である。(a)条約が定めている場合、(b)批准を要することを交渉国が合意していた場合、(c)国の代表者が批准を条件として条約に署名した場合、(d)批准を条件として条約に署名することを国が意図していることが代表者の全権委任状から明らかであるかまたは交渉の過程で表明されたかのいずれかの場合（同14条1項）。同様の条件で、条約に拘束されることについての国の同意を、受諾または承認により表明することもできる（同2項）。

（エ）加　入

　「加入」も、条約に拘束されることについての国の同意を、国際的に確定的なものとする行為である（条約法条約2条1項(b)）。

　加入は、条約交渉に参加していなかった国が、次の場合に用いる方法である。(a)条約が定めている場合、(b)交渉国が合意していた場合、(c)すべての当事国が

後に合意した場合（同15条）。

　実際には、批准、受諾、承認または加入により条約に拘束されることについての同意の表明は、批准書、受諾書、承認書または加入書により示される。これらの文書を締約国の間で交換する、寄託者へ寄託する、締約国または寄託者に通告するときに、条約に拘束されることについての国の同意は確定的なものとなる（同16条）。

　批准、受諾もしくは承認を条件とする条約への署名により、国は、その署名の時から条約の当事国とならない意図を明らかにする時までの間、当該条約の趣旨および目的を失わせることとなるような行為を行わないようにする義務を負う（同18条(a)）。また、条約に拘束されることについての同意により、国は、その表明の時から条約が効力を生ずるまでの間、効力発生が不当に遅延する場合を除き、同じ義務を負う（同(b)）。

（4）留　　保
（ア）定　義
　国は、条約に拘束されることについての同意を表明する際に、一定の条件の下で、留保を表明することができる。留保とは、国が、条約の特定の規定の自国への適用上その法的効果を排除しまたは変更することを意図して、条約への署名、条約の批准、受諾もしくは承認または条約への加入の際に単独に行う声明をいう。「用いられる文言及び名称のいかんを問わない」ので、上記の効果を意図して表明される声明は、「宣言」など「留保」以外の文言や名称が用いられていても、条約法条約上は留保とみなされ（条約法条約2条1項(d)）、19条から23条までの諸規定が適用される。

（イ）実　例
　たとえば、日本は、社会権規約への署名の際に、次のような留保を付していた（2012年に撤回）。

　「日本国は、経済的、社会的及び文化的権利に関する国際規約第13条2(b)及び(c)の規定の適用に当たり、これらの規定にいう『特に、無償教育の漸進的な導入により』に拘束されない権利を留保する。」

　対象となっている社会権規約の諸条項は、「特に、無償教育の漸進的な導入

第3章　条約の成立　　51

により」、中等教育を「すべての者に対して機会が与えられる」ようにすることなどを求めている。「特に、……により」に拘束されない権利を留保するとは、これらの規定の日本への適用上その法的効果を排除し、「無償教育の漸進的な導入」を行わないということである。

　このように、留保は、ある条約について、総じて賛成だが、国内的な事情等により、どうしても一部の規定には同意できない国を、その条約から完全に排除してしまうのではなく、取り込むために考案された。実際、日本が上述のような留保を表明したのは、次のような事情があったからである。すなわち、当時の日本では、私立学校の占める割合が大きく、私立学校進学者との均衡を図るために国公立学校についても妥当な程度の負担を求めることになっていたこと、また私立学校を含めて無償化を図ることは、私学制度の根本に係ることであって、漸進的であっても無償化の方針をとることは適当ではなかったからである。

（ウ）展　開

　留保は、重要な多数国間条約が締結されるようになった19世紀末に始まり（1890年の奴隷廃止に関するブラッセル一般議定書への署名に際して、船舶の臨検の権利に対してフランスが付した留保など）、1899年と1907年の万国平和会議（第2章2（7）（イ）参照）で多数の多数国間条約が採択されたのを受けて、しだいに留保に関する制度は確立していった。

　当初の焦点は、条約に留保に関する規定がない場合、いかなる留保が認められるかという許容性の問題だった。この点については、他のすべての当事国が同意しなければ留保は認められないという連盟慣行と、1ヵ国でも留保を受諾する国があれば、その国との関係では留保に係る規定を除き、条約関係が発生

図表3-2　留保の許容性の変遷

	要件	特色
連盟慣行	すべての当事国による受諾	条約の一体性の重視
汎米慣行	一当事国による受諾	条約の普遍性の重視
国際司法裁判所・条約法条約	条約の趣旨および目的との両立性	条約の一体性及び普遍性の両立

するという汎米慣行が存在した。前者は、条約の一体性を重視し、後者は、条約の普遍性を重視するものだった。

このように、2つの慣行が併存するなかで、ジェノサイド条約の批准に際して、一部の国が寄託した留保付きの批准書を、条約の発効に必要な批准数に含めるかどうかという問題が発生した。国連総会は、この問題について、ICJの勧告的意見を求め、ICJは、条約の趣旨および目的と両立する留保は認められる、という両立性の基準を提示した。上記のいずれの慣行も採用していなかった基準だったので、当初は、戸惑いを持って受け止められた。条約法の法典化に着手していた国際法委員会が、連盟慣行を支持するとの見解を表明したことは、そのことを象徴する出来事だった。しかし、第2次世界大戦後、国連による非植民地化が推し進められた結果、新たに独立した国が続々と国連に加盟し、多数国間条約の交渉過程にも、多様な国が参加するようになった。このような状況の中で、1ヵ国でも反対すれば、留保を伴って条約に参加することはできなくなるという連盟慣行を維持するのは、時代に則さなくなった。そこで、国際法委員会も、当初の方針を変更し、汎米慣行に両立性の基準を組み合わせた規則を条約草案で定めるにいたった。

（エ）2国間条約に対する留保

留保制度の目的は、条約の普遍性を確保しつつ、最低限の一体性をも維持することにあるので、主に多数国間条約について問題となるが、2国間条約についても留保が表明されたことはある。たとえば、日米友好通商航海条約を締結する際、アメリカ議会が、留保を条件として承認する旨の決議を採択したことから、アメリカ政府はこの留保を受諾するよう、日本政府に求めてきた。そして、両国間の交渉後、留保により修正された条約の国会での承認および留保に関して両国の合意を示す公文の交換という過程を経て、批准書の交換にいたった。こうして、アメリカは、留保を通告してきたが、それを日本はもとの条約の修正提案ととらえ、所定の手続をとった。それゆえ、2国間条約に対する留保の表明は、条約の修正提案とみなされている。

（オ）条約法条約の留保制度

留保は、確定した条約の規定を適用しない、または、変更する意図を表明するものなので、無制限に認めてしまうと、条約が虫食い状態になってしまい、

その一体性が損なわれる。それゆえ軽々しく付されてはならず、またその対象も無制限ではない。具体的にどのような留保を表明することが許されるか（＝留保の許容性）は、条約が留保を禁止しているか、条約が特定の留保を認めているか、または、条約に留保に関する規定があるかないかによって異なる。

　まず、留保を禁止している条約の場合、留保を表明することは許されない（条約法条約19条(a)）。国際刑事裁判所規程（120条）、国連海洋法条約（309条）、オゾン層の保護のためのウィーン条約（18条）およびパリ協定（27条）などが、留保を禁止している。この種の条約に対して表明された宣言は、留保ではないと推定される。上述の条約の寄託者とされている国連事務総長は、仮にこの種の宣言が寄託されても受領せず、当該国に注意を促す、としている。

　次に、特定の留保を認めている条約の場合、認められている留保を表明することができる（同(b)）。絶滅のおそれのある野生移動植物の種の国際取引に関する条約（ワシントン野生動植物取引規制条約（23条1・2項））および自由権規約第2選択議定書（2条1項）などが、これにあたる。もっとも、この種の条約に対して、明文で認められていない留保を表明することができるかどうかは、各条約の規定による。自由権規約第2選択議定書は、特定の留保以外は認められないと規定しているので、明文で認められていない留保を表明することはできない。他方、ワシントン野生動植物取引規制条約は、「正確な意味および範囲を測れない」一般的な留保を禁止しているが、特に認められた留保以外の留保をすべて禁止しているわけではない。

　最後に、留保に関する規定がない条約の場合、その条約の趣旨および目的と両立する留保のみを表明することができる（同(c)）。1951年に、ICJが、ジェノサイド条約に対する留保事件についての勧告的意見で提示した両立性の基準を明文化した規定である。留保に関する規定がないからといって、条約の規定をすべて留保できるわけではない。留保は、一部の規定を適用できない国が、条約へ参加できなくなることを防ぐために考案されたのであって、条約全体の意味がなくなってしまうような留保を認める趣旨のものではないからである。

　表明された留保が条約の趣旨および目的と両立するかどうかの判定は、権限のある内部機関による受諾を要する国際機構の設立文書である条約の場合を除き（同20条3項）、原則として、他の締約国が受諾または異議を表明することに

より行う。条約が明示的に認めている留保については、締約国が事前にかかる留保を受諾していると考えられるので、あらためて受諾は求められない（同1項）。条約を全体として適用することが、その条約に拘束されることについての各当事国の同意の不可欠の条件であることが、交渉国数が限定されていることおよび条約の趣旨および目的から明らかな場合、表明された留保は、すべての当事国により受諾されなければならない（同2項）。これらに該当しない場合、他の締約国のうち一か国でも趣旨および目的と両立するとして留保を受諾すれば、留保を伴う批准等の行為が有効となり（同4項(c)）、留保を付した国と受諾した国は、条約の当事国関係に入る（同(a)）。これらの国の間で、留保が付された条約の規定は、「留保の限度」で変更される（同21条1項(a)および(b)）。受諾の意思が明示的に表明されない場合でも、留保の通告を受けてから12箇月の期間が満了する日までに異議を申し立てなければ、受諾したものとみなされる（同20条5項）。

　他の締約国は、理由のいかんを問わず異議を申し立てることができる。両立しないとみなさない留保に対しても異議を申し立てることはできるのである。異議を申し立てる場合、他の締約国が別段の意図を明確に表明しなければ、留

図表3-3　条約法条約の留保制度

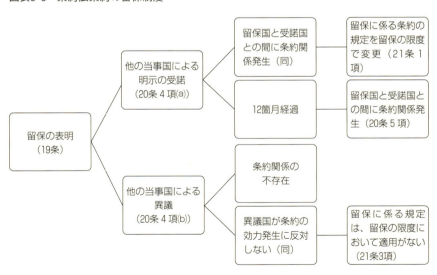

保を付した国と他の締約国との間において条約の効力は発生し（同条4項(b)）、留保に係る規定は、これらの国の間において、留保の限度において適用されない（同21条3項）。

　ところが、実際には、このような効果を意図していないと解される異議が申し立てられている。たとえば、日本は、バーレーンおよびカタールが外交関係条約27条3項および4項に関して表明した留保に対して、この留保は条約の趣旨および目的と両立しないので、有効とみなさない、との異議を申し立てている。この異議は、留保は有効でないので、留保に係る規定が、バーレーンおよびカタールと日本との間において適用されるとの意図を表明している。国際法委員会が採択した指針によれば、このような異議に、両立しない留保は当初から無効であって、その意図された法的効果が発生することもないという論理的な帰結の確認を目的とするものであって、条約法条約には規定されていない「異議」である（条約の留保に関する実行ガイド（以下、実行ガイド）4.5.2）。

　また、日本が条約法条約への加入の際に申し立てた異議も、条約法条約には規定されていない効果を意図するものである。すなわち、日本は、紛争の義務的解決手続に関する条約法条約66条および附属書の適用を全部または一部排除することを意図する留保に対して、かかる留保をすでに表明したまたは今後表明するいずれの国との関係においても、留保に係る規定（66条および（または）附属書）ではなく、それと密接な関係にある他の規定（第5部（42条から64条まで）または53条および64条）を適用しないとの効果を伴う異議を申し立てた。国際法委員会は、異議により排除された諸規定が、留保に係る諸規定と十分な関連性を持っていること、さらに、条約の趣旨および目的を損なわないことを条件に、このような異議を認める、との指針を作成している（実行ガイド3.4.2）。かかる効果をもたらす異議を、条約法条約が明示的に禁止していないこと、その効果が明文で定められている異議の「中間」であることが、その根拠とされる。

　両立性の判定は、人種差別撤廃条約（20条2項）のように、多数決による判定制度を導入している条約については、所定の手続に従って判定される。また、締約国に加えて、留保に関係する事案が付託された紛争解決機関（国際裁判所など）や条約の履行監視機関（自由権規約人権委員会など）も行うことができる。もっとも、その法的効果、とりわけ締約国に対していかなる効果を有するかは、

各々の権限の範囲による。裁判所による判決は、当事国を法的に拘束するが、履行監視機関による見解は、一般に当事国を拘束しない。

留保は、条約に別段の定めがない限り、いつでも撤回することができる。留保を受諾した国の同意は必要ない（条約法条約22条1項）。撤回は、書面で行わなければならない（同4項）。撤回の効果は、他の締約国が撤回の通告を受領した時に生じる（同3項(a)）。

条約法条約が定める留保に関する制度は、今のところ大きな混乱を引き起こすこともなく、総じて順調に機能している。ICJ が、留保の両立性を判定するなど、適用事例も徐々に出てきた（*Activités armées sur le territoire du Congo (nouvelle requête: 2002) (République démocratique du Congo c. Rwanda), compétence et recevabilité, arrêt, C.I.J. Recueil 2006*, p. 6, at pp. 31-32, pars. 64-67.）。それでも、いくつかの問題は未解決のまま残されていた。すでにふれた異議の効果に加えて、19条と20条ならびに21条との関係をどのように理解するべきであるかも、その一つであり、この点をめぐって、許容性学派と対抗力学派と呼ばれる見解の対立が生じるにいたった。

（カ）許容性学派と対抗力学派

許容性学派によれば、条約法条約19条により許容されない留保は無効であり、このような留保に対し同20条および同21条は適用されない。条約法条約は、許容されない留保が無効とされることから生ずる結果を規定していない。その結果は留保を表明した国の意思により決定され、留保がなかったものとして当事国にとどまるか、あるいは当事国でなくなるかという結果が生じる。他方、対抗力学派によれば、とりわけ同19条(c)が定める留保の両立性は、他の締約国が同20条および同21条によって個別的に判断するので、ある国が条約の趣旨および目的と両立しないことを理由に異議を申し立てている留保を、他の国が受諾するという事態が生じうる。その結果、許容されない留保が、あたかも他の締約国による受諾により有効になっているかのようにみえる。

これは、単なる学説上の対立にとどまるものではなく、人権諸条約の実施機関や履行監視機関が、任務を遂行する過程で直面した、すぐれて実践的な問題でもあった。

第3章　条約の成立　57

（キ）人権諸条約に対する留保

(a) ベリロス事件

　1989年、欧州人権裁判所は、ベリロス事件で、スイスが欧州人権条約6条に対して付した解釈宣言の有効性を、留保の場合と同様に留保に関する規定（同64（現57）条）に照らして審査し、同条に反し有効ではないと認定した。そのうえで、スイスは、かかる宣言がなかったものとして、引き続き同条約に拘束されるとしたのである（*Case of Belilos v. Switzerland*（Application no. 10328/83), Judgment, 29 April 1988, at para. 60.)。この宣言に対して、他のいずれの締約国も異議を申し立てておらず、条約法条約の規定に従えば、他のすべての締約国がこの宣言を受諾したとみなされる状況だった。それでも、条約実施機関は、任務を遂行する過程で、自らの権限の範囲内で、締約国による判定に縛られることなく、関係条約の諸規定に従い留保の許容性を審査できるとしたのである。また、有効でないとの認定から導き出された結果は、条約法条約が明示していないものだった。これらはまさに、許容性学派の主張するところに合致する。もっとも、裁判所が、欧州人権条約の特殊性（ヨーロッパ公序、拘束力ある決定を下す権限を持つ実施機関の存在）を強調していたこと、同条約は条約法条約の効力発生前に締結され、かつ留保に関する独自の規定を備えていることから、他の条約についても同じ処理をするのは難しいと思われた。

(b) 自由権規約委員会一般的意見24

　ところが、自由権規約委員会も、留保に関する規定のない自由権規約について、欧州人権裁判所と同様の見解を示すにいたる（一般的意見24）。同委員会によれば、実体義務に相互性が欠けているという人権諸条約の特殊性と、自由権規約40条および自由権規約第1選択議定書に基づく任務を遂行するため、たとえ他の締約国から異議が全く提起されていなかったとしても、委員会が、留保の両立性を判定する権限を有する。さらに、留保が無効と判定されても、条約に拘束されることについての同意の有効性には影響を及ぼさず、無効と判定された留保を付していた当事国は、当該留保がなかったものとして引き続き規約に拘束されるものとした。そして、委員会は、1999年のロウル・ケネディー事件で、この基準に従って、留保の両立性を検討し、トリニダード・トバゴの留保は、第1選択議定書の趣旨および目的と両立しないので無効との判断を下し

た（Communication No. 845/1999, *Kennedy v. Trinidad and Tobago, Report of the Human Rights Committee, Vol.* II, *Official Records, Fifty fifth Session, Supplement No. 40*（A/55/40）, p. 258, at pp. 265-266, paras. 6.6-6.7.）。こうして、少なくとも人権諸条約については、許容性学派の見解が妥当するとの立場が有力になった。

(c) **実行ガイド**

国際法委員会は、この点に関して次のような実行ガイドを採択している。締約国、紛争解決機関および条約監視機関は、それぞれの権限の範囲内で、留保の許容性を評価することができる（3.2）。許容性の要件をみたさない留保は無効であり、いかなる法的効果も有さない（4.5.1）。有効でない留保を付した国が、留保から利益を得ることなく引き続き条約に拘束されるか、または条約に拘束されないかは、留保を付した国によって表明された意図による。有効でない留保を付した国が、かかる意図を表明しない場合、留保から利益を得ることなく、締約国にとどまるとみなされる。条約監視機関が留保が有効でないとの見解を表明し、かつ、留保を付した国が留保から利益を得ることなく条約に拘束されないとの意図を表明する場合、条約監視機関が留保の評価を行った日から12ヵ月の期間内にその旨を表明しなければならない（4.5.3）。これらは、おおむね上記(a)および(b)の実行に沿うものであり、国際法委員会も許容性学派の見解を支持したと解される。

（ク）解釈宣言

ところで、多数国間条約の交渉中、一定の規定の意味や範囲に関して見解の相違が生じ、それを解決できない場合、国は、条約への署名等の際に、当該規定に対する自国の解釈を表明する宣言を付すことがある。これは、一般に解釈宣言と呼ばれており、条約法条約に定義はないが、国際法委員会によれば、国または国際機構が、条約または条約の一定の規定の意味若しくは範囲を特定しまたは明確にすることを意図して単独に行う声明（用いられる文言および名称のいかんを問わない）をいう（実行ガイド1.2）。解釈宣言は、国家実行上頻繁に用いられており、日本も、社会権規約8条2項、児童の権利条約9条1項などに対して付している。

このように、解釈宣言と留保は、その文言の内容によって区別される。「条約の特定の規定の法的効果を排除しまたは変更すること」が意図されていれば、

第3章　条約の成立　59

留保とみなされ、条約法条約の所定の規定が適用される。「意味若しくは範囲を特定しまたは明確にすること」が意図されているにとどまる場合には、解釈宣言とみなされる。解釈宣言には、条約法条約の留保に関する諸規定は適用されない。留保が禁止されている国連海洋法条約に対しては、多数の解釈宣言が付されている。その中には、「沿岸国には、安全保障上の利益を保護するための措置として、無害通航権を行使しようとする外国軍艦について事前の許可を要求する法令を制定する権利が認められている」といったものもある。この種の宣言が、留保であるか解釈宣言であるかは、上述の基準によって判定される。「条約の特定の規定の法的効果を排除しまたは変更すること」が意図されているとみなされれば、「偽装留保」となる。国連海洋法条約は留保を禁止しているので、「偽装留保」の意図する効果は発生しないことになる。

（5）効力発生

　以上のような過程を経て締結された条約は、条約に定める日または交渉国が合意する日に効力を生ずる。条約に拘束されることについての国の同意が条約の効力発生の後に確定的なものとされる場合には、条約は、条約に別段の定めがない限り、当該国につき、その同意が確定的なものとされた日に効力を生ずる（条約法条約24条１項および３項）。たとえば、条約法条約は、35番目の批准書または加入書が寄託された日の後30日目の日に効力を生じ、35番目の批准書または加入書が寄託された後に批准しまたは加入する国については、その批准書または加入書の寄託の後30日目の日に効力を生ずる、と規定している（同84条）。

　条約に定めがなく、交渉国の合意もない場合、条約に拘束されることについての合意がすべての交渉国につき確定的なものとされた時に、効力を生ずる（同２項）。

　このように、原則として、条約の当事国に対して、条約上の諸規定が適用されるのは、効力発生の日以降であり、採択された日からではない。ただし、効力発生の日に関する規定、条約文の確定、条約に拘束されることについての国の同意の確定、留保および寄託者の任務など、必然的に条約の効力発生前に生ずる問題について規律する規定は、条約文の採択の時から適用される（同24条４項）。

条約に定めがある場合または交渉国が他の方法により合意した場合、条約または条約の一部を、効力が発生するまでの間、暫定的に適用することもできる（同25条1項）。国連海洋法条約第11部実施協定は、協定の採択に同意した国、協定に署名する国および寄託者に対する書面による通告により同意した国により暫定的に適用される、と規定している（同7条1項）。ただし、暫定的に適用しない旨を寄託者に通告することも認められている（同(a)）。74の署名国のうち、17ヵ国がこの旨を通告した。なお、国際法委員会が作成した条約の暫定的適用の指針4によれば、「他の方法」には、別の条約、国際機関によりまたは政府間会議で採択された決議または決定、国または国際機関による宣言で他の諸国または関係国際機関により受諾されたもの、が含まれる。

　関係国間に条約の効力が発生した場合、暫定的適用は終了する（国連海洋法条約第11部実施協定7条3項など）。また、条約に別段の定めがある場合および交渉国による別段の合意がある場合を除くほか、当該いずれかの国が、条約が暫定的に適用されている関係にある他の国に対し、条約の当事国とならない意図を通告した場合に、暫定的適用は終了する（条約法条約25条2項）。

第4章　条約の遵守、適用および解釈

【この章で学ぶこと】
・A条約とB条約が同じ事項を扱っているが、それぞれの規定内容が異なり、同時に適用できない場合、当事国はどうすればよいのだろうか。
・条約の改正または修正は、どのように行われるのだろうか。
・条約は、どのように解釈されるのだろうか。

図表4-1　条約の適用範囲

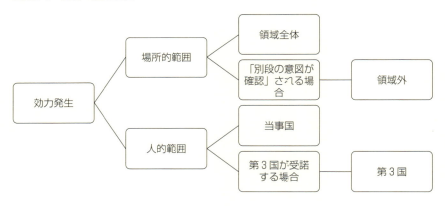

図表4-2　条約の適用過程

　前の章でみたように、交渉により、条約文が作成され、署名により確定される。しかし、交渉の過程で、交渉国間の利害の対立を完全に解消することができるとは限らず、条約文が妥協の産物になることもある。たとえば、日韓基本条約は、日韓保護条約および日韓併合条約のように、1910年8月22日以前に締

結された条約は、「もはや無効であることが確認される」と規定している（2条）。これは、これらの条約が「当初から無効」だったと読めるし、また、「当初は有効」だったが、「現在は無効」とも読める。実際、韓国は、自国向けには前者であると説明し、逆に、日本は、後者であると説明している。このように、曖昧な文言が採択された場合、解釈の必要が生じる。

解釈によって、文言の意味を確定しなければ、事実から条約が定める効果を導き出すこと、すなわち、適用はできない。適用できなければ、遵守もできない。こうして、解釈、適用および遵守は、不可分の関係にある。

解釈によって解決できない問題が残されている場合、改正または修正により解決が図られることもある。

本章では、これらがどのように行われているのかをみていくことにしよう。

1　条約の遵守

（1）「合意は守られなければならない」（*Pacta sunt servanda*）

条約の効力が発生すると、条約に含まれている諸規定は、条約の当事国を拘束するようになり、当事国はそれらを遵守しなければならない（条約法条約26条）。

（2）国内法との関係

当事国は、条約の不履行を正当化する根拠として自国の国内法を援用することができない（条約法条約27条）。したがって、内容的に憲法に違反する条約（内容違憲の条約）も、国際法上は有効である。ただし、条約を締結する権能に関して、基本的な重要性を有する国内法の規定に違反する場合で、その違反がいずれの国にとっても客観的に明らかなときは、この限りでない（同46条）。

2　適　　用

（1）時間的範囲

条約は、条約の効力が当事国について発生する前に行われた行為、生じた事実または消滅した事態に関し、その当事国を拘束しない。したがって、別段の

第4章　条約の遵守、適用および解釈　63

意図が条約自体から明らかである場合や他の方法によって確認される場合を除き、条約は不遡及を原則とする（条約法条約28条）。日米犯罪人引渡条約16条2項は、同条約に規定する犯罪であって「この条約の効力発生前に行われたものについても適用する」と規定しており、「別段の意図が条約自体から明らかである場合」にあたる。日本の裁判例には、自由権規約、社会権規約、拷問等禁止条約、女子差別撤廃条約および障害者権利条約のいずれにも、遡及適用を認める旨の規定がなく、他の方法によっても、「別段の意図」を確認することができないので、各条約の効力発生前に生じた事態には適用されない、としたものがある（優生保護法国賠訴訟（神戸地判2021（令3）・8・3賃社1795号23頁））。また、加害行為が条約締結前にされたものであっても、その被害が条約締結後も継続している場合には、継続的侵害の法理により条約違反に該当するとの主張に対し、加害行為は終了しており、各条約の効力発生後の加害行為は認められないので、条約法条約28条の規定に照らし、この主張は採用できない、としている（同上）（第6章11（イ）参照）。

　条約法条約自体も、「この条約は、自国についてこの条約の効力が生じている国によりその効力発生の後に締結される条約についてのみ適用する。」とし、不遡及であることを確認している。ただし、条約法条約に規定されている規則のうち、既存の慣習法を法典化した規則を、条約に適用することは妨げられない。条約上の規則と同じ内容の慣習法上の規則が並行して存在し、慣習法上の規則が慣習法として適用されることになる。条約自体の効力が遡及して適用されることになるわけではない。1999年、ICJは、カシキリ・セドゥドゥ島事件（ボツワナ対ナミビア）で、ドイツとイギリスが1890年に締結した条約を、慣習法上の規則でもある条約法条約31条および32条に従って解釈し、適用した（*Kasikili/ Sedudu Island (Botswana/Namibia), Judgment, I.C.J. Reports 1999*, p. 1045, at p. 1059, para. 18.）。ICJは、条約法条約が効力を発生する前にも、条約違反による条約の終了に関する諸規則は、「多くの点で、既存の慣習法の法典化とみなすことができる」として、条約法条約60条に規定されている規則を適用している（*Legal Consequences for States of the Continued Presence of South Africa in Namibia (South West Africa) notwithstanding Security Council Resolution 276(1970), Advisory Opinion, I.C.J. Reports 1971*, p. 16, at pp. 46-47, para. 94.）。また、条約法条約62条について

も、同じ取り扱いをしている (*Fisheries Jurisdiction (United Kingdom v. Iceland), Jurisdiction of the Court, Judgment, I.C.J. Reports 1973,* p. 3, at p. 18, para. 36.)。さらに、後の判決では、60条から62条までの諸規定は、総じて慣習法を反映していると認定している (*Gabčikovo-Nagymaros Project (Hungary/Slovakia), Judgment, I.C.J. Reports 1997,* p. 7, at p. 38, para. 46.)。

(2) 場所的範囲

条約が適用される場所は、通常、各当事国の領域全体である。ただし、南極条約や宇宙条約など、「別段の意図が条約自体から明らかである場合及びこの意図が他の方法によって確認される場合」は、領域外に適用されることもある (条約法条約29条)。

(3) 人的範囲

条約の拘束力は、当事国にのみ及ぶ。したがって、条約は特別国際法であり、国際社会のすべての構成員を拘束する一般国際法ではない。特別国際法である条約は、特別法優位の原則に従って一般国際法である慣習法よりも優先して適用される。「裁判の基準」として、「一般又は特別の国際条約」を最初に挙げている ICJ 規程38条1項は、このことを示唆している。

条約の拘束力は、当事国ではない国すなわち第3国には及ばない (条約法条約34条)。ただし、条約の当事国が、条約のいずれかの規定により第3国に義務を課することを意図し、かつ、当該第3国が書面によりその義務を明示的に受け入れる場合には、その規定に係る義務を負う (同35条)。別段の合意をしたと認められる場合を除き、義務の撤回または変更は、条約の当事国および当該第3国の同意があるときに限り可能となる (同37条1項) (本章2 (5) 参照)。

既存の慣習法を法典化した条約の規則の場合、または条約の規則が慣習法化したときは、条約の規則と同じ内容の慣習法が並行して存在し、その慣習法が第3国に適用されることになる (同38条)。したがって、条約の拘束力が第3国に及んでいるかのような現象が発生する。この場合も、条約上の規則と同じ内容の慣習法が第3国に適用されるのであって、条約上の規則自体が第3国に適用されるわけではない。

第4章 条約の遵守、適用および解釈 65

（4）他の条約との関係

（ア）条約に明文の規定がある場合

　同一の事項に関する相前後する条約の適用について、条約自体に明文の規定がある場合は、それに従う（条約法条約30条2項）。たとえば、国連海洋法条約は、「この条約は、締約国間において、1958年……の海洋法に関するジュネーヴ諸条約に優先する。」と規定している（311条1項）。また、同条約は、「この条約と両立する他の協定の規定に基づく締約国の権利及び義務であって他の締約国がこの条約に基づく権利を享受し又は義務を履行することに影響を及ぼさないものを変更するものではない。」とも規定している（同2項）。したがって、国連海洋法条約の締約国間の関係では、国連海洋法条約が公海条約などの海洋法に関するジュネーヴ諸条約に優先するが、国連海洋法条約の諸規定と両立する権利および義務を定める協定との関係では、優劣は生じない。国連公海漁業協定は、「この協定のいかなる規定も、条約に基づく各国の権利、管轄権及び義務に影響を及ぼすものではない。この協定については、条約の範囲内で、かつ、条約と適合するように解釈し、及び適用する。」と規定し、この点を確認している。同様に、環境保護に関する南極条約議定書は、「南極条約を補足するもの」であって、「同条約を修正し又は改正するものではな」く、「この議定書のいかなる規定も、締約国が南極条約体制における他の有効な国際文書に基づき有する権利を害し及びこれらの国際文書に基づき負う義務を免れさせるものではない。」と規定している（4条）。公海条約30条および領事関係条約73条1項のように、それぞれの条約の締約国の間では、効力を有する他の条約に影響を及ぼさない、との規定を置く条約もある。

　また、北大西洋条約のように、「各締約国は、自国と他のいずれかの締約国又はいずれかの第3国との間の現行のいかなる国際約束もこの条約の規定に抵触しないことを宣言し、及びこの条約の規定に抵触するいかなる国際約束をも締結しないことを約束する。」（8条）と規定している場合、当事国は、他の当事国または第3国と後にこの条約の規定と抵触する条約を締結することはできない。もっとも、抵触しない条約を締結することはできると解され、領事関係条約73条2項は、「この条約のいかなる規定も、諸国が、この条約の規定を確認し、補足し、拡大し又は拡充する国際取極を締結することを妨げるものでは

ない。」とし、このことを明文で定めている。

　他方、前の条約と後の条約が抵触する場合の適用関係を定めている条約もある。たとえば、環太平洋パートナーシップに関する包括的及び先進的な協定1条3項は、環太平洋パートナーシップ協定（TPP）が効力を有する場合、「この協定とTPPとが抵触するときは、その抵触の限りにおいて、この協定が優先する。」と規定しており、前の条約であるTPPの中で、後の条約であるこの協定と抵触しない規定は、双方の協定の当事国間で引き続き適用されることになる。EU運営条約351条は、同条約の効力発生前または新たに加盟した構成国の加盟日以前に、構成国と第3国との間に締結された条約から生ずる権利および義務は、EU基本条約（EU条約およびEU運営条約）の規定により影響されない、としつつ、これらの条約がEU基本条約と矛盾する場合、「存在すると認められた矛盾を除去するためすべての措置をとる」義務を、当該構成国に課している。したがって、構成国は、前の条約のなかで、EU基本条約と矛盾しない規定を引き続き適用することはできるが、矛盾する規定は、適用しない、またはそのような規定を含む条約を終了する、などの措置をとらなければならない。

　ジュネーヴ第1条約（傷病兵保護条約）59条のように、締約国の関係においては、前の条約に「代るものとする」と規定している場合は、締約国間では後の条約が優先する。締約国と第3国との関係では、共に当事国となっている前の条約が優先する。後の条約は、前の条約により規律されている第3国の権利および義務に影響を及ぼさない。原子力船の運航者の責任に関する条約14条は、このことを明文で定めており、同条約が、前の条約と抵触する限りにおいてのみ、当該前の条約に「代るものとする」が、締約国と締約国でない国との間で前の条約に基づき生じている義務には、「何ら影響を及ぼすものではない」としている。

（イ）条約に明文の規定がない場合

　条約に明文の規定が存在しない場合、同一の事項に関する相前後する条約の適用関係は、次のように決定される。

(a)　条約の当事国のすべてが後の条約の当事国となっている場合

　この場合、条約法条約59条の規定による条約の終了または運用停止がされて

第4章　条約の遵守、適用および解釈　　67

いないときは、前の条約は、後の条約と両立する限度においてのみ、適用する（条約法条約30条3項）。同59条1項によれば、前の条約のすべての当事国が同一の事項に関し後の条約を締結する場合、(a)当事国が当該事項を後の条約によって規律することを意図していたことが後の条約自体から明らかであるかまたは他の方法によって確認されるかのいずれかであること、かつ、(b)条約と後の条約とが著しく相いれないものであるためこれらの条約を同時に適用することができないこと、という2つの要件をみたせば、前の条約は、終了したものとみなされる。また、同2項によれば、当事国が条約の運用を停止することのみを意図していたことが後の条約自体から明らかである場合または他の方法によって確認される場合には、条約は、運用を停止されるにとどまるものとみなされる。このように、条約の前後を決める基準日は、効力発生日ではなく締結の日である。

2020年5月、23のEU加盟国（アイルランド、フィンランド、オーストリアおよびスウェーデンを除く）は、これらのEU加盟国間の2国間投資協定の終了に関する協定に署名し、130以上の2国間投資協定を終了させることにした。2国間投資協定に含まれる投資家対国家の仲裁に関する条項が、EU運営条約267条および344条により排除されるとの欧州司法裁判判決を受けてのことであり、明示的に言及されてはいないが、本項および59条（第7章2（2）参照）を念頭に置いたうえでの対応と解される。

(b)　前の条約の当事国のすべてが後の条約の当事国になっていない場合

この場合、双方の条約の当事国間では、(a)と同一の規則が適用される（条約法条約30条4項(a)）。他方、双方の条約の当事国といずれかの条約のみの当事国との間では、これらの国が共に当事国となっている条約が適用される（同(b)）。上述のジュネーヴ第1条約（傷病兵保護条約）59条は、このことを明文で定めたものである。これらの規定は、前の条約の定めにより、または、前の条約により禁止されておらず、当該前の条約に基づく他の当事国による権利の享有または義務の履行を妨げるものでないこと、および、逸脱を認めれば条約全体の趣旨および目的の効果的な実現と両立しないこととなる条約の規定に関するものでないことを条件に、多数国間条約を一部の当事国の間においてのみ修正する合意を妨げるものではない（条約法条約41条参照）（本章2（6）参照）。また、後

の条約の締結または適用により、前の条約に基づく当事国の権利が侵害される場合、権利を侵害された当事国は、前の条約に違反するとして、条約法条約60条に基づき条約を終了する、または条約の運用を停止する権利を援用することができる。さらに、加害国の国際責任を追求することもできる（第7章2（3）参照）。それゆえ、これらの規則は、条約違反の結果としての条約の終了または運用停止の問題、およびいずれかの国が条約により他の国に対し負っている義務に反することとなる規定を有する他の条約を締結し、または適用することから生ずる責任の問題に影響を及ぼすものではない（同30条5項）。

（ウ）国連憲章103条が適用される場合

（ア）および（イ）の規則は、国連憲章103条の規定が適用される場合には、適用されない（条約法条約30条1項）。国連憲章103条は、「国際連合加盟国のこの憲章に基く義務と他のいずれかの国際協定に基く義務とが抵触するときは、この憲章に基く義務が優先する。」と規定している。この規定は、既存の義務および将来負うことになる義務に関して、新たな加盟国に適用される。また、加盟国が非加盟国と締結する協定に関しても適用される。もっとも、ほぼすべての国が国連の加盟国になっている今日では、非加盟国の権利にどの程度の影響が及ぶかということは、実際上さほど重要な問題ではない。

国連憲章上の義務には、憲章7章に基づき安保理が加盟国に課した措置が含まれる。安保理は、決議787（1992）で、ドナウ川河岸国は、河川の航行が決議713（1991）および757（1992）によって設定された制裁制度に違反しないことを確保するために必要な措置をとらなければならないことを再確認した。いくつかの河岸国が、1948年のベオグラード条約の航行の自由に関する諸規定に基づく義務は、この制度に影響されないと主張していたためである。

ロッカービー事件（1992年）で、重要な論点は、決議748（1992）の下での加盟国の義務およびリビアに関する他の憲章7章に基づく措置が、1971年の民間航空の安全に対する不法な行為の防止に関するモントリオール条約に優先するかどうかだった。ICJは、「リビアとアメリカは共に国連の加盟国として、憲章25条により安保理の決定を受諾し、かつ、履行する義務を負っている。裁判所は、仮保全措置に関する手続の段階で、一見すると（prima facie）、この義務が決議748に含まれた決定に及ぶとみなす。国連憲章103条により、その点での

第4章　条約の遵守、適用および解釈　69

当事国の義務は、他のいずれかの条約(モントリオール条約を含む)に基づく義務に優先する。」と決定した(*Questions of Interpretation and Application of the 1971 Montreal Convention arising from the Aerial Incident at Lockerbie (Libyan Arab Jamahiriya v. United States of America), Provisional Measures, Order I.C.J. Reports 1992*, p. 126, para. 42.)。

　TPP2.13.5条は、「この条のいかなる規定も、締約国に対し輸出許可を与えるよう要求するものと解してはならず、また、締約国が国際連合安全保障理事会決議及び多数国間の不拡散に関する制度(通常兵器及び関連汎用品・技術の輸出管理に関するワッセナー・アレンジメント、原子力供給国グループ、オーストラリア・グループ、1993年1月13日にパリで作成された化学兵器の開発、生産、貯蔵及び使用の禁止並びに廃棄に関する条約、1972年4月10日にワシントン、ロンドン及びモスクワで作成された細菌兵器(生物兵器)及び毒素兵器の開発、生産及び貯蔵の禁止並びに廃棄に関する条約、1968年7月1日にロンドン、モスクワ及びワシントンで作成された核兵器の不拡散に関する条約並びにミサイル技術管理レジームを含む。)に基づく義務または約束を実施することを妨げるものと解してはならない。」と規定している。

(5) 第3国との関係

　条約の効力は、原則として当事国のみに及ぶ。したがって、条約が、第3国すなわち条約の当事国でない国(条約法条約2条1項(h))に対して義務を負わせる、または、権利を与えるには、第3国の同意が必要である(同34条)。

(ア) 第3国の義務について規定している条約

　条約の当事国が条約のいずれかの規定により第3国に義務を課することを意図している場合、第3国が書面によりその義務を明示的に受け入れる場合にのみ、義務を課することができる(同35条)。第3国に義務を課すという条約の当事国の意図と、その義務を受諾する第3国の明示的な同意によって、両者の間に付随的合意が成立する。その合意が第3国に対して義務を創設するに足る法的根拠である。

　日本に関係する条約として、太平洋における旧日本委任統治諸島に関する米国信託統治協定がある。同協定は、日本が旧日本委任統治地域において委任統治条項に基づき有していた受任国としての権利を一方的に剥奪し、そのことを

受け入れる義務を日本に課することとなる内容を含んでいた。また、日露講和条約（ポーツマス条約）の５条および６条は、ロシアが清国に有していた租借権等を日本に移転譲渡することを定めた規定で、第３国である清国に対し、租借権等の享有主体がロシアから日本に変更されることを受け入れる義務を課するものである。

なお、第３国が侵略国の場合、本条に定める規則は適用されない（条約法条約75条）。同条によれば、国連憲章に基づいてとられる措置の結果として締結される条約は、第３国たる侵略国が同意しない場合でも、その侵略国に対し義務を課することができる。

（イ）第３国の権利について規定している条約

条約の当事国が条約のいずれかの規定により第３国に対し権利を与えることを意図している場合、その第３国が同意すれば、権利を与えることができる（36条１項）。権利の場合、第３国が、同意しない旨の意思表示をしない限り、同意が存在するものと推定される（同２項）。書面により同意を明示的に表明する必要がないところが、義務の場合との違いである。

日本に関係する条約として、対日平和条約がある。同条約は、「21条の規定を留保して」、「連合国」すなわち、日本と戦争していた国でない国に対して、「いかなる権利、権原又は利益も与えるものではない」と規定している（対日平和条約25条）。21条は、「25条の規定にかかわらず」、中国は、10条および14条(a)2の利益を受ける権利を有し、朝鮮は、２条、３条、９条および12条の利益を受ける権利を有する、と規定している。これらの規定から、対日平和条約の当事国は、当事国でない中国および朝鮮に対し権利を与えることを意図していたことがわかる。中国および朝鮮は、同意しない旨の意思表示をしていないので、同意が存在するものと推定される。

また、国連憲章にも、第３国の権利について規定している条文がある。すなわち、同35条２項は、「国際連合加盟国でない国は、自国が当事者であるいかなる紛争についても、この憲章に定める平和的解決の義務をこの紛争についてあらかじめ受諾すれば、安全保障理事会又は総会の注意を促すことができる。」と規定している。国連憲章の当事国は、第３国が、憲章に定める紛争の平和的解決義務を受諾することを条件に、安保理または総会の注意を促す権利を、第

第４章　条約の遵守、適用および解釈　71

３国に与えていると解される。条約の当事国は、当該第３国の同意なしに権利についての撤回または変更をすることができないことが意図されていたと認められるときは、撤回または変更をすることができない（条約法条約37条２項）。

（6）改正および修正

多数国間条約のすべての当事国は、改正によって、その規則を後に変更することができる（条約法条約39条）。条約に別段の定めがない限り、多数国間の条約をすべての当事国の間で改正するための提案は、すべての締約国に通告しなければならない（同40条）。この場合、各締約国は、当該提案に関してとられる措置についての決定および当該条約を改正する合意の交渉および締結に参加する権利を有する（同２項）。しかし、条約を改正する合意は、既に条約の当事国となっている国であっても、当該合意の当事者とならないものは、拘束しない（同４項）。これらの国と当該合意の当事国との関係、同一の事項に関する相前後する条約についての規定である条約法条約30条４(b)により規律される。条約を改正する合意が効力を生じた後に条約の当事国となる国は、別段の意図を表明しない限り、改正がされた条約の当事国とみなされる。他方、条約を改正する合意に拘束されていない条約の当事国との関係においては、改正がされていない条約の当事国とみなされる（同条５項）。国際実行では、条約の改訂（revision）という用語が、しばしば用いられる。もっとも、この用語が、改正に言及しているのか、それとも条約の規定のいくつかの変更ではなく、条約の実質的な変更を想定する過程に言及しているのかは定かでない。

改正と修正は区別されなければならない。修正は、多数国間条約のすべての当事国の間においてではなく、一部の当事国の間においてのみ締結された合意を対象としているからである。41条によれば、条約が規定している場合、または、条約により禁止されておらずかつ次の条件をみたしている場合に、このような修正を行うことができる。(i)条約に基づく他の当事国による権利の享有または義務の履行を妨げるものでないこと、(ii)逸脱を認めれば条約全体の趣旨および目的の効果的な実現と両立しないこととなる条約の規定に関するものでないこと。

3　解　釈

　文書の解釈は、精密で体系化された理論（science）に基づくというよりも、理論化できない技（職人芸）（art）であるといわれる。このことは、とりわけ条約の解釈にあてはまる。交渉国の数が増えれば増えるほど、相対立する利害を調和させるために、不明確なまたは曖昧な文言をいくつか採用せざるを得なくなる。こうして、妥協の産物として採択されることが珍しくない条約文の意味を明らかにするために、解釈が必要となる。解釈の必要のない条約は存在しないといっても過言ではなく。そして、利害は交渉国および条約の主題によって異なるので、不明確なまたは曖昧な文言が採用された理由は、条約ごとに異なる。それゆえ、条約の解釈は、「理論化できない技」によって行われることになる。

　条約の適用は、解釈によって確定された条約文の意味に従い、具体的な事実から所定の結果を発生させるという行為である。条約の解釈および適用は、不可分の関係にあり、適用の際には、必ず解釈が行われていることになる。

（1）一般的な規則

　条約の解釈をめぐっては、伝統的に、文言を重視する文言主義解釈、当事国の意思を重視する意思主義解釈、そして条約の趣旨および目的を重視する目的論的解釈という3つの学説が主張されてきた。しかし、解釈に関する一般的な規則を定めている条約法条約31条は、1項で、「条約は、文脈によりかつその趣旨及び目的に照らして与えられる用語の通常の意味に従い、誠実に解釈するものとする」と規定し、3つの学説が重視する要素だけでなく、「およそ事物はこれを無効ならしむるより有効ならしむるを以て可とする」という有用性原理または実効性の原則も採り入れている。当事国に共通する真正な意図は、文脈によりかつその趣旨および目的に照らして与えられる用語の通常の意味に示されているとの立場をとったからである。また、「規則」（rule）は単数形であり、31条全体が「解釈に関する一般的な規則」である。3項と4項には、文脈以外に考慮される要素が列挙されている。まさにここに、条約の解釈は、これらす

第4章　条約の遵守、適用および解釈　73

図表4-3 「文脈」に含まれるもの

条約文（前文及び附属書を含む。）
条約の締結に関連してすべての当事国の間でされた条約の関係合意
条約の締結に関連して当事国の一又は二以上が作成した文書であってこれらの当事国以外の当事国が条約の関係文書として認めたもの

べての要素を考慮して行われる「技」であるとの観念が反映されている。

　「誠実に解釈する」ことは、条約法条約26条に規定されている「合意は守られなければならない」原則から導かれる。解釈は、条約を履行する過程の一部であり、「誠実に」関連する資料を検討し、それらを評価しなければならない。

　「趣旨及び目的」は、「用語の通常の意味」を導くために考慮されるにとどまる。用語の意味を変えるものではないという意味で、「規則」は、目的論的解釈の要素を含むが、目的論的解釈の立場を採用しているわけではない。

　「文脈」には、条約文（前文および附属書を含む。）、条約の締結に関連してすべての当事国の間でされた条約の関係合意および条約の締結に関連して当事国の一または二以上が作成した文書であってこれらの当事国以外の当事国が条約の関係文書として認めたもの、が含まれる（31条2項）。前文から用語の意味が明らかになる例として、包括的核実験禁止条約1条1項がある。同項は、「核兵器の実験的爆発及び他の核爆発を禁止」しているが、核兵器の使用を禁止するものではないと解される。前文が、「核兵器のすべての実験的爆発及び他のすべての核爆発を停止することは」、「核軍備の縮小及びすべての側面における核不拡散のための効果的な措置となること」、「核軍備の縮小を達成するための系統的な過程を実現させる上での有意義な一歩となること」を認識しているからである。

　条約の関係合意は、国連国家免除条約の附属書のように、条約の一部になっているものもあるが、必ずしも条約の一部または条約である必要はない。たとえば、南極海洋生物資源保存条約を採択した会議の最終決定書（final act）は、条約が適用されない島嶼を列挙している。これは、会議の議長による声明という形式で、最終決定書に含まれることになったものである。末尾に、「この声明に対して異議はなかった」、と記載されており、条約の関係合意とみなすこ

図表4-4 「文脈」とともに考慮するもの

条約の解釈又は適用につき当事国の間で後にされた合意
条約の適用につき後に生じた慣行であって、条約の解釈についての当事国の合意を確立するもの
当事国の間の関係において適用される国際法の関連規則

とができる。

　日本の裁判例に、アドホック委員会議長の発言およびノルウェー等の解釈宣言を「文脈」に含めることは可能とした裁判例がある（対米国・嘉手納基地爆音差止等請求事件（那覇地沖縄支判2017（平29）・2・9（D1-Law.com判例体系）〔28250731〕））。

　さらに、「文脈」とともに考慮するものとして、3つのものがある（31条3項）。まず、条約の解釈又は適用につき当事国の間で後にされた合意である（同項(a)）。

　国際法委員会の注釈によれば、「条約の締結後に到達された規定の解釈に関する合意は、当事国による公権解釈（authentic interpretation）を反映するものであり、解釈にあたり、条約に読み込まれなければならない」（*Yearbook of International Law Commission*, 1966, Vol. II, p. 221, para. 14.）。

　国際法委員会による条約の解釈についての後にされた合意及び後に生じた慣行に関する結論（以下、後にされた合意及び後に生じた慣行に関する結論）3によれば、(a)と(b)にいう「後にされた合意」と「後に生じた慣行」は、条約の意味について当事国の了解を示す客観的な証拠であり、31条に反映された条約解釈の一般的な規則を適用するにあたって、公権解釈の手段となる。「後にされた合意」と「後に生じた慣行」は、当事国の合意を共通の行為により認定しうるかどうか、または、個々の行為であるが、それらを組み合わせれば、共通の立場を示すことになる合意を認定する必要があるのかどうかに基づき、区別することができる。後にされた合意及び後に生じた慣行に関する結論4の注釈10項によれば、「31条3項(a)の下での『後にされた合意』は、たとえ、条約の解釈またはその諸規定の適用に関する共通の了解を示す個々の行為で構成されるとしても、当事国により『達成』されなければならず、意図的な共通の行為または約束（undertaking）を想定している」。また、11項によれば、「他方、31条3項(b)の下での『後に生じた慣行』は、条約当事国による（他の）すべての関連する

第4章　条約の遵守、適用および解釈　　**75**

行為形式で、条約の解釈に関する当事国の合意または『了解』の認定に寄与するものを含む。しかし、特殊な場合に、『慣行』と『合意』が一致し、区別できないこともありうる」。後にされた合意と後に生じた慣行は、条約の文言の意味が、時の経過により発展しうるかどうかという問題にも関連しうる（「発展性の原則」（後にされた合意及び後に生じた慣行に関する結論 8 ））。

　後にされた合意は、条約で行う必要はない。(a)項は、意図的に、条約ではなく「合意」に言及しているからである。目的が明確であれば、合意は、さまざまな形式をとることができる（締約国会合で採択された決定を含む）（後にされた合意及び後に生じた慣行に関する結論 6.2 、注釈⑮参照）。合意は、当事国が了知し、受諾している条約の解釈に関する共通の了解であることを要する。法的に拘束力のある合意である必要はない（後にされた合意及び後に生じた慣行に関する結論10）。31条 3 項の下での解釈の手段としての後にされた合意と後に生じた慣行の重要性は、特に、明確性と特定性による（後にされた合意及び後に生じた慣行に関する結論 9.1 ）。

　1957年のヨーロッパ共同体を設立するローマ条約は、ECU（ヨーロッパの通貨単位）に言及している。1995年、加盟国は、ECU を euro に置き換えることを決定したが、条約の改正には批准手続と議会による精査を要し、長時間かかることが予想された。それゆえ、改正を行わず、加盟国の元首および政府の長が、次のような文言をマドリード会合の「結論」に記録するという手段をとった。

　　「ヨーロッパの通貨単位に言及するために条約で用いられた ECU の代わりに、Euro という特別の名称を用いることにする。15の加盟国の政府は、この決定が、関連条約諸規定の合意された、かつ、最終的な解釈であるとの共通の合意に達している。」

　1982年に改正条項を含めるために改正された1971年のラムサール条約の下で、改正が効力を発生するには、「締約国の 3 分の 2 」による受諾が必要である（「採択された改正は、締約国の 3 分の 2 が改正の受諾書を寄託者に寄託した日の後 4 番目の月の初日に、改正を受諾した締約国について効力を生ずる」（10条 6 項）。しかし、この文言が、改正が採択された時点での締約国に言及しているのか、いず

れか所与の時点での締約国に言及しているのか、明らかでなかった。それゆえ、1990年に締約国の会議で、改正の採択時点に言及するものであると解釈されなければならないとの決議を採択した（Resolution 4.1: Interpretation of Article 10 bis paragraph 6 of the Convention, 4th Meeting of the Conference of the Contracting Parties Montreux, Switzerland, 7 January 1990.）。

　難民条約1条F(c)の下で、「国際連合の目的及び原則に反する行為を行った」と考えられる「相当な理由がある者」については、難民の地位を与えられない。1996年12月17日、国連総会は、投票を行うことなく、テロリズムは、国連の目的および原則に反するとの宣言を採択した（A/RES/51/210.）。これは、国連憲章および難民条約の解釈について後にされた合意とみなされうる。この決議は、難民条約の改正ではないし、法的拘束力もない。しかし、難民条約の解釈にあたって、相当の重要性があり、国内裁判所および国内法廷により考慮されなければならない。

　1995年に、南極条約協議国会議が採択した決定1も、後にされた合意である。1959年の南極条約の9条1項は、特定の締約国（「協議国」）が、条約の原則および目的の促進についての政府による「措置」を「勧告」すると規定している。そして、9条4項によれば、「1にいう措置は、その措置を審議するために開催された会合に代表者を参加させる権利を有したすべての締約国により『承認』された時に『効力を生ずる』」。1961年から1995年までの間に、200以上の措置

図表4-5　南極条約9条1項

この条約の前文に列記する締約国の代表者は、情報を交換し、南極地域に関する共通 の利害関係のある事項について協議し、並びに次のことに関する措置を含むこの条約の原則及び目的を助長する措置を立案し、審議し、及びそれぞれの政府に勧告するため、この条約の効力発生の日の後二箇月以内にキャンベラで、その後は、適当な間隔を置き、かつ、適当な場所で、会合する。
(a) 南極地域を平和的目的のみに利用すること。
(b) 南極地域における科学的研究を容易にすること。
(c) 南極地域における国際間の科学的協力を容易にすること。
(d) 第七条に定める査察を行なう権利の行使を容易にすること。
(e) 南極地域における裁判権の行使に関すること。
(f) 南極地域における生物資源を保護し、及び保存すること。

第4章　条約の遵守、適用および解釈　77

が勧告されたが、大多数は、9条4項による「承認」を要するものではなかった。それにもかかわらず、それらは、「承認」を要する措置として扱われていたので、多くの勧告が、採択後長年にわたり、効力を生じなかった。それゆえ、協議国会議は、「措置」、「決定」および「決議」を定義する決定を採択するにいたった。すなわち、「措置」は、すべての協議国が承認した時に法的拘束力を有することを意図した文書であって、9条4項による「承認」を求めて勧告されたものをいう。「決定」は、協議国会議が機構の内部事項に関してとったもので、採択時または明記された日に効力を生ずる。「決議」は、協議国会議が、推奨するために採択した文書（hortatory text）をいう。

　後にされた合意及び後に生じた合意に関する結論11の1項は、締約国会議の枠内で採択された決定の法的効果は、主として、当該条約および適用される手続規則による、と明記している。事情により、かかる決定は、明示的にもしくは黙示的に、31条3項(a)の下での後にされた合意を具体化する、または、31条3項(b)の下での後に生じた慣行（同2項）を発生させうる。後にされた合意及び後に生じた合意に関する結論11の3項は、「締約国会議の枠内で採択された決定は、当該決定が採択された形式および手続（コンセンサスによる採択を含む）の如何を問わず、条約の解釈に関する当事国の間の合意を実質的に示すものである限り、31条3項の下での後にされた合意または後に生じた慣行を具体化する。」と付言している。

　南極条約9条1項および南極条約協議国会議に関して上述した例は、訂正に相当する行動という性質上、条約の修正または改正にあたる例である。外務省の法律顧問は、次のような問いに慣れている。すなわち、我々は、条約を改正することなく修正できるのか？たとえ、条約の中に改正手続が組み込まれている場合でも、特に、多数国間条約で、改正が批准を要する場合、手続は長期にわたり、不明確になりうる。多くは事情によるが、特に、修正が本質的に手続的なものの場合、条約の適用に関する合意で、それを具体化しうる可能性がある。この技術は、特に、欠缺を補充する、用語を更新する、または、規定の運用を延期する場合に有益である。国際海洋法裁判所裁判官の選挙がはじめて行われる期日は、国連海洋法条約に規定されていたが、その期日が尚早だったことが判明したので、締約国会合のコンセンサスによる決定で、選挙は延期され

た。その決定は、会合録に記録されている（SPLOS/3, 28 February 1995, p. 7, para. 16(b).）。しかし、このような手段は、慎重にかつ控えめに用いられなければならない。いずれにせよ、適用と改正とを区別することは、常に容易なわけではない。

次に、(b)条約の適用につき後に生じた慣行であって、条約の解釈についての当事国の合意を確立するもの、も考慮される。国際法委員会によれば、「解釈の要素として、条約の適用につき後に生じた慣行の重要性は、明らかである。それは、条約の意味に関する当事国の了解を客観的に示す証拠だからである。解釈の手段として、慣行に依拠することは、国際裁判所の裁判例で十分に確立している。」（*Yearbook of International Law Commission*, 1966, Vol. II, p. 241, para. 15.）。実際、ICJ は、条約の諸規定を解釈するよう要請されたとき、条約の適用につき当事国の後に生じた慣行をしばしば検討してきた（*Corfu Channel, Merits, Judgment, I.C.J. Reports 1949*, p. 4, at p. 25; *Arbitral Award Made by the King of Spain on 23 December 1906, Judgment, I.C.J. Reports 1960*, p. 192, at pp. 206-207; *Temple of Preah Vihear, Merits, Judgment, I.C.J. Reports 1962*, p. 6, at pp. 33-35; *Certain Expenses of the United Nations (Article 17, Paragraph 2, of the Charter), Advisory Opinion, I.C.J. Reports 1962*, p. 151, at pp. 157, 160-161 and 172-175; *Military and Paramilitary Activities in and against Nicaragua (Nicaragua* v. *United States of America), Jurisdiction and Admissibility, Judgment, I.C.J. Reports 1984*, p. 392, at pp. 408-413, paras. 36-47; *Territorial Dispute (Libyan Arab Jamahiriyal Chad), Judgment, I.C.J. Reports 1994*, p. 6, at pp. 34-37, paras. 66-71; *Licéité de l'utilisation des aremes nucléaires par un Etat dans un conflit armé, avis consultatif, C.I.J. Recueil 1996*, p. 66, at p. 75.）。

後に生じた慣行は、「条約の適用につき」行われなければならない。後にされた合意及び後に生じた合意に関する結論 4 の 2 項についての注釈によれば、解釈に関する外交会議での公式声明、法的紛争過程での声明、国内裁判所の判決、条約を履行するための国内法の制定および国際的な合意の締結などが、これにあたる。

後に生じた慣行による解釈の例として、もっとも頻繁に引用される例は、国連憲章27条 3 項である。同項は、手続事項ではない事項に関する安保理の決定

は、「常任理事国の同意投票を含む」9常任理事国の「賛成」票によって行われる、と規定している。一見すると、すべての常任理事国が、賛成票を投じなければならないとの意味であることは明らかのように思われる。しかし、国連創設当初から、安保理は、「賛成する」を単に「反対しない」と解釈してきた。それゆえ、常任理事国が、決定を妨げることを望むならば、棄権または欠席では足りず、反対票を投じなければならない。こうして、1950年の朝鮮戦争の際、ソ連代表団は、安保理の会合を欠席することによって、安保理が行動をとることを妨げられなかった。ナミビア事件で、ICJもこの解釈を支持している (*Legal Consequences for States of the Continued Presence of South Africa in Namibia (South West Africa) notwithstanding Security Council Resolution 276 (1970), Advisory Opinion, I.C.J. Reports 1971*, p. 16, at p. 22, para. 22.)。

　日本の裁判例に、自由権規約28条により設置された人権委員会が、同40条4項に基づき、「この規約の締約国の提出する報告を検討」し、「委員会の報告及び適当と認める一般的な性格を有する意見（以下、一般的意見）を締約国に送付」する権限を有しており、また、「特定の締約国に対する勧告に代えて」、「締約国全体に宛てた」一般的意見ゼネラルコメントを採択しているところ、一般的意見が自由権規約を「直接の検討対象としていること」をも考え合わせれば、同意見は条約法条約31条3項(b)にいう「条約の適用につき後に生じた慣行であって、条約の解釈について当事国の合意を確立するもの」に「準ずる」として、自由権規約の解釈にあたり、相当程度尊重されるべきである。」としたものがある（損害賠償請求事件（大阪地判2004（平16）・3・9訟月52巻10号3098頁））。

　他方、国連難民高等弁務官事務所による「難民認定基準ハンドブック」については、それ自体に法的拘束力がないので、難民議定書の加盟国として「ハンドブックを遵守することは不可欠である」との主張は採用できないとして、本項に該当しないとした裁判例がある（難民不認定処分取消等請求事件（東京地判2016（平28）・5・10（D1-Law.com判例体系）〔29018382〕））。

　最後に、当事国の間の関係において適用される国際法の関連規則がある（条約法条約31条3項(c)）。「当事国」は、「すべての当事国」と解されている。条約が「国際法」であることは疑いないが、解釈の際に「国際法の関連規則」として参照するには、解釈をする条約と参照する条約の当事国が同じでなければな

らないので、ほぼすべての国が当事国となっている国連憲章を除けば、参照できる条約はほとんどない。したがって、国連憲章以外で、関連規則として参照できるのは、慣習法および法の一般原則ということになる。実際、ICJ は、2003年のオイル・プラットフォーム事件本案判決で、国連憲章と慣習法を、「国際法の関連規則」であると認定し、関係条約の規定を解釈している（*Oil Platforms (Islamic Republic of Iran v. United States of America), Judgment, I.C.J. Reports 2003*, p. 161, at p. 182, para. 41.)。

　日本の裁判例に、自由権規約26条の解釈にあたって、同規約と並んで審議・採択された社会権規約の内容や趣旨を考慮することは、本項の趣旨にも反するものではないとしたものがある（障害基礎年金不支給決定取消等請求事件（京都地判2003（平15）・8・26裁判所ウェブサイト掲載判例〔28082537〕))。

　当事国が意図していたと認められる場合、用語は特別の意味を有する（条約法条約31条4項）。たとえば、条約法条約は、「締約国」を、「条約（効力を生じているかいないかを問わない。）に拘束されることに同意した国」(同2条1項(f))、「当事国」を、「条約に拘束されることに同意し、かつ、自国について条約の効力が生じている国」（同項(g)）とそれぞれ定義している。したがって、条約法条約の適用上、「締約国」と「当事国」は、「特別の意味を有する」。

　日本の裁判例には、自由権規約12条4項にいう「自国」の意味を解釈するにあたって、「自国」に「国籍国」のみならず「定住国」をも含むものとするならば、「自国」という用語は、「特別の意味を有する」ことになり、当事国がこの用語に「特別の意味を与えていることを意図していたと認められる場合」に該当しない限り、「定住国」を含むとの解釈はできないとしたものがある。本件では、当事国が「自国」に「定住国」の意味をも与える意図があったとすれば、「定住国」または「永久的住居」という用語の定義、永住資格の要否、国籍国と定住国とが異なる場合の扱いなどの事項について、審議がなされてしかるべきだが、そのような審議がなされた形跡はないことから、当事国にそのような意図があったとは到底認められないとされた（在日韓国人再入国不許可処分取消訴訟事件（福岡地判1989（平1）・9・29民集52巻3号704頁))。

（2）解釈の補足的な手段

　条約法条約31条の規定の適用により得られた意味を確認するため、または、
⒜31条の規定による解釈によっては意味が曖昧または不明確である場合、もし
くは、⒝31条の規定による解釈により明らかに常識に反した又は不合理な結果
がもたらされる場合、解釈の補足的な手段、特に条約の準備作業および条約の
締結の際の事情に依拠することができる（条約法条約32条）。

　準備作業には、条約草案、会議の記録、法典化会議での専門家顧問による説
明声明、起草委員会委員長による争いのない解釈声明およびILCによる注釈
などの文書による資料が含まれる。これらの文書の価値は、真性であること
（authenticity）、完成されていること（completeness）および利用可能であること
（availability）により決まる。日本の裁判例に、「条約の審議経過」は「解釈の
補助的手段」にあたる、としたものがある（各損害賠償等請求控訴事件（東京高判
2017（平29）・12・14訟月64巻11号1583頁））。

　自由権規約委員会の一般的意見については、判断が分かれている。一方で、
「解釈の補足的な手段」としたもの（障害基礎年金不支給決定取消等請求事件（京
都地判2003（平15）・8・26裁判所ウェブサイト掲載判例〔28082537〕）、退去強制令書
発付処分取消等請求事件（東京地判2016（平28）・2・12（D1-Law.com 判例体系）
〔29017028〕）、恩給請求棄却処分取消請求事件（東京地判1998（平10）・7・31訟月45巻
7号1312頁）、公職選挙法違反被告事件（広島高判1999（平11）・4・28高検速報（平
11）号136頁））、それに「準ずる」としたものがある（損害賠償請求事件（大阪地
判2004（平16）・3・9訟月52巻10号3098頁））。一般的意見には法的拘束力がない
ものの、「拘束力の有無」と自由権規約の解釈にあたって参考とされるか否か
とは別個の問題であって、解釈にあたり、一般的意見が「相当程度参考とされ
るべきであることには変わりはない」とされる（同上）。もっとも、法的拘束
力がないことから、一般的意見は、「条約解釈の指針ないし補足的手段となり
得るもの」ではあっても、「締約国の国内機関による条約解釈を法的に拘束す
る効力を有するものとは認められない」ので、日本の「裁判所による条約解釈
を法的に拘束する効力を有するものではない」とした裁判例もある（損害賠償
請求控訴事件（広島高判2020（令2）・9・16判時2486号6)頁）、同旨、損害賠償請求事
件（広島地判2019（令1）・11・19判時2450・2451号102頁）、損害賠償請求事件（東京

地判2019（令1）・10・2訟月67巻8号1235頁）、懲戒処分取消等請求事件（東京地判
2015（平27）・1・16判自405号57頁）、損害賠償等、障害年金請求却下処分取消請求控
訴事件（大阪高判1999（平11）・10・15判時1718号30頁）、地位確認等請求事件（大阪地
判2008（平20）・1・23判時2010号93頁）、地位確認等請求控訴事件（大阪高判2008（平
20）・11・27判時2044号86頁）「〔一般的意見〕の目的は、規約の実施の促進、締約国へ
の注意喚起などであって、自由権規約の実施に当たって一般的な性格を有する意見とし
て参考とされることが求められているにすぎない」）。「一般的意見は法定拘束力を持
たないから」、「一般的意見の存在によって」、23条4項が、「各配偶者が婚姻前
の姓の使用を保持する権利を保障しているとは認められない」、とも判示してい
る（損害賠償請求事件（東京地判2019（令1）・11・14（D1-Law.com判例体系）
〔29058065〕）、損害賠償請求事件（東京地立川支判2019（令1）・11・14判時2450・2451
号85頁）、同旨、各損害賠償請求控訴事件（東京高判2020（令2）・10・20訟月67巻8号
1205頁））。一般的意見に「拘束力がないことは争いがなく」、自由権規約につ
いて、「同意見とは異なる解釈をすることは可能であると解される」、とした裁
判例もある（損害賠償請求事件（広島地判2019（令1）・11・19判時2450・2451号102頁））
（もっとも、「一般的意見は、自由権規約3条については、各配偶者が自己の婚姻前の姓
の使用を保持する権利、又は、平等の基礎において新しい姓の選択に参加する権利が保
障されるべきものと述べており、自由権規約23条4項についても、夫婦の婚姻前の姓の
使用を保持し、又は、新しい姓を選択する場合に対等の立場で決定する配偶者各自の権
利に関して性別の違いに基づく差別が起きないことを確実にしなければならないと述べ
ているため」、「配偶者が婚姻前の姓の使用を保持する権利が保障されなくとも、平等の
基礎において新しい姓の選択に参加する権利が保障される限り、これらの自由権規約に
違反しないと解する余地がある」ので、「一般的意見を前提としても」、これらの諸規定が、
「配偶者が婚姻前の姓の使用を保持する権利を保障したものと直ちに認めることはでき
ない。」とされる）。

　また、条約法条約32条は、解釈の補足的な手段として、「特に条約の準備作
業及び条約の締結の際の事情」に依拠することができると規定しており、「こ
の文言解釈上、条約締結後の事情である委員会の意見等を条約の準備作業や条
約締結の際の事情に含まれると解釈することはできず」、一般的意見は、「国際
法の解釈上、一つの有力意見として参考にすれば足りるものというべきである」

とした裁判例もある（所有権移転登記手続等請求事件（大阪地判2007（平19）・10・30（D1-Law.com 判例体系）〔28140498〕））。

　国連総会決議（被拘禁者処遇最低基準規則93条、被拘禁者保護原則18および弁護士の役割に関する基本原則８条ならびに22条「被拘禁者保護原則」）を、「解釈の補足的な手段」に「準ずるもの」としたものもある（損害賠償請求事件（大阪地判2004（平16）・３・９訟月52巻10号3098頁）、損害賠償請求控訴事件（1170号）・同附帯控訴事件（1917号）（大阪高判2005（平17）・１・25訟月52巻10号3069頁））。いずれも上記の３つの要素を備えていると解される。しかし、被拘禁者処遇最低基準規則および被拘禁者保護原則は、「国連加盟国に対してガイドラインを示したものにすぎず、何らの法的義務を課すものではないし、Ｂ規約の解釈基準を定めたものと認めることもできない」とした裁判例がある（損害賠償請求事件（東京地判1993（平５）・12・７判時1505号91頁））。さらに、国連総会決議であるマイノリティ権利宣言は、「条約とは異なり、一方的な行為にすぎないから」、日本に対して法的拘束力を持つものではないし、「そのコメンタリーも、国連内部に設置された人権教育促進擁護小委員会が活動の一環として作成したものにすぎず、これに法的拘束力を認めることはできない」とし、解釈の補足的手段として依拠しなかったものもある（地位確認等請求事件（大阪地判2008（平20）・１・23判時2010号93頁）、地位確認等請求控訴事件（大阪高判2008（平20）・11・27判時2044号86頁））。

　同じく上記の３つの要素を備えていると解される社会権規約委員会の一般的意見についても、評価が分かれている。一方で、条約法条約に直接言及してはいないが、社会権規約の規定の解釈にあたって、「参考となるもの」、あるいは、踏まえているので、「解釈の補足的な手段」として位置付けていると解することができる、とした裁判例がある（年金減額分支払請求事件（鳥取地判2021（令３）・２・26（D1-Law.com 判例体系）〔28290846〕）、未払年金請求控訴事件（広島高松江支判2023（令５）・１・16（D1-Law.com 判例体系）〔28310758〕）、年金減額分支払請求控訴事件（広島高松江支判2023（令５）・１・16（D1-Law.com 判例体系）〔28310767〕））。他方で、一般的意見は、日本に対して法的拘束力を有するものではないので、教育を受ける権利ないし利益という具体的権利義務や法的地位に直接影響を及ぼしたとはいえない、とした裁判例がある（地位確認等請求控訴事件（大阪高判2008（平20）・11・27判時2044号86頁）、同旨、朝鮮高校生就学支援金不支給違憲損害賠

償請求事件（名古屋地判2018（平30）・4・27判時2400号20頁）、年金減額改定決定取消請求事件（251号）、年金改定決定取消請求事件（202号）（大阪地判2020（令2）・7・10（D1-Law.com 判例体系）〔28282585〕）、年金減額処分取消請求事件（青森地判2020（令2）・2・28（D1-Law.com 判例体系）〔28281026〕）、建物明渡等請求事件（神戸地判2019（平31）・2・7裁判所ウェブサイト掲載判例〔28270810〕）、年金額改定（減額）処分取消請求事件（名古屋地判2021（令3）・3・25（D1-Law.com 判例体系）〔28291644〕）、年金額改定（減額）処分取消請求事件（22号）、年金改定決定取消請求事件（14号）（岐阜地判2020（令2）・3・2（D1-Law.com 判例体系）〔28281652〕）、年金減額改定取消請求事件（東京地判2020（令2）・9・23裁判所ウェブサイト掲載判例〔28283909〕）、未払年金請求事件（松江地判2021（令3）・6・14（D1-Law.com 判例体系）〔28292787〕）、年金額改定（減額）処分取消等請求事件（岡山地判2021（令3）・3・30（D1-Law.com 判例体系）〔28291654〕）、年金減額改定取消請求事件（宮崎地判2022（令4）・3・4（D1-Law.com 判例体系）〔28300790〕）、年金減額改定決定取消請求控訴事件、年金減額改定決定取消等請求控訴事件（大阪高判2022（令4）・3・16（D1-Law.com 判例体系）〔28301077〕）、年金額減額処分取消請求事件（広島地判2022（令4）・5・11（D1-Law.com 判例体系）〔28301505〕）、年金減額分支払請求控訴事件（広島高松江支判2023（令5）・1・16（D1-Law.com 判例体系）〔28310767〕）、年金減額分支払請求控訴事件（福岡高判2023（令5）・1・18（D1-Law.com 判例体系）〔28310757〕））。

　その他の条約機関による一般的意見および勧告の位置づけについては、次のような裁判例がある。すなわち、女子差別撤廃委員会の一般的意見は、「条約解釈の指針ないし補足的手段となり得るもの」ではあっても、法的拘束力がないので、委員会による勧告に従って法律の改廃をしないことが直ちに条約違反となるものではない（損害賠償請求控訴事件（広島高判2020（令2）・9・16判時2486号60頁））。また、人種差別撤廃委員会による勧告は、勧告等をもって朝鮮学校無償化不指定処分が国際人権諸規定に違反する違法なものということはできない、とした裁判例もある（朝鮮学校無償化不指定処分取消等請求控訴事件（広島高判2020（令2）・10・16裁判所ウェブサイト掲載判例〔28283742〕））。

　その他、国連国家免除条約の解釈にあたり、アドホック委員会議長の発言およびノルウェー等の解釈宣言を「解釈の補足的な手段として」参照することは可能とした裁判例がある。なお、本件では、ICJ も、主権免除事件判決で、「こ

のような手法を採用している」と付言されている（対米国・嘉手納基地爆音差止等請求事件（那覇地沖縄支判2017（平29）・２・９（D1-Law.com 判例体系）〔28250731〕））。

　OECD の租税委員会が作成したコメンタリーについては、日星租税条約はOECD のモデル租税条約に倣ったものであるから、同条約に関してコメンタリーは、32条にいう「解釈の補足的な手段」として、日星租税条約の解釈に際しても参照されるべき資料ということができる、とした判例がある（グラクソ事件（最一小判2009（平21）・10・29民集63巻８号1881頁））。

　国連難民高等弁務官事務所による「難民認定基準ハンドブック」は、それ自体に法的拘束力がないので、32条にいう「解釈の補足的な手段」にも該当しないとした裁判例（難民不認定処分取消等請求事件（東京地判2016（平28）・５・10（D1-Law.com 判例体系）〔29018382〕））、国籍法11条は、国連難民高等弁務官事務所による「無国籍に関する第５ガイドライン」が示す要件をみたす必要があるとの主張に対し、ガイドラインは、「各国政府等が無国籍の問題に対応する際の解釈の法的指針にすぎない」とした裁判例もある（旅券不発給処分無効確認等請求事件（福岡地判2023（令５）・12・６裁判所ウェブサイト掲載判例〔28313869〕））。

　ところで、32条は、主要な解釈の補足的な手段の例のみを挙げているが、補足的な手段は他にもいくつかある。

（ア）反対解釈

　自由権規約には、廃棄に関する規定がない。しかし、同時に採択された第一選択議定書にはある。それゆえ、当事国は、自由権規約から脱退する権利を有することを意図していなかったと主張することができる。これが反対解釈である。ジェノサイド条約４条は、「集団殺害又は第３条に列挙された他の行為のいずれかを犯す者は、憲法上の責任のある統治者であるか、公務員であるか又は私人であるかを問わず、処罰する。」と規定しており、犯罪が実行された国または国際法廷で、国家元首をジェノサイドについて訴追することができる。また、国際刑事裁判所規程27条は、国家元首が ICC の管轄権に服する、と明文で規定している。1979年の人質行為防止条約および1984年の拷問等禁止条約には、このような規定がないので、これらの条約は、国家元首に適用することを意図していなかったはずであると解されうる。

（イ）有用性原理（Effet utile（principle of effectiveness））

　条約の諸規定は、実効的な意味を持つように解釈されなければならない。これは、「およそ事物はこれを無効ならしむるよりも有効ならしむるをもって可とする（*ut res magis valeat quam pereat*）」という法格言に由来する解釈手段である。ある規定について、さまざまな解釈が可能な場合、その規定の意味を失わせないような解釈を求めることになる。上述のように、条約法条約は解釈の一般規則に、この原理をとりこんでいると解される（本章3（1）参照）。

（ウ）同類解釈則（*Ejusdem generis*）

　特別な文言の後に一般的な文言が続くとき、一般的な文言の意味は、特別な文言が示す意味の範囲により限定されるとする解釈手段である。たとえば、包括的核実験禁止条約1条は、「核兵器の実験的爆発又は他の核爆発を実施」しないことを約束すると規定しているが、この解釈手段によれば、「又は他の核爆発」という一般的な文言の範囲は、「核兵器の実験的爆発」という特別な文言により限定される。したがって、同条約は、「核兵器の実験的爆発」の範囲に含まれる「他の核爆発」に適用され、核兵器の使用には適用されないという解釈が導かれる。

（3）その他

　条約の文言が明確な場合でも、それらを適用すれば、「明らかに常識に反した又は不合理な結果」になるならば、当事国は別の解釈をしなければならない。国連憲章23条1項によれば、「中華民国」および「ソヴィエト社会主義共和国連邦」が安全理常任理事国である。しかし、1971年、「中華民国」政府に代わって、「中華人民共和国」政府が、国連で中国を代表する資格を得たとき、「中華人民共和国」政府の代表が安保理に出席することに異論は出なかった。1991年、ソ連邦の構成国が独立を達成し、「ソビエト社会主義共和国連邦」が「ロシア連邦」と名称を変更した時も、この規定との関係で問題は生じなかった。他の解釈は、「明らかに常識に反した又は不合理な結果」を導いていたと考えられる。

（4）2以上の言語により確定がされた条約の解釈

　条約が複数の言語によって確定された場合、それぞれの言語による条約文が

ひとしく権威を有し、条約の用語は、同一の意味を有すると推定される（条約法条約33条1項および3項）。ただし、相違があるときは特定の言語による条約文によることを条約が定めている場合、または、このことについて当事国が合意する場合は、この限りでない（同1項ただし書）。たとえば、日韓基本条約の正文は日本語、韓国語および英語であるが、「解釈に相違がある場合には、英語の本文による」と定められている（末文）。

　各正文の比較により、条約法条約31条および32条の規定を適用しても解消されない意味の相違がある場合、条約の趣旨および目的を考慮したうえで、すべての正文について最大の調和が図られる意味を採用する（条約法条約33条4項）。ICJ は、この規則を適用して、仮保全措置の法的拘束力を認めた（*La Grand (Germany v. United States of America), Judgment, I.C.J. Reports 2001*, p. 466, at pp. 501-506, paras. 99-109.）。

第5章　条約の実施（総論）——日本の場合

【この章で学ぶこと】
・「合意は守られなければならない」との原則は、条約法のみならず、国際法の基本原則として普遍的に認められている（条約法条約前文）。それゆえ、「効力を有するすべての条約は、当事国を拘束し、当事国は、これらの条約を誠実に履行しなければならない。」（同26条）。「誠実に履行」するとは、条約を適用することにほかならない。それでは、日本は、当事国となっている条約を、どのように適用し、「誠実に履行」する義務を果たそうとしているのだろうか。
・条約を国内で実施するには、その条約が日本国内で効力を発生する必要がある。効力を発生させるためには、どのような手続を経る必要があるのだろうか。
・日本の国内法体系上、効力を発生した条約はどの順位に位置づけられているのだろうか。

図表5-1　条約の実施

　条約の適用とは、条約に定められている権利を行使する、または、条約によって課されている義務を履行することである。国内社会では、行政府などが法の内容を実現する「実施」（または執行）と裁判官が法を事実にあてはめる「適用」とは区別されている。国際社会では、このような区別は厳格になされておらず、条約の適用は、裁判官が裁判規範として条約に依拠する場合だけでなく、条約当事国を代表する資格のある国家機関が、自らの行為規範として当該条約にしたがって行動し、条約の内容を「実施」している場合を含む。条約の適用には、他の当事国との関係で条約を実施する国際的な側面と、条約の内容を国内で実

施する国内的な側面がある。

1　国際的な側面

　人権諸条約が定めている報告の提出は、条約に定められている義務の履行にあたる。たとえば、拷問等禁止条約は、締約国に対し、同条約に基づく約束を履行するためにとった措置に関する報告を、自国について効力を生じた後1年以内に、国連事務総長を通じて委員会に提出する義務を課している。さらに、締約国は、第1回報告後は、新たにとった措置に関する補足報告を4年ごとに提出しなければならない（19条）。自由権規約の締約国も、締約国に対して規約が効力を生ずる時から1年以内に、その後は委員会が要請する時に、この規約において認められる権利の実現のためにとった措置およびこれらの権利の享受についてもたらされた進歩に関する報告を提出することを約束している（40条1項）。同様の規定は、人種差別撤廃条約（9条）、女子差別撤廃条約（18条）、児童の権利条約（44条）、強制失踪条約（29条）および障害者権利条約（35条）にもあり、自国について効力を生じた後1年または2年以内に、その後は2年、4年または5年ごとに報告を提出しなければならないとしている。

　しかし、日本は、この期限内に報告を提出できていない。その理由について、

図表5-2　拷問等禁止条約に規定されている報告手続（19条）

1．締約国は、自国がこの条約に基づく約束を履行するためにとった措置に関する報告を、この条約が自国について効力を生じた後1年以内に、国際連合事務総長を通じて委員会に提出する。その後は、締約国は、新たにとった措置に関する補足報告を4年ごとに提出し、及び委員会が要請することのある他の報告を提出する。
2．国際連合事務総長は、1の報告をすべての締約国に送付する。
3．1の報告は、委員会によって検討される。委員会は、当該報告について、一般的な性格を有する意見であって適当と認めるものを表明することができる。この場合には、当該意見は関係締約国に送付され、当該関係締約国は委員会に対する応答として自国が適当と認めるいかなる見解も表明することができる。
4．委員会は、……委員会の年次報告に、その裁量により、3の規定に従って表明した意見を、当該意見について関係締約国から受領した見解と共に含める旨を決定することができるものとし、また、当該関係締約国が要請する場合には、1の規定に基づいて提出された報告の写しを含めることができる。

日本政府は、関係する府省庁が多岐にわたり、また、作業も膨大で、作成に時間を要していることが、期限を超えて提出が行われる原因となっている、と答弁している（参議院議員福島みずほ君提出国際人権条約に対する日本政府の定期報告書提出に関する質問に対する答弁書（内閣参質164第1号第164回国会（常会）平成18年1月24日））。報告の遅延は、日本だけに限ったことではない。常態化しているとの指摘もあり、上記諸条約の履行監視機関は、手続を簡略化させるなど、手段を講じてきた。しかし、報告義務を誠実に履行しようとすればするほど、作業に時間がかかるので、抜本的な解決にはいたっていない。報告制度は、人権諸条約を国際的に実施させる措置の大きな柱である。日本も含めて、改善に向けての努力を続けなければならない。

　他の当事国が、条約を実施せず、日本の権利を侵害していると考える場合、抗議を行い、交渉による解決を求めることもある。日露間の北方領土問題、日韓間の漁業および徴用工をめぐる問題が、これにあたる。北方領土問題は日ソ共同宣言、日韓間の漁業問題は旧日韓漁業協定、そして徴用工問題は日韓請求権協定の解釈の相違が問題の一因になっているからである。

　交渉によっても解決できないときは、条約を廃棄する、または新たな条約の締結を提案することもある。日韓間の漁業問題は、旧日韓漁業協定を廃棄し、新たに漁業協定を締結することにより、一応の解決をみた。他方、みなみまぐろの漁業をめぐる問題に関しては、国際裁判による解決を選択することになった。

2　国内的な側面

　国は、その機関を通じて行動するので、立法、行政または司法機関の行為は、国の行為とみなされる（国家責任条文4条1項）。それゆえ、これらの機関は、ひとしく条約を遵守しなければならない。たとえば、自由権規約の各締約国は、「立法措置その他の措置がまだとられていない場合には、この規約において認められる権利を実現するために必要な立法措置その他の措置をとるため、自国の憲法上の手続及びこの規約の規定に従って必要な行動をとることを約束」している（2条2項）。したがって、立法機関または行政機関は、「立法措置その

図表5-3　国会承認条約の締結手続

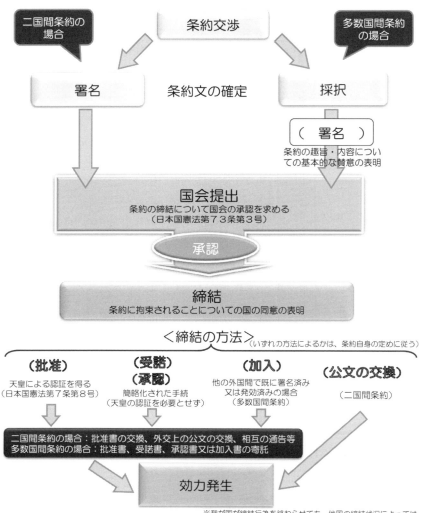

出典：外務省ウェブサイト（https://www.mofa.go.jp/mofaj/gaiko/tpp/pdfs/tpp03_03.pdf）

他の措置」をとらなければならない。また、司法機関である国内裁判所には、そのような措置がとられ、権利が実現されているかどうかを確認することが求められる。こうして、条約は、当事国に対してその内容を国際的に実施するだけでなく、国内的に実施することを求めていることから、条約の実施過程に、国内的な側面も含まれることになるのである。

それでは、日本は、条約の内容を国内で実施するために、どのような仕組みを採用しているのだろうか。

（1）国内的効力の発生条件

条約を国内で実施するためには、まず、条約が国内で法としての効力すなわち国内的効力を認められる必要がある。国際法は、条約の内容を実施することを求めているが、国内的効力を当然に認めているわけではない。実施の方法は、当事国に委ねられており、国内的効力の発生条件は、国によって異なる。いずれにしろ、国内的効力を発生させるには、国内法によって国内法体系に取り込まれなければならず、条約の国内的効力は、国際法ではなく国内法による。

日本の場合、日本国憲法98条2項が、「日本国が締結した条約及び確立された国際法規は、これを誠実に遵守することを必要とする」と規定していることから、日本が締結し、公布または告示した条約は国内的効力を持つと解されている。ここでいう「条約」には、「条約」という名称以外の「協定」などの条約、後述の国会の承認を経た「条約」（国会承認条約）および国会の承認を経ずに締結される「行政取極」が含まれる。日本の法律は、混乱を避けるため、これらの総称として、「条約その他の国際約束」という用語を採用している（外務省設置法4条4号および5号など）。

（ア）国会承認条約

日本国憲法73条3号は、内閣の事務の一つとして、「条約を締結すること」を挙げている。外務省設置法により、内閣の一員である外務省がこの事務を行う（4条4号）。「但し、事前に、時宜によっては事後に、国会の承認を経ることを必要とする」。国会の承認を経る必要があるのは、日本が締結するすべての「条約」ではなく、次の3つに該当する「条約」だけである。すなわち、a. 法律事項を含むもの、b. 財政事項を含むもの、c. 政治的に重要な条約であって、

第5章　条約の実施（総論）——日本の場合　　93

それゆえに発効のために批准が要件とされているもの、である（第72回国会衆議院外務委員会議録第5号2頁（大平正芳外務大臣答弁））。

(a)　法律事項を含むもの

(a)は、日本国憲法41条が、国会を「国の唯一の立法機関」と定めていることを考慮したものである。条約の締結により、新たな立法措置または既存の国内法を維持する必要がある場合が、この範疇に入る。前者は「積極的法律事項」を含むもので。後者は「消極的法律事項」を含むものといわれている。国会は、条約の実施に必要な国内法を改廃することができる。そのようなことが起これば、条約を実施できなくなり、条約違反を問われかねない。したがって、特定の国内法を維持する義務（法令維持義務）を国会に負わせるために、「消極的法律事項」を含む条約は、国会の承認を得なければならないとされている。たとえば、1969年に、租税条約等の実施に伴う所得税法、法人税法及び地方税法の特例等に関する法律が制定されてから、通常、2国間の租税条約は「消極的法律事項」を含む条約とされ、条約の締結についての国会承認は必要だが、新たに国内担保法を制定する必要はなくなった。すなわち、この法律を維持しなければ、条約を実施できなくなるので、国会はこれを維持する義務を負っているのである。もっとも、現行法では対応できない場合は、関係法律を改正する法律案が提出されている（日・スペイン租税条約、日・コロンビア租税条約）。2国間の租税条約であっても、内容によっては、積極的法律事項を含むこともあるので、注意を要する。

積極的法律事項を含む条約の場合、条約の実施のために必要な国内担保法が準備され、国会には、条約とともに提出される。「国内担保法」は実定法上の用語ではなく、国会審議の際に使われるようになったのは、1991年以降のことである（第120回国会参議院地方行委員会会議録第10号3頁（古田佑紀法務省刑事局青少年課長答弁））。日本は、「完全担保主義」、すなわち、条約を締結する際、国内担保法が完全に整備されているように努める、という立場をとっている。これは、主に、次のような理由による。

第1に、条約と国内法との抵触を回避し、国内法間の序列が問題とならない状態を目指すという立法政策上の要請である。後述のように、日本の国内法体系上、条約は法律よりも上位にあると考えられているが、そうであるならば、

条約と特定の法律が抵触する、すなわち同時に履行できない場合でも、条約の規定が優先して適用されるので、その法律を改廃する必要はない。しかし、実際に条約上の権利を保障され、または義務を課される個人が、条約のどの規定がどの法律のどの規定と抵触しているかを見分けることは至難の業である。しかも、これも後述するように、国内で直接適用できるような条約（本章2（3）（ア）参照）はきわめて少ないと考えられているので、条約と抵触する法律を改廃しなければ、条約を実施することもできないということになる（第151回国会参議院憲法調査会会議録第9号2頁（阪田雅裕内閣法制局第1部長答弁））。したがって、日本では、「条約による別段の定がある場合にはこれに従う」という趣旨の規定がない限り、法令相互間の整合を図り、国内法体系全体を秩序正しくあらしめるとともに、日本国憲法98条2項が規定する条約を誠実に履行する義務を果たすために、国内担保法を制定することが望ましいと考えられているのである（前掲・阪田答弁、第162回国会参議院外交防衛委員会議録第2号17頁（林景一外務省国際法局長答弁））。

こうして、条約を実施するために国内法の整備が必要な場合、条約とその実施のための国内法案をあわせて同じ会期中の国会に提出されることが多い（第120回国会衆議院外務委員会議録第12号3頁（野村一成外務大臣官房審議官答弁））。たとえば、政府が、国連海洋法条約と同条約第11部の実施に関する協定の締結について承認を求めた際、領海法の一部を改正する法律案、排他的経済水域及び大陸棚に関する法律案、海上保安庁法の一部を改正する法律案、排他的経済水域における漁業等に関する主権的権利の行使等に関する法律案、海洋生物資源の保存及び管理に関する法律案、水産資源保護法の一部を改正する法律案、海洋汚染及び海上災害の防止に関する法律の一部を改正する法律案、核原料物質、核燃料物質及び原子炉の規制に関する法律および放射性同位元素等による放射線障害の防止に関する法律の一部を改正する法律案が、同時に提出されている。もっとも、常に同時に提出されてきたわけではなく、女子差別撤廃条約については、承認を求める前に国籍法を改正し、承認を求めた国会に、雇用の分野における男女の均等な機会及び待遇の確保を促進するための労働省関係法律の整備等に関する法律案を提出している。

いずれにしても、日本に対して条約の効力を発生させるには、必要な国内法

が成立、施行されるということが前提となるので、その見通しが立つまでは、批准書などの寄託は行われない（前掲・野村答弁）。実際、国際組織犯罪防止条約は、その国内担保法が成立しなかったために、条約の承認から締結までに長期間を要した。同条約は、2003年に国会で承認されたが、国内担保法案は、共謀罪の新設等が議論となって成立せず、内容を一部変更（テロ等準備罪の新設等）したうえであらためて法案が提出され、ようやく2017年の国会で成立した。条約の受諾書を寄託したのは同年7月11日であり、国内的効力が発生したのは、公布および告示された7月14日だった。

　国内担保法案のほとんどは、国会に政府案（閣法）として提出されるが、議員立法として提出されることもある。たとえば「強制労働の廃止に関する条約（第105号）の締結のための関係法律の整備に関する法律案」は、2021年の第204回国会（常会）でILO活動推進議員連盟を中心とする与野党有志議員により、衆議院に提出され、両院の審議を経て可決・成立した。これを受け、政府は、翌年の第208回　国会（常会）に同条約を提出し、国会の承認を経て、同年7月に締結している。

　第2に、法的要請である。たとえば、一定の行為を犯罪とし、そのような行為を犯した者を訴追し、処罰することを約束する条約を実施するには、罪刑法定主義との関係で、法律上の根拠が必要となる。捜査当局が、条約だけを根拠に、訴追・処罰することは許されない。上述の国際組織犯罪防止条約の国内担保法である組織的な犯罪の処罰及び犯罪収益の規制等に関する法律は、この要請により、「国際的な組織犯罪の防止に関する国際連合条約を実施するため」（1条）、テロ等準備罪（6条の2）を新設した。

　また、条約を実施するにあたって、行政機関が私人に不利益を課すことになる措置等を講じなければならない場合、権限を有する機関や措置の発動要件を法律で明確に規定しておくことが求められる。これは、行政機関の権限行使のあり方に関する法的要請である。たとえば、生物の多様性に関する条約のバイオセーフティに関するカルタヘナ議定書の8条1項は、「輸出締約国は、……改変された生物の意図的な国境を越える移動に先立ち、輸入締約国の権限のある当局に対して書面により当該移動について通告し、又は輸出者がその通告を確実に行うよう義務付ける。その通告には、少なくとも附属書Ⅰに定める情報

を含める。」と規定している。輸出締約国は、本項により、輸入締約国の権限のある当局に対して書面により通告する、または輸出者がその通告を確実に行うよう義務づける、という２つの選択肢を持っている。日本は、国内担保法である遺伝子組換え生物等の使用等の規制による生物の多様性の確保に関する法律（カルタヘナ法）で、「遺伝子組換え生物等を輸出しようとする者は、主務省令で定めるところにより、輸入国に対し、輸出しようとする遺伝子組換え生物等の種類の名称その他主務省令で定める事項を通告しなければならない。」と規定することにした（27条）。すなわち、この法律により、輸出車がその通告を確実に行うよう義務づけるという方式を選択したこと、および権限のある機関およびとるべき措置が明確にされているのである。

　また、条約の文言を、日本の国内法体系に適合するように翻訳することも、国内担保法を制定する目的の一つである。国内法体系の下では、さまざまな法令用語が使用されている。条約上の義務を履行する際には、条約で用いられている用語をそのまま利用できないことが多々ある。このような場合、条約上の用語を、日本の国内法で使用されている用語に翻訳する必要がある。たとえば、OECD 外国公務員贈賄防止条約の１条は、「締約国は、ある者が故意に、国際商取引において商取引又はその他の不当な利益を取得し又は維持するために、外国公務員に対し、当該外国公務員が公務の遂行に関して行動し又は行動を差し控えることを目的として、当該外国公務員又は第三者のために金銭上又はその他の不当な利益を直接に又は仲介者を通じて申し出、約束し又は供与することを、自国の法令の下で犯罪とするために必要な措置をとる。」と規定している。しかし、「商取引又はその他の不当な利益」、「公務の遂行に関して行動し又は行動を差し控えること」および「金銭上又はその他の不当な利益」は、日本で確立している法令用語と異なる。それゆえ、国内担保法である不正競争防止法18条は、「商取引又はその他の不当な利益」を「営業上の不正な利益」に、「公務の遂行に関して」を「その職務に関する行為をさせ若しくはさせないこと、又はその地位を利用して他の外国公務員等にその職務に関する行為をさせ若しくはさせないようにあっせんをさせること」に、そして「金銭上又はその他の不当な利益」を「金銭その他の利益を供与し、又はその申込み若しくは約束」と翻訳している。

第５章　条約の実施（総論）——日本の場合　　97

翻訳の必要があるのは、用語に限られない。条約上の義務を国内法に反映させる方式についても、その必要がある。たとえば、燃料油汚染損害の民事責任条約の7条2項は、「保険その他の金銭上の保証がこの条約に従って効力を有していることを証明する証明書」への記載事項を規定しているが、国内担保法である船舶油濁損害賠償保障法の17条は、そのうちのいくつかについては、「国土交通省令で定める」と規定している。日本の国内法体系上、これらの事項は、法律ではなく、省令で定められてきたからである。上述のカルタヘナ法も、同様の方式が採用されている。

　特に、多数国間条約の場合、交渉国の数が多くなればなるほど、多様な利害を反映させることができるようにするため、曖昧かつ複雑な条文になりがちである。権利義務関係を明確にし、適切に条約を実施するためにも翻訳が不可避となる。

　訳文は、内閣法制局と審議を尽くしたうえで作成され、公式の訳として確定されたものが国会に提出される（第75回国会衆議院外務委員会議録第18号1頁（伊達宗起外務省条約局外務参事官答弁））。

　なお、法律事項を含む条約には、「領土あるいは施政権の移転のごとく、立法権を含む国の主権全体に直接影響を及ぼすような国際約束」が含まれる。対日平和条約および沖縄返還協定などが、これにあたる。

　必要な国内法を制定すれば、憲法に抵触するおそれがある場合は、留保を付すことになる。人種差別撤廃条約4条(a)および(b)は、締約国に対し、「人種的優越又は憎悪に基づくあらゆる思想の流布」および「人種差別の扇動」等につき、法律で処罰すべき犯罪であることを宣言する義務を課している。これらに含まれる行為は、多岐にわたるので、すべてを刑罰法規によって規制すれば、「集会、結社及び言論、出版その他一切の表現の自由は、これを保障する」と規定している日本国憲法21条に抵触するおそれがある（前掲・阪田答弁）。それゆえに、「日本国憲法の下における集会、結社及び表現の自由その他の権利の保障と抵触しない限度において、これらの規定に基づく義務を履行する。」との留保を付して加入している。

(b)　財政事項を含むもの

　(b)は、日本国憲法85条が、「国費を支出し、又は国が債務を負担するには、

国会の議決に基くことを必要とする」と定めていることを考慮したものである。条約の締結により、財政支出義務が発生する場合が、これにあたる。最近の例としては、在日米軍駐留経費負担に係る特別協定がある。

(c) 政治的に重要な条約であって、それゆえに発効のための批准が要件とされているもの

(c)は、批准書の認証が天皇の国事行為の一つとして規定されているように（日本国憲法7条8号）、批准は、条約に拘束されることについての同意の表明方式として、最も重要なものとされ、政治的に重要な条約は一般に批准を効力発生要件として規定していることを考慮したものである。日ソ共同宣言、日米安保条約、日韓基本条約および日中平和友好条約などが、これにあたる。

国会承認条約は、内閣法制局による審査（内閣法制局設置法3条1号）を経て、「条約の締結について、日本国憲法第73条3号ただし書の規定に基づき、国会の承認を求める」との件名で、国会に提出される。日本政府によれば、国会の承認の対象となるのは、当該条約を内閣が締結する権限である。「締結」とは、批准等の条約に拘束されることについての日本の同意を国際的に確定的なものとする行為、とされる（第17回国会衆議院外務委員会議録第2号1頁（下田武三外務省条約局長答弁））。したがって、付随して提出される条約の正文および日本語訳は、承認の対象ではなく、単なる資料である（第61回国会衆議院外務委員会議録第18号6～7頁（高島益郎外務省条約局外務参事官答弁））。また、国会で修正できる法律案とは異なり、条約自体ではなく、「条約の締結について」の承認を求めていることから、国会には、条約文を修正する権限はない。日本国憲法73条3号は、内閣の事務として条約の締結を規定しているので、条約の締結権そのものは憲法上内閣の権限であって、国会が条約文を修正したうえで承認することは、法的に考えられないからである。国会が修正を希望し、その旨の議決がなされることはありうるが、その場合でも、外交交渉によって修正を行うことになるのであって、国会の議決により条約文が修正されるわけではない（第10回国会衆議院外務委員会議録第17号5頁（大橋武夫法務総裁答弁）、第16回国会衆議院外務委員会議録第22号17頁（下田武三外務省条約局長答弁））。実際、条約文は、交渉国の合意を経て確定されるので、一方当事国の意向で修正することはできない。また、条約法上、「当事国は、条約の不履行を正当化する根拠として自国の国

内法を援用することができ」ず（条約法条約27条）、「条約に拘束されることについての同意が条約を締結する権能に関する国内法の規定に違反して表明されたという事実」を、「違反が明白でありかつ基本的な重要性を有する国内法の規則に係るものである場合」を除き、「当該同意を無効にする根拠として援用することができない」（同46条）。この観点からも、政府の立場は妥当である。

なお、日本の裁判所によれば、条約の締結は、内閣の職務の一つであって、行政権の行使そのものであり、私人が民事上の請求として、その差止めを求める訴えは不適当となる。私法上の給付請求権として差止めを請求することは、内閣の行政上の権限の取消変更ないしその発動を求める請求にほかならず、このような行政権の行使につき、私人が私法上の給付請求権としての差止請求権を有すると解すべき余地はないからである（TPP交渉差止・違憲確認等請求事件（13029号）、同請求事件（23567号）（東京地判2017（平29）・6・7訟月64巻8号1133頁））。

条約の承認は、「事前に、時宜によっては事後に」求められる（日本国憲法73条3号）。「事前に」とは、「条約が確定的に成立する前にという意味で」であって、条約に拘束されることについての同意を表明する前に国会の承認を求めなければならない。たとえ、署名により効力を発生する場合は署名の前、批准によって効力を発生する場合条は批准の前、ということになる。また、「時宜によって」とは、「場合によっては、あるいは都合によっては」というかなり広い意味を持つ。条約の締結については、諸外国でも比較的行政府に重点が置かれていることを考慮し、通例に従ったものである。たとえば、政策には大きな関係のない技術的な条約を、国会閉会中に締結する場合は、事後の承認が考えられる（第10回国会衆議院外務委員会議録第17号4頁（大橋武夫法務総裁答弁））。

事後承認の例としては、麻薬協定、外国仲裁判決の執行に関する条約、ワルソー条約および戦争犠牲者の保護に関するジュネーヴ諸条約がある。日本は、対日平和条約の付属宣言で、「実行可能な最短期間内に、且つ、平和条約の最初の効力発生の後1年以内に」、これらの条約へ加入する意思を表明していたが、衆議院が解散したため、その期間内に事前の承認を経ることができなかったためである。このような特殊な事情により、2004年に国際人道法処罰法が成立するまで、ジュネーヴ諸条約の実施に必要な国内担保法は制定されていなかった。また、日本国における国際連合の軍隊に対する刑事裁判権の行使に関

する議定書の締結の際も、事後承認となっている。もっとも、事後承認は、1961年を最後に行われていない。

こうして国会の承認を経た条約は、天皇による批准書の認証（日本国憲法7条8号）、内閣による批准書の寄託を経て、天皇が、内閣の助言と承認に基づき、国民のために公布する（同7条1号）。内閣による承認は、閣議決定により与えられる。これらの手続を経て、天皇と内閣の名で官報に掲載されることによって、公布という行為が完了する。公布は、条約の効力を日本国内で発生させるために必要な公的行為であり、公布により条約は日本法に編入され、国内的効力を得る（第34回国会衆議院日米安全保障条約等特別委員会議録第16号12頁（林修三法制局長官答弁））。なお、条約に拘束されることについての同意を「承認」（万国郵便条約など）、「受諾」（砂漠化対処条約など）および「加入」（標章の国際登録に関するマドリッド議定書など）により表明する場合は、承認書、受諾書および加入書の承認は天皇の国事行為ではないので、国会承認条約であっても、天皇による認証は行われない。公布および（または）告示を経て、条約の諸規定に従い、条約が日本に対して効力を発生した日に、国内的効力が発生する。

（イ）行政取極

行政取極とは、国会の承認を経た条約、国内法または国会の議決を経た予算の範囲内で実施し得る国際約束である。これは、日本国憲法73条2号により、「外交関係を処理する」ために、内閣の事務として、単独で締結し得るものである。なお、国会承認条約を締結するに際して補足的に合意された当該条約の実施、運用あるいは細目に関する行政取極については、政府は、国会の条約審議権を尊重するという観点から、国会の承認が得られた後に締結された同種の行政取極についても、その条約がどのように実施あるいは運用されているかを把握しておくうえで必要と思われる重要なものは、締結後できる限り速やかに外務委員会に資料を提出することにしている（前掲・大平答弁）。

行政取極は、既存の法律および予算により行政府に認められた権限の範囲内で締結できるものなので、国内担保法は制定されない。行政取極は、締結後に外務省告示として官報に掲載される。明文の規定はないが、行政取極の国内的効力は、この告示によって発生すると解されている。行政取極は、国会の承認を経た条約に委任されて細目を定める、または日本国憲法73条2号により内閣

に与えられた権限に基づき締結されるものなので、その国内的効力を否定する
に足る根拠がないからである。

　このように、「条約その他の国際約束」の国内的効力は、2種類の手続を経
て発生することになる。以下では、煩雑さを避けるため、「条約その他の国際
約束」を、「条約」と記すことにする。

（2）国内的効力順位

　条約が国内的効力を発生すると、憲法を頂点とする日本の国内法体系のどの
順位に位置づけるかという効力順位の問題が生ずる。日本には、この点を直接
明らかにしている法的文書はない。

（ア）「憲法よりも下位」

　行政機関は、憲法と条約との関係について、次のような見解を示している。
日本国憲法99条により、「国務大臣、国会議員、裁判官その他の公務員は、こ
の憲法を尊重し擁護する義務を負ふ」ので、内閣が憲法に違反し、憲法を改正
するような条約を締結し、国会がこれに承認を与えるというようなことは考え
られない。また、98条1項は、憲法を「国の最高法規」と規定しているので、
憲法に反する条約の存在を認めることも、到底考えられない。このような条約
を締結するには、原則として、憲法自体の改正が先決問題となる。仮に、憲法
に違反する条約が締結され、国会によって承認された場合、憲法改正の手続と
条約締結の手続とを対比すると、条約は国内法としての効力は憲法の下位にあ
ると考えなければならない。したがって、憲法に反する条約の部分は、憲法の
規定から無効であって、国民を拘束し得ない。もっとも、条約自体としては、
相手国との関係ですでに有効に成立しているので、国会の不承認によって条約
が法律上当然に効力を失うものではなく、引き続き日本を拘束している。内閣
としては、この拘束を免れるために、国会で承認されなかったという事情をよ
く他方の当事国に了解させて、当該条約を廃棄する、改訂に努力をする、また
は、憲法を改正するための措置をとる、といった方法によってこの矛盾から放
免されるように努めるべき政治的責任を負うことになる。ただし、降伏文書ま
たは平和条約といった「一国の安危にかかわるような問題に関する件」につい
ては、憲法よりも「条約が優先する」場合がある（第33回国会参議院予算委員会

議録第 4 号16頁（林修三法制局長官答弁））。

　司法機関である最高裁は、旧日米安保条約の内容が、日本国憲法98条 2 項および前文に反するかどうかが問題となった事件で、次のように判断した。旧日米安全保障条約は、「主権国としてのわが国の存立の基礎に極めて重大な関係をもつ高度の政治性を有するもの」であって、その内容が違憲かどうかの法的判断は、「条約を締結した内閣およびこれを承認した国会の高度の政治的ないし自由裁量的判断と表裏をなす点がすくなくない」。それゆえ、違憲かどうかの法的判断は、「純司法的機能をその使命とする司法裁判所の審査には、原則としてなじまない性質のものであり」、「一見極めて明白に違憲無効であると認められない限りは、裁判所の司法審査権の範囲外のもの」である。それは第一次的には、「条約の締結権を有する内閣およびこれに対して承認権を有する国会の判断に従うべく」、終局的には、「主権を有する国民の政治的批判に委ねらるべきものであると解するを相当とする」（日本国とアメリカ合衆国との間の安全保障条約第 3 条に基く行政協定に伴う刑事特別法違反事件（最大判1959（昭24）・12・16刑集13巻13号3225頁））。

　有名な「砂川事件」の一節である。最高裁は、「主権国としてのわが国の存立の基礎に極めて重大な関係をもつ高度の政治性を有する」条約が憲法に反するかどうかは、内閣および国会が判断すべきことであるとしつつ、「一見極めて明白に違憲無効」であれば、司法審査権が及ぶことを示唆している。それゆえ、条約の序列は憲法より下位であり、下位の条約が上位の憲法に反して締結されていないかどうかは審査の対象になることから、最高裁が、条約は憲法よりも下位の順位にあることを認めたと解されている。厳密にいえば、本判決が対象にしたのは、日本の「存立の基礎に極めて重大な関係をもつ高度の政治性を有する」条約であって、そうした性質を有さない条約の序列は明らかにされていない。しかし、重大性で劣る条約が憲法よりも上位であると解することは妥当でないと考えられるので、条約一般についての序列を示したものといってよい。

　また、「憲法全体を支配している国際協調主義」により、条約が優位するとの主張に対して、「憲法における国際主義の思想は、何らかの条約の内容の合憲性を判断する場合の基準とはなりうるが、国際協調主義から直ちにいかなる

第 5 章　条約の実施（総論）──日本の場合　103

条約も憲法に優位するということにはならない」ので、人種差別撤廃条約は憲法優位の下、日本で国内法としての効力を有するとした裁判例もある（損害賠償請求事件（静岡地浜松支判1999（平11）・10・12判時1718号92頁））。

　最高裁は、行政機関が憲法よりも優先する場合があると述べていた降伏文書の序列について、次のような判断を下している。降伏文書の諸条項により、連合国最高司令官は、降伏文書の条項を実施するためには、日本国憲法にかかわりなく法律上全く自由に自ら適当と認める措置をとり、日本官庁の職員に対し指令を発してこれを遵守および実施させる権限を得た。したがって、連合国最高司令官の要求を実施するために制定された緊急勅令は、「日本国憲法にかかわりなく憲法外において法的効力を有する」（昭和23年政令第201号違反（最大判1953（昭28）・4・8刑集7巻4号775頁））。緊急勅令の効力についての一節であるが、緊急勅令は、連合国最高司令官による指令を実施するために制定され、連合国最高司令官がかかる指令を発する権限は降伏文書によるので、降伏文書が憲法に優先することになる。

　このように、降伏文書または平和条約など、日本の「安危にかかわる」条約を除き、条約の順位は憲法よりも下位であることについて、行政機関と司法機関の足並みはそろっている。

（イ）「法律よりも上位」

　行政機関は、条約と法律との関係について、条約の序列は法律よりも上位との見解を示している。それゆえ、法律は公布によって国内法上の効力を生じ、国民に対する拘束力を持つものであるが、条約と抵触する場合、その限りで法律が効力を失う。また、98条2項は、「日本国が締結した条約」は、「これを誠実に遵守することを必要とする。」と規定し、99条は、国務大臣、国会議員等は、この憲法を尊重し擁護する義務を負う、と規定しているのだから、将来、条約に抵触する法律が制定される道理がない。仮に、このような法律が制定されるとしても、条約は憲法上これを遵守しなければならないのであるから、直ちにこの法律を改正するための法律が制定され、過去に遡ってその法律が施行されなければならない（第10回国会衆議院外務委員会議録第17号5頁（大橋武夫法務総裁答弁）、第12回国会参議院平和条約及び日米安全保障条約特別委員会議録第14号7頁、9頁（大橋武夫法務総裁答弁））。

司法機関は、法律との関係について、日本国憲法98条2項にいう条約遵守主義は、「条約優位を謳っている」とし（関税法違反被告事件（神戸地判1961（昭36）・5・30下刑3巻5・6号519頁））、「批准・公布した条約は、それを具体化する立法を必要とする場合でない限り、国法の一形式として法律に優位する国内的効力を有するものと解される」としている（街頭宣伝差止め等請求事件（京都地判2013（平25）・10・7判時2208号74頁）、同旨、受刑者接見妨害国家賠償請求事件（徳島地判1996（平8）・3・15判時1597号115頁））。また、「国会による承認を経て締結し公布された条約は、他に特段の立法措置を講ずるまでもなく当然に、憲法98条2項、7条1号により国内的効力を有し、法律に優位するものと解される」とした裁判例もある（更正処分等取消請求事件（東京地判2016（平28）・11・29訟月65巻10号1506頁）、損害賠償請求事件（東京地判2019（令1）・10・2訟月67巻8号1235頁））。憲法98条2項と国会の承認を含む公布手続を経ていることから、条約は、他に特別の立法措置等を待たずに公布によって当然に国内法としての効力が認められるものと解され、憲法の解釈上、条約は法律に優位し、その効力は法律に対して優越するものであると解される、としたものもある（公職選挙法違反被告事件（広島高判1999（平11）・4・28高検速報（平11）号136頁）、同旨、指紋押捺拒否国家賠償請求大阪訴訟第一審判決（大阪地判1998（平10）・3・26判時1652号3頁））。
　したがって、少なくとも、国会承認条約で公布により国内的効力を発生した

図表5-4　国内的効力順位

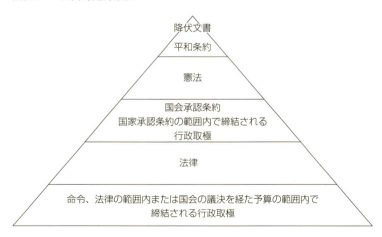

条約が、法律よりも上位であることについては、行政機関と司法機関の見解は一致している。

（ウ）「法律よりも下位」

　問題は、国会の承認を経ない行政取極も、同じく法律よりも上位とみなされるのか、である。

　上述のように、行政取極は、国会承認条約の範囲内、および、国内法または国会の議決を経た予算の範囲内で実施し得るものである。これらのうち、国会承認条約の範囲内で締結される行政取極は、その根拠となる国会承認条約と同じように法律よりも上位と解される。しかし、国内法または国会の議決を経た予算の範囲内で締結される行政取極は、その根拠となる国内法と国会の議決が、国会承認条約およびその範囲内で締結される行政取極に優位するものではないので、法律よりも下位の命令と同列とみなされるべきである、との見解が有力である。行政機関は、国会で、条約は法律よりも「大体において優位な地位にあるというのが通説」との答弁をしている（第34回国会衆議院日米安全保障条約等特別委員会議録第16号12頁（林修三法制局長答弁））。「大体において」という曖昧な言い回しが、法律よりも下位になる条約が存在する可能性を示唆している。

（3）適用方式

　国の機関は、立法、行政および司法機関のいずれも、条約の国内的効力を発生させ、効力を発生した条約を国内で実施し、適用する義務を負う。行政機関である内閣は、条約を国内で実施するために、条約を直接適用する、または、直接適用できない場合は、必要な国内担保法の成立を求めて、国会に提出する義務を負う。立法機関は、直接適用可能な条約であるかどうかを判断する、または、提出された国内担保法と条約の規定とが矛盾および抵触していないかどうか、および関連する国内法を維持する義務を負うかどうかを審議したうえで、条約締結の可否を決定する。司法機関は、司法権の範囲内で、条約を直接適用する、または、直接適用できない場合に制定された国内担保法を条約に適合するように解釈し、適用する義務を負う。日本国憲法76条1項のいう司法権の実質的意義は、伝統的に、「具体的な争訟について、法を適用し、宣言することによって、これを裁定する作用」と定義されている。この「法」の中に、条約

と国内法が含まれており、司法機関は、両者に矛盾および抵触があれば、条約よりも下位の国内法を適用できなくなるので、内閣および国会にその解消を求める義務を負う。

したがって、条約の適用方式としては、直接適用と国内法を条約に適合するように適用するという間接適用があることになる。また、日本国憲法98条2項により、日本が締結した条約を誠実に遵守する義務を負っているので、間接適用には、条約の趣旨および目的を対応する憲法の規定に反映させることの可否を審査することも含まれる。

（ア）直接適用

条約の直接適用とは、ある条約の規定を、その内容を具体化するための国内法上の措置をとることなく、そのままの形で適用することをいう。司法機関が直接適用できる条約の規定は、裁判規範性を有する。それゆえ、「個々の国民が当該条約を直接の法的根拠として具体的な権利ないし法的地位を主張」する、あるいは、司法機関が付託された紛争を解決するにあたり当該条約を適用して結論を導くことができる（損害賠償請求事件（東京地判2019（令1）・10・2訟月67巻8号1235頁）、更正処分等取消請求事件（東京地判2016（平28）・11・29訟月65巻10号1506頁））。直接適用可能な条約は、「自力執行力」または「自動執行力」のある条約ともいわれる（損害賠償請求事件（大阪地判2004（平16）・3・9訟月52巻10号3098頁）、地位確認等請求事件（大阪地判2008（平20）・1・23判時2010号93頁）、地位確認等請求控訴事件（大阪高判2008（平20）・11・27判時2044号86頁）、建物明渡等請求事件（神戸地判2019（平31）・2・7（D1-Law.com 判例体系）〔28270809〕）、建物明渡等請求事件（神戸地判2019（平31）・2・7裁判所ウェブサイト掲載判例〔28270810〕）、年金減額改定決定取消請求事件（251号）、年金改定決定取消請求事件（202号）（大阪地判2020（令2）・7・10（D1-Law.com 判例体系）〔28282585〕）、国家賠償請求事件（岡山地判2021（令3）・3・30（D1-Law.com 判例体系）〔28291655〕）、年金減額改定決定取消、年金改定決定取消請求控訴事件（大阪高判2022（令4）・11・16（D1-Law.com 判例体系）〔28310133〕）、年金額改定（減額）処分取消、年金改定決定取消請求控訴事件（名古屋高判2022（令4）・10・27（D1-Law.com 判例体系）〔28310217〕）、年金減額改定決定取消請求控訴事件、年金減額改定決定取消等請求控訴事件（大阪高判2022（令4）・3・16（D1-Law.com 判例体系）〔28301077〕））。

(a) 行政機関

　一般に、日本国憲法98条2項の趣旨から、日本が締結した条約であって「そのまま国内的に適用できるものは、国内法としての効力をもつと考えられている。」（自由権規約40条1項(b)に基づく第3回報告）。しかし、行政機関は、対外的にはこのような「建て前」を述べつつ、「完全担保主義」をとっているので、直接適用できる条約はほとんどない、ということになる（前掲・阪田答弁）。行政機関が、このような主義をとっている主たる理由は、まさに上述の国内担保法の制定理由と同じである。すなわち、一定の行為を犯罪とし、それに該当する行為を行った私人を訴追し、処罰する義務を課している条約を実施するために、捜査当局が、刑法などの国内法によらず、条約を直接適用して、訴追し、処罰することは、罪刑法定主義との関係で許されない。また、条約を実施するために、私権を制限する措置をとらなければならない場合も、条約に「誰が、どのような措置をとることができるか」など、実施「方法」が明確に規定されていない限り、行政機関が、国内担保法による法律上の根拠なくして、かかる措置をとることは許されない。行政機関の権限行使については、権力を抑制し、かつ、私人の権利および利益を保護するため、法律上の根拠を要するという厳格な法的要請があるからである。そして、一般に、条約の条文が、その要請に耐えられるような内容であることはほとんどないと考えられている。

　もっとも、直接適用してきた条約が皆無というわけではない。日本国における国際連合の軍隊の地位に関する協定（国連軍協定、1954年）、外交関係および領事関係条約などの免除（裁判権、課税など）に関する規定は、直接適用されてきた。たとえば、外交関係条約31条1項は、「外交官は、接受国の刑事裁判権からの免除を享有する。」と規定しているが、内容が明確で、国の機関がとるべき措置も特定されているからである。

　また、適用にあたって、行政機関が権限行使をする必要がないという意味で明確性と具体性を備える条約も直接適用できると考えられている。たとえば、国際物品売買契約条約への加入の際には、国内担保法は制定されなかった。加入の目的が、この条約の対象となる日本企業と外国企業との間の取引に対して、「統一法」として条約を適用することによって、いずれの国の国内法が適用されるかという不確実性を解消し、法的安定性を高めることにあったからである。

海上における救難又は救助に関する1910年のブリュッセル条約、船舶の衝突に関する1910年のブリュッセル条約、国際航空輸送に関する1929年のワルソー条約および外国仲裁判断の承認及び執行に関する1958年のニューヨーク条約なども、これにあたる。

　こうして、日本の行政機関は、条約の規律対象と条約実施のために必要な行政機関の権限行使のあり方についての基本的な考え方に照らして、直接適用可能な条約であるかどうかを決定している。一般に、条約は、別段の定めを置く場合を除き、適用の方法については、締約国の裁量に委ねている。日本の行政機関が、このような立場をとることを、国際法は排除していない。したがって、日本では、直接適用されない条約が、他の国では直接適用されていても、国際法上および条約法上の問題は、何ら生じない。

(b)　立法機関

　立法機関は、「条約の締結」を承認し、国内担保法を成立させれば、国内的効力を発生した条約を遵守する義務を負う。「条約の締結」を承認するにあたって、同時に既存の国内法を維持することが求められていれば、その法令を維持する義務を負う。

　この過程で、立法機関は、条約を直接適用できるかどうかの判断を行っていると考えられる。国内担保法を制定せずに、「条約の締結」を承認すれば、その条約は直接適用できるとみなしていたと推定されるからである。もっとも、既存の国内法で対応できれば、新たな立法措置はとられない。この場合は、「条約の締結」についての承認から、その条約を直接適用できるとの推定を導くことはできない。また、少なくとも近年は、行政機関が、国内担保法を必要とする条約については、「条約の締結」が承認されても、担保法が成立しない限り、拘束されることについての同意を表明しないとの立場をとっているので、条約を直接適用することはできない。国内的効力が発生しないからである。

　しかし、国際人道法処罰法のように、条約の国内的効力が発生した後で、国内担保法が制定されることもある。直接適用可能かどうかの判断が、「条約の締結」の承認時と異なる可能性もあり、行政機関と立法機関の行為だけでは、直接適用の判別がつかないこともありうる。とりわけ、「完全担保主義」が十分に確立していなかった時期に締結が承認された古い条約については、国内担

保法の有無から、常に直接適用の可否を推定できるとは限らない。したがって、この場合は、司法機関が、直接適用の可否を独自に判断しなければならないことになる。

(c) 司法機関

司法機関は、条約の基本的性格を、次のように述べている。「一般に、条約は締約国相互において国際法上の権利義務を発生させる文書による国家間の合意であって、直接各締約国とこれに所属する個々の国民との間の権利義務を規律するものではない」。それゆえ、「当該条約が個人の権利を保障する趣旨の規定を置いていたとしても、これにより個々の国民がその所属する締約国に対して当然に条約の定める権利を主張することが可能になるものではな」い。「締約国が相互に自らの国に所属する個々の国民の権利を保障するための措置を執ることを義務付けられ、その内容を具体化するための国内法上の措置が講じられることによってはじめて権利行使が可能になる場合も少なくない」。あわせて、日本における「司法と行政及び立法との権力分立や法的安定性の観点を踏まえると、条約を直接適用するには、国内的効力の発生だけでは足りず、さらに一定の基準をみたす必要がある（損害賠償請求事件（東京地判2019（令1）・10・2訟月67巻8号1235頁）、損害賠償請求控訴事件（広島高判2020（令2）・9・16判時2486号60頁）、朝鮮学校無償化不指定処分取消等請求控訴事件（広島高判2020（令2）・10・16裁判所ウェブサイト掲載判例〔28283742〕）、夫婦同氏制合憲第一審審判（東京家立川支審2019（平31）・3・28家庭の法と裁判35号87頁））。国内的効力の発生は、日本の憲法体制の下において、「当該条約が他に特段の立法措置を講ずるまでもなく我が国の法体系に受け容れられ」た、すなわち、「自動的に受容され」たことを意味するにとどまる。「それ以上の措置を必要とすることなく、個々の国民が条約を直接の法的根拠として具体的な権利ないし法的地位を主張したり、あるいは、裁判所が法的紛争を解決するに当たり条約を直接適用して結論を導いたりすることが可能か（当該条約がそのまま国内で裁判規範として適用可能か）は別途問題となる」。これが「検討されるべき条約の直接適用可能性の問題である」、とされる（更正処分等取消請求事件（東京地判2016（平28）・11・29訟月65巻10号1506頁））。

そして、「条約の性格や権力分立、法的安定性等の観点から、私人の権利義

務を定め、直接に国内の裁判所で適用可能な内容のものとするという条約締結国の意思が確認でき、かつ、条約の規定において私人の権利義務が明白、確定的、完全かつ詳細に定められている場合には、その内容を具体化する国内法による措置を待つまでもなく、国内の裁判所において適用可能である（自動執行力を有する）」と、とされる（夫婦同氏制合憲第一審審判（東京家立川支審2019（平31）・3・28家庭の法と裁判35号87頁）、損害賠償請求事件（東京地判2013（平25）・5・29民集69巻8号2708頁））。すなわち、条約が国内で直接適用されるかどうかは、条約締結国において、当該条約の条項につき、国内において直接適用可能性を有するものとして当該条約を締結しているか否かという「主観的基準（要件）」と、その内容を具体化する法令を待つまでもなく国内で直接適用できるだけの「明確性」及び条約の執行に必要な期間や手続に係る定めをも有するという「完全性」があるかという「客観的基準（要件）」により判断される（各関税法違反被告事件（東京地判2020（令2）3・30（D1-Law.com判例体系）〔28281781〕）、損害賠償請求控訴事件（名古屋高金沢支判2010（平22）・3・8裁判所ウェブサイト掲載判例〔28161079〕）、関税法違反被告事件（東京高判2016（平28）・8・26判時2349号120頁）、高等学校等就学支援金支給校指定義務付等請求控訴事件（大阪高判2018（平30）・9・27訟月66巻3号269頁）、更正処分等取消請求控訴事件（東京高判2019（平31）・1・17訟月65巻10号1482頁）、更正処分等取消請求事件（東京地判2016（平28）・11・29訟月65巻10号1506頁）、損害賠償請求控訴事件（広島高判2020（令2）・9・16判時2486号60頁）、損害賠償請求事件（東京地判2019（令1）・10・2訟月67巻8号1235頁）、各損害賠償請求控訴事件（東京高判2020（令2）・10・20訟月67巻8号1205頁）、障害者投票権確認等請求事件（大阪地判2020（令2）・2・27裁判所ウェブサイト掲載判例〔28281203〕）、同旨、損害賠償請求事件（東京地判2019（令1）・11・14（D1-Law.com判例体系）〔29058065〕）、朝鮮学校無償化不指定処分取消等請求控訴事件（広島高判2020（令2）・10・16裁判所ウェブサイト掲載判例〔28283742〕）、年金額減額処分取消請求事件（広島地判2022（令4）・5・11（D1-Law.com判例体系）〔28301505〕））。その際、「当該条約全体として判断されるのではなく、個々の条項について判断されるべきものであるから、条約中の特定の条項について直接適用可能性が認められるからといって、他の条項についても直ちに直接適用可能性が認められるということにはならない。」（関税更正処分取消請求事件（東京地判2016（平28）・3・17訟月63巻1

号112頁））。

　主観的基準（要件）は、条約が個々の国民の権利義務を定め、直接裁判所で適用できるものとするという締約国の意思が確認できる場合にみたされる（朝鮮学校無償化不指定処分取消等請求控訴事件（広島高判2020（令2）・10・16裁判所ウェブサイト掲載判例〔28283742〕））。各締約国は、当該条約の条項につき締約国内の法秩序において直接適用可能なものとして効力を生じさせるのか、それとも、締約国において具体化するための国内法上の措置を予定するのかについても自由に合意できるからである（損害賠償請求事件（東京地判2019（令1）・10・2訟月67巻8号1235頁）、同旨、関税更正処分取消請求事件（東京地判2016（平28）・3・17訟月63巻1号112頁））。条約が直接適用可能性について、何ら規定していない場合、それを認めるか否かを含めて、条約の「国内的実現の手段方法は各加盟国の判断に委ねられたものと解される（各法人税法違反、関税法違反被告事件（東京高判2013（平25）・11・27高刑66巻4号1頁））。この場合、条約締約国の意思は、条約規定の文言、条約全体の構成、条約締約国間の合意、条約の作成および実施過程などをも考慮して判断される（更正処分等取消請求事件（東京地判2016（平28）・11・29訟月65巻10号1506頁）、同旨、関税更正処分取消請求事件（東京地判2016（平28）・3・17訟月63巻1号112頁））。

　客観的基準（要件）は、条約の規定が個々の国民の権利義務を明確かつ完全に定めていて、その内容を補完し、具体化する法令を待つまでもない内容となっている場合にみたされる（東京地判2019（令1）・10・2訟月67巻8号1235頁）。特に、国家に一定の作為義務を課している、国費の支出を伴う、またはすでに国内で同種の制度が存在しているときには、その制度との整合性等をも十分考慮しなければならないので、内容がより明確かつ明瞭になっていることが必要となる（シベリア長期抑留等補償請求事件控訴審判決（東京高判1993（平5）・3・5訟月40巻9号1頁））。また、条約の条項を直接適用して、私人の法律関係を規律するには、当該条項自体が、私人の権利義務の発生要件、効果、手続等が明確に定められていなければならない（損害賠償請求控訴事件（名古屋高金沢支判2010（平22）・3・8裁判所ウェブサイト掲載判例〔28161079〕））。権力分立の原則により、「法の定立は原則として立法府の権限であり、不明確で国家に広い裁量の余地を残している条約の規定について、司法府がこれを直接適用すると、実質的に司法府が法

の定立をすることになり、立法府の権限を侵害し、また、法的安定性も害すること」になるからである。それゆえ、「一般的抽象的な概念を含んでいる条約規定や、一般的抽象的原則を定めるにすぎない条約の規定」を直接適用することは許されない（関税更正処分取消請求事件（東京地判2016（平28）・3・17訟月63巻1号112頁）、更正処分等取消請求事件（東京地判2016（平28）・11・29訟月65巻10号1506頁））。また、「完全ではない条約の条項は、例えその文言が明確で具体的な内容をもっていても、実際上直接適用されるのは困難だからである」（関税更正処分取消請求事件（東京地判2016（平28）・3・17訟月63巻1号112頁）、更正処分等取消請求事件（東京地判2016（平28）・11・29訟月65巻10号1506頁）、損害賠償請求事件（東京地判2019（令1）・10・2訟月67巻8号1235頁））。

　ところで、WTO 農業協定4条2項の直接適用可能性（裁判規範性）が争点の一つとなった事件で、控訴人は、条約および慣習法などの国際規範が国内裁判所で用いられる場合の類型として、次の3つを提示した。第1に、当該裁判で適用が問題となっている法律の解釈において国際規範を解釈基準または解釈指針として用いる場合である。これを、国際規範適合解釈または間接適用と称している。第2に、法律が国際規範に違反するか否かを審査し、違反するときは当該法律の適用を排除する場合である。これは、国際規範適合性審査であって国際規範の客観法としての作用とされる。第3に、国際規範を個人の権利・義務の発生根拠として適用する場合である。これが、狭義の直接適用可能性であって主観的権利の発生根拠としての作用とされる。そして、主観的基準と客観的基準をみたすことが必要とされるのは第3の場合だけであって、本件は、WTO 農業協定4条2項を根拠として何らかの権利の発生を主張するものではなく、本件各処分の課税根拠となった差額関税制度が同項に違反しているのでその適用を排除することを求めているので、第2の場合にあたり、主観的基準・客観的基準は適用されない、と主張した。また、条約が加盟国に作為義務を課している場合、国内実施法が不存在または不十分であるとして条約を根拠に個人が国に対し直接具体的給付を請求することは原則として認められず、客観的基準・主観的基準に照らし国会の立法権を侵さない場合に認められるにすぎないが、条約が加盟国に不作為義務を課している場合であって国内実施法が同義務に違反しているか否かが争訟となっている場合には、裁判所は国内実施法の

第5章　条約の実施（総論）──日本の場合　113

条約適合性審査を行わなければならないと解すべきである、とも主張した。

　これに対し、裁判所は、第3の場合を「積極適用の場合」、第2の場合を「消極適用の場合」と整理したうえで、次のように述べている。積極適用の場合、「すなわち条約の特定の条項を直接の根拠として個人が国に対し具体的な給付を請求しようとする場合には、たとえ当該条項の文言が明確で具体的な内容を有していたとしても、その執行のために必要な機関や手続についての定めがなければ、実際上直接適用するのが困難あるいは不可能であることが容易に想定されるという点」で、「客観的基準のうちの完全性に関して、条約の特定の条項に抵触する国内法の効力を否定しようとする消極適用には見られない困難さ」がある。しかし、「消極適用の場合には常に直接適用可能性（裁判規範性）が認められる」とはいえず、「消極適用の場合には主観的基準や客観的基準が適用されないこととなるともいえないことは、主観的基準に関し、条約締結国において当該条項の直接適用可能性を認めない意思を明示している場合や、客観的基準に関し、当該条項の定めが明確性や具体性を全く欠く場合を考えれば明らかというべきである」。また、条約が不作為義務を課している場合であっても、「条約締結国において当該条項の直接適用可能性を認めない意思を明示している場合（主観的基準）や当該条項の定めが明確性や具体性を全く欠く場合（客観的基準）には直接適用可能性（裁判規範性）が認められないことは明らかである」（更正処分等取消請求控訴事件（東京高判2019（平31）・1・17訟月65巻10号1482頁））。

　上述のように、日本の場合、国会承認条約は、行政機関と立法機関による審査を経て、また行政取極の場合は、行政機関による審査を経て、公布および（または）告示により国内的効力を発生する。条約の国内的効力順位は、国内法よりも上位なので、条約と抵触する国内法は、その限りで効力を失う。したがって、国内裁判所は、付託された事案で、国内法に違反する、または国内法体系と適合しないとの主張がなされた場合、まずはその点を審査しなければならない。行政機関および立法機関の判断に誤りがあり、適用できる国内法が存在しなければ、当該条約を直接適用することによって、事案を処理できるかどうかを審査するべきである。主観的基準（要件）および客観的基準（要件）の基準に基づく審査は、この段階で行われるのであって、法律違反または適合性に関

114

図表5-5　直接適用の基準（要件）

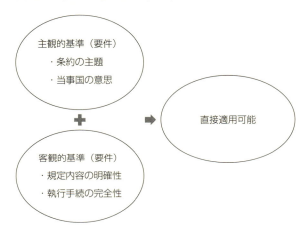

する審査は、主に条約の文言および関係国内法の解釈を通じて行われなければならない。それにより、司法機関も、条約を誠実に履行する義務を果たすことになるのである。裁判所の整理の仕方は、一見するとこのことを混同しているかのように思われ、控えめにいっても誤解を招きかねない。

　いずれにしても、直接適用するには、主観的基準（要件）および客観的基準（要件）をみたしていなければならないとする裁判例は多数あり、確立している。

(イ) 間接適用

　国家の法解釈および適用機関（裁判所や行政機関）が、国内法を解釈および適用するにあたって、国際法を参照し、国内法を国際法に適合するように解釈することを間接適用という。

　直接適用とは異なり、間接適用には、その基準（要件）は特に課されていない。効力順位からして、国内的効力を発生している条約については、すべて間接適用可能と解される。

第5章　条約の実施（総論）——日本の場合　　115

第**6**章　条約の実施（各論）──日本の場合

> 【この章で学ぶこと】
> ・日本の裁判所は、どのような条約が、直接適用の基準（要件）をみたすとしてきたのだろうか。
> ・日本の裁判所は、直接適用の基準（要件）を、すべての条約に適用しているのだろうか。
> ・条約を間接適用することによって、どのような結果になるのだろうか。

　前の章でみたように、直接適用の基準（要件）は確立している。しかし、裁判所は、一様にこの基準（要件）をすべての条約に適用しているわけではない。以下で条約ごとに検討する裁判例からも、そのことは明らかである。

1　社会権規約

　社会権規約は、国際人権規約と総称される条約の一つである。公正かつ良好な労働条件を享受する権利（7条）、社会保障についての権利（9条）、婚姻の成立要件、産前産後の母親に与えられる特別な保護、児童および年少者に与えられる特別な措置（10条）、自己およびその家族のための相当な食糧、衣類および住居を内容とする相当な生活水準についての権利（11条）、身体および精神の健康を享受する権利（12条）、および、教育についての権利（13条）などが保障されている。

　規約の締約国は、「立法措置その他のすべての適当な方法によりこの規約において認められる権利の完全な実現を漸進的に達成するため、自国における利用可能な手段を最大限に用いることにより」、「行動をとることを約束」している（2条1項）。また、「この規約に規定する権利が人種、皮膚の色、性、言語、宗教、政治的意見その他の意見、国民的若しくは社会的出身、財産、出生又は

116

他の地位によるいかなる差別もなしに行使されることを保障すること」も約束している（同2項）。

このように、社会権規約は、一般に、漸進的実施義務を課すにとどめているので、国内で直接適用して、上記の条文により保障されている権利、特別な保護および特別な措置を、個人が裁判所で請求できるかどうかが争点となってきた。

（1）全　　体

社会権規約には、「同規約が自動執行力を有する旨が明記されておらず」、また、同規約が認める「社会保障の実現は、立法措置を待たず、司法的に実現可能な権利ではないから」、「一般的に、国内立法を経ずに直ちに国内的に適用し国民に法的規制を及ぼし得る内容の条約（いわゆるセルフ・エクゼキューティング）であると解することは相当ではない。」とした裁判例がある（慰謝料等請求事件（京都地判2007（平19）・2・23判時1993号104頁））。

2条1項から、社会権規約が認める権利については、その性質上、締約国が即時には実現不可能な権利も存在することを考慮して、その完全な実現は「漸進的に達成する」ことを是認していることが認められるから、同規約が保障の対象とする権利については、外国人に対しても同様の権利を保障するか、否か、保障をするとしてその内容、程度をどのように定めるか等は、締約国における立法機関の裁量に委ねられているものと解されるので、社会権規約に関しては、「いわゆる自動執行力を肯定するのは困難である。」とした裁判例もある（損害賠償等、障害年金請求却下処分取消請求控訴事件（大阪高判1999（平11）・10・15判時1718号30頁））。

他方、「憲法98条2項は、締結した条約及び確立された国際法規を誠実に遵守することを定めているから」、日本が締結した条約である社会権規約の規定の内容は、「法律の解釈のみならず、憲法の解釈に際しても、考慮、参照されるのが相当である」とした裁判例がある（年金減額分支払請求事件（鳥取地判2021（令3）・2・26（D1-Law.com 判例体系）〔28290846〕））。

（2）各 条 文

（ア）2条1項

　本項は、締約国において「立法措置その他のすべての適当な方法によりこの規約において認められる権利の完全な実現を漸進的に達成する」ことを求めており、社会保障についての「権利」の完全な実現を漸進的に達成することは締約国の責務ではあるが、「同規定の文言から、同規定が締約国において後退的措置を採ることができる場合の要件等を提示したものであるとまで解することはできず、同規定が公的年金制度の後退的措置について立法府の裁量を直接に羈束するものではないと解される。」とした裁判例がある（年金減額改定決定取消請求控訴事件、年金減額改定決定取消等請求控訴事件（大阪高判2022（令4）・3・16（D1-Law.com 判例体系）〔28301077〕））。

　また、本項は、「その文言に照らすと、社会権規約の一般的性格、趣旨を明確にする規定であると解され、同項自体が社会権規約の各締約国に対して具体的な義務を課したものとまで解することはできないから、同項を直接の根拠として、国内法ないしその措置の効力が無効になることはない」とした裁判例がある（年金減額分支払請求事件（鳥取地判2021（令3）・2・26（D1-Law.com 判例体系）〔28290846〕））。

（イ）2条2項

　高等学校等就学支援金の支給に関する法律（以下、支給法）による不指定処分は、当該高校に対して不当な支配が行われているとの合理的理由に基づくものなので、本項に違反しないとした裁判例がある（朝鮮高校生就学支援金不支給違憲損害賠償請求事件（名古屋地判2018（平30）・4・27判時2400号20頁））。直接適用可能性については、ふれていない。

　他方、本項の文理から、客観的基準（要件）をみたしていないので、自動執行力はなく、裁判規範性を有するものではない、とした裁判例がある（高等学校等就学支援金支給校指定義務付等請求控訴事件（大阪高判2018（平30）・9・27訟月66巻3号269頁））。本判決は、後述の9条に関する最高裁判例に照らせば、本項は、「締約国において、積極的に社会保障政策を推進する施策をとる際、同項に係る要素につき政治的、社会的、経済的理由により現実には種々の対応をとらざるを得ない面があり得ることを当然の前提として、上記権利の平等な実現を積

極的に実現すべき政治的責任を負うことを宣明したものというべきである。」
と付言している。

　本項が、「社会保障等に関する規定であることを考慮すると」、「自動執行力
を有すると解することも相当ではない。」とした裁判例もある（慰謝料等請求事
件（京都地判2007（平19）・2・23判時1993号104頁））。

　また、次のような裁判例がある。すなわち、1項が、「締約国において、そ
の権利の実現に向けて積極的に社会保障政策を推進すべき政治的責任を負うこ
とを宣明したもの」であることは文理上から明らかである。また、本項の文理
上、「自動執行的性格を有するか否か断定できず、他の条項を含め、自動執行
的性格を根拠づけ得るような文言がない」。そして、1項の文理および9条が「締
約国において、社会保障についての権利が国の社会政策により保護されるに値
するものであることを確認し、右権利の実現に向けて積極的に社会保障政策を
推進すべき政治的責任を負うことを宣明したものであって、個人に対し即時に
具体的権利を付与すべきことを定めたものではないと解すべきことと照合する
と」、本項は、「締約国において、積極的に社会保障政策を推進する施策をとる
際、2項にかかる要素につき政治的、社会的、経済的理由により現実には種々
の対応をとらざるを得ない面があり得ることを当然の前提として」、「上記権利
の平等な実現を積極的に推進すべき政治的責任を負うことを宣明したものとい
うべきである」。このように解さず、本項を「自動的即時執行の効力のあるも
のと解すると、1項で認められた権利の完全な実現の漸進的達成を阻害・停滞
させる事態が想定され、規定相互に矛盾が生じる可能性がある」（障害基礎年金
不支給決定取消等請求控訴事件（大阪高判2005（平17）・10・27裁判所ウェブサイト掲
載判例〔28131976〕））。

　在日コリアン年金差別訴訟（大阪地判2005（平17）・5・25訟月52巻4号1047頁）
は、管見の限りでは、本項の裁判規範性を認めた唯一の裁判例である。本項は、
「ひとたび社会保障立法がされた場合は、その内容において差別があってはな
らないとする趣旨」であり、本項および社会保障に関する9条について、「留
保なしに批准されているところ」、すでに立法された場合には、社会保障を受
ける権利において差別を禁止する本項は、自由権規約26条と同趣旨にあるもの
として、「裁判規範性を認めることができる」とされる。同判決によれば、社

第6章　条約の実施（各論）——日本の場合　　119

会権規約の規定であっても、内外人平等原則など、国家から差別的待遇を受けないことを求める自由権的側面に関わる事項については、「その性質上、自動執行力ないし裁判規範性を有する」。

（ウ）7　条

本条は、「同一価値労働同一賃金の原則を一般的に宣言するとともに、男女差別の観点からは、同一労働に同一賃金が支払われるべきことを宣言して」おり、「男女差別の観点からは、同一労働同一賃金の原則が貫徹されるべき旨を明言しているが」、男女差別の観点を含まない場合に、同一価値労働同一賃金が保障されるべきであるとまで明言し、国際社会のあるべきルールについて具体的な宣言をしたものではないことを考慮すると、自動執行力を有するものと解することは困難である、とした裁判例がある（京都市女性協会事件／京都市女性協会嘱託職員賃金差別事件（京都地判2008（平20）・7・9労判973号52頁））。本件の控訴審は、本条の文言によれば、同一（価値）労働同一賃金が「常に保障されるべきであることまで具体的に宣言をしたものではない」と付言している（京都市女性協会事件／京都市女性協会嘱託職員賃金差別事件（大阪高判2009（平21）・7・16労判1001号77頁））。

（エ）9　条

本条は、「この規約の締約国は、社会保険その他の社会保障についてのすべての者の権利を認める。」と規定している。これは、「締約国において、社会保障についての権利が国の社会政策により保護されるに値するものであることを確認し、右権利の実現に向けて積極的に社会保障政策を推進すべき政治的責任を負うことを宣明したものであって、個人に対し即時に具体的権利を付与すべきことを定めたものではない。」とした判例がある。このことは、同規約2条1項が、締約国において「立法措置その他のすべての適当な方法によりこの規約において認められる権利の完全な実現を漸進的に達成する」ことを求めていることからも明らかであり、したがって、同規約は旧国民年金法56条1項が定める国籍条項を直ちに排斥する趣旨のものとはいえない、とされる（障害福祉年金国籍要件違憲訴訟上告審判決／塩見訴訟（最一小判1989（平1）・3・2裁判集民156号271頁））。

下級審も、この判断に従っている（障害基礎年金不支給決定取消等請求事件（京

都地判2003（平15）・8・26裁判所ウェブサイト掲載判例〔28082537〕）、慰謝料等請求事件（京都地判2007（平19）・2・23判時1993号104頁）、年金減額改定決定取消請求事件（251号）、年金改定決定取消請求事件（202号）（大阪地判2020（令2）・7・10（D1-Law.com 判例体系）〔28282585〕）、年金減額処分取消請求事件（青森地判2020（令2）・2・28（D1-Law.com 判例体系）〔28281026〕）、年金額改定（減額）処分取消請求事件（22号）、年金改定決定取消請求事件（14号）（岐阜地判2020（令2）・3・2（D1-Law.com 判例体系）〔28281652〕）、年金減額改定取消請求事件（東京地判2020（令2）・9・23裁判所ウェブサイト掲載判例〔28283909〕）、年金額改定（減額）処分取消請求事件（名古屋地判2021（令3）・3・25（D1-Law.com 判例体系）〔28291644〕）、年金額改定（減額）処分取消等請求事件（岡山地判2021（令3）・3・30（D1-Law.com 判例体系）〔28291654〕）、年金減額分支払請求事件（大分地判2021（令3）・5・27（D1-Law.com 判例体系）〔28292136〕）、未払年金請求事件（松江地判2021（令3）・6・14（D1-Law.com 判例体系）〔28292787〕）、年金減額改定取消請求事件（宮崎地判2022（令4）・3・4（D1-Law.com 判例体系）〔28300790〕）、年金減額改定決定取消請求控訴事件、年金減額改定決定取消等請求控訴事件（大阪高判2022（令4）・3・16（D1-Law.com 判例体系）〔28301077〕）、年金額減額処分取消請求事件（広島地判2022（令4）・5・11（D1-Law.com 判例体系）〔28301505〕）、年金減額分支払請求控訴事件（広島高松江支判2023（令5）・1・16（D1-Law.com 判例体系）〔28310767〕）、年金減額分支払請求控訴事件（福岡高判2023（令5）・1・18（D1-Law.com 判例体系）〔28310757〕））。

　本条が、「社会保障等に関する規定であることを考慮すると」、「自動執行力を有すると解することも相当ではない。」とした裁判例（慰謝料等請求事件（京都地判2007（平19）・2・23判時1993号104頁））、「一義的な判断を得ることができる程度に規定の内容及び趣旨が明確」ではないので、直接適用できない、とした裁判例もある（年金減額分支払請求事件（鳥取地判2021（令3）・2・26（D1-Law.com 判例体系）〔28290846〕））。

　また、憲法98条2項に基づく条約の誠実遵守義務に照らせば、憲法25条の解釈にあたって、社会権規約の趣旨を反映させて解釈しなければならないところ、後退的措置をとった場合には、締約国がその正当化の根拠を示さなければならないから、憲法25条の憲法適合性判断にあたっても、同様に解すべきであるとの主張に対して、社会権規約2条1項および9条は、「同条に規定する権利の

実現に向けて積極的に社会保障政策を推進すべき政治的責任を負うことを宣明したにすぎないものであって、社会権規約の趣旨を憲法25条2項に反映したとしても、同条適合性の判断枠組みが左右されることはなく、社会権規約委員会の一般的意見が直ちに締約国を法的に拘束すると解すべき根拠は見当たらないことを併せ鑑みれば、社会権規約が間接適用されることによって、関係法律が憲法25条に違反するものであるということはできない、とした裁判例がある（年金減額改定決定取消請求事件（251号）、年金改定決定取消請求事件（202号）（大阪地判2020（令2）・7・10（D1-Law.com判例体系）〔28282585〕）、年金額改定（減額）処分取消等請求事件（岡山地判2021（令3）・3・30（D1-Law.com判例体系）〔28291654〕）、年金減額改定取消請求事件（宮崎地判2022（令4）・3・4（D1-Law.com判例体系）〔28300790〕）、年金減額改定決定取消請求控訴事件、年金減額改定決定取消等請求控訴事件（大阪高判2022（令4）・3・16（D1-Law.com判例体系）〔28301077〕））。11条1項の趣旨を憲法25条2項に反映したとしても、同様である、とした裁判例もある（年金減額改定決定取消、年金改定決定取消請求控訴事件（大阪高判2022（令4）・11・16（D1-Law.com判例体系）〔28310133〕）、年金減額改定決定取消請求控訴事件、年金減額改定決定取消等請求控訴事件（大阪高判2022（令4）・3・16（D1-Law.com判例体系）〔28301077〕）、未払年金請求控訴事件（広島高松江支判2023（令5）・1・16（D1-Law.com判例体系）〔28310758〕））。

（オ）10 条

旧優生保護法による強制にわたる優生手術は、社会権規約10条に違反するので、2017年に改正される前の民法724条後段が定める除斥期間の規定を適用することは、この規定に違反すると主張された事案で、裁判所は、次のように述べた。社会権規約2条は、同規約において「認められる権利、人権ないし基本的自由を完全に実現することを確保し、又は推進するため、必要な立法措置その他の全ての適当な方法による行動を約束する旨定め」ているにとどまる。「締約国における個々の国民がその権利を確保するための具体的な手続・手段は規定されていない。これらに照らすと、締約国の条約実施義務は、上記約束を達成するために積極的に施策を進めるべき政治的義務であって、これら条約が個々の国民の権利義務を直接に定めたものとは解されず、本件における除斥期間の適用を排除する法的効果を有するものではないというべきである。」（優生

保護法国賠訴訟（神戸地判2021（令3）・8・3賃社1795号23頁））。

（カ）10条、11条、12条

「社会権規約2条1項が、社会権規約で認められる権利の完全な実現を漸進的に達成することを約束するものとしているにすぎないことや、上記権利の実現を達成するため、各締約国が自国の意思決定のみでは実現することができない国際的な援助及び協力を通じて行動をとることを約束するものとしていることに照らせば、社会権規約9条は、社会保障についての権利が国の社会政策により保護されるに値するものであることを確認し、その権利の実現に向けて積極的に社会保障政策を推進すべき政治的責任を負うことを宣言したものであって、個人に対し、即時に具体的権利を付与すべきことを定めたものではないものと解するのが相当であり、このことは、社会権規約10条及び11条についても同様である。」とした裁判例がある（児童扶養手当・障害年金併給訴訟（大阪高判2023（令5）・10・26（D1-Law.com 判例体系）〔28313721〕））。

また、11条1項および12条は、2条1項で「この規約の各締約国は、立法措置その他のすべての適当な方法によりこの規約において認められる権利の完全な実現を漸進的に達成するため、自国における利用可能な手段を最大限に用いることにより、個々に又は国際的な援助及び協力、特に、経済上及び技術上の援助及び協力を通じて、行動をとることを約束する。」旨規定しているところからも明らかなとおり、「締結国において、すべての者が適切な居住の権利並びに身体的及び精神的権衡を享受する権利が国の社会政策によって保護されるに値するものであることを確認し、その権利の実現を達成するために積極的に社会政策を推進すべき政治的責任を負うことを宣言したものにすぎず、締約国に属する国民に対し、即時に締約国に対する具体的権利を付与する効果を生じさせるような自力執行力（自動執行力）のある規定とは解し難い。」とした裁判例がある（建物明渡等請求事件（神戸地判2019（平31）・2・7裁判所ウェブサイト掲載判例〔28270810〕）、年金減額改定決定取消請求控訴事件、年金減額改定決定取消等請求控訴事件（大阪高判2022（令4）・3・16（D1-Law.com 判例体系）〔28301077〕）（11条1項について））。

11条1項については、「自己及びその家族のための相当な食料、衣類及び住居を内容とする相当な生活水準についての並びに生活条件の不断の改善につい

てのすべての者の権利」の実現に向けて積極的に社会政策を推進すべき政治的
責任を負うことを宣言したものであって、「個人に対し即時に具体的権利を付
与すべきことを定めたものではない」とした裁判例がある。本件では、仮に、
本項に裁判規範性があるとしても、上記の権利は、「極めて抽象的・相対的な
概念」であり、「その具体的内容は様々な社会的・経済的条件を考慮し、それ
に基づいた政策的判断をする必要がある」ところ、「具体的にどのような規定
の立法措置をとるかについての決定権は立法府の広い裁量に委ねられており、
それが著しく合理性を欠くことが認められる場合に限って」、本項違反の問題
が生じ得る、と付言されている。そのうえで、区分所有法70条は、「団地にあ
る区分所有建物の効用を増進し、わが国に数多く存在する団地全体の活性化を
図るという社会経済政策に基づく目的による規制を定めるものであるところ、
その規制目的は正当であり、規制手段が必要性又は合理性に欠けることが明ら
かであるとはいえないのであるから、著しく合理性を欠くと認めることはでき
ない。」とした（所有権移転登記手続等請求事件（大阪地判2007（平19）・10・30（D1-Law.
com 判例体系）〔28140498〕））。

　また、同項は、「公的年金制度の後退的措置について立法府の裁量を直接に
羈束するものではなく、憲法98条2項によって社会権規約の内容が反映された
憲法25条に反するともいえない。」とした裁判例がある（年金減額処分取消請求
控訴事件（広島高判2023（令5）・3・15（D1-Law.com 判例体系）〔28311445〕））。

（キ）13　条

　本条1項は、「この規約の締約国は、教育についてのすべての者の権利を認
める。締約国は、教育が、すべての者に対し、……諸国民の間及び人種的、種
族的又は宗教的集団の間の理解、寛容及び友好を促進すること……を可能にす
べきことに同意する。」と規定している。本項は、締約国において、すべての
者の教育に関する権利が、国の社会政策により保護されるに値するものである
ことを確認し、締約国がこの権利の実現に向けて積極的に政策を推進すべき政
治的責任を負うことを宣言したものであって、個人に対し即時に具体的権利を
付与すべきことを定めたものではない。」とした裁判例がある。このことは、
同規約2条1項が締約国において「立法措置その他のすべての適当な方法によ
りこの規約において認められる権利の完全な実現を漸進的に達成する」ことを

求めていることからも明らかである、とされる。したがって、本条から直ちに、「マイノリティの教育権という具体的な権利が保障されていると認めることはできない。」（地位確認等請求事件（大阪地判2008（平20）・1・23判時2010号93頁）、地位確認等請求控訴事件（大阪高判2008（平20）・11・27判時2044号86頁））。特に理由を付さず、本項については「自動執行力が認められない」とのみ判示した裁判例もある（朝鮮学校無償化不指定処分取消等請求事件（広島地判2017（平29）・7・19裁判所ウェブサイト掲載判例〔28252489〕））。本件の控訴審は、文理等に照らし、本項は客観的基準（要件）をみたしていない、としている（朝鮮学校無償化不指定処分取消等請求控訴事件（広島高判2020（令2）・10・16裁判所ウェブサイト掲載判例〔28283742〕））。

　2項(b)について、同条項は、「締約国に対して中等教育における無償化の漸進的導入を求めるにとどまり」、支給法の支給対象校を同法2条1項に掲げる学校と限定したことが、本項に違反するとは解し得ないから、指定要件に適合すると認めるにいたらなかった高校を支給対象校としないことは、本項に違反するとは解し得ない、とした裁判例がある（朝鮮高校生就学支援金不支給違憲損害賠償請求事件（名古屋地判2018（平30）・4・27判時2400号20頁））。本件は、直接適用可能性についてはふれていないが、文理からすれば、本項は、自動執行力を有するための要件をみたしているとはいえず、支給法が本項の効力を日本国内において直接発生させるために制定された法律であるとはいえない、とした裁判例がある（高等学校等就学支援金支給校指定義務付等請求控訴事件（大阪高判2018（平30）・9・27訟月66巻3号269頁））。本判決は、2条1項が締約国において立法措置その他のすべての適当な方法によりこの規約において認められる権利の完全な実現を漸進的に達成することを求めていることからすれば、本項も、「締約国においてその定める権利の実現に向けて社会保障政策を推進すべき政治的責任を負うことを宣明したにすぎない」と付言している。

（ク）その他

　直接適用の可否にはふれず、不法残留者を保護の対象としていない生活保護法の規定が社会権規約の各規定に違反すると解することはできない、とした判例がある（生活保護申請却下処分取消請求事件（最三小判2001（平13）・9・25裁判集民203号1頁））。

図表6-1　直接適用できないとされた社会権規約上の諸権利

保障される権利	
7	（公正かつ良好な労働条件を享受する権利）
10	（産前産後の母親に与えられる特別な保護など）
11	（相当な生活水準についての権利）
12	（身体および精神の健康を享受する権利）
13	（教育についての権利）

2　自由権規約

　自由権規約も、国際人権規約と総称される条約の一つである。拷問または残虐な、非人道的なもしくは品位を傷つける取扱いもしくは刑罰を受けない権利（7条）、法律で設置された、権限のある、独立の、かつ、公平な裁判所による公正な公開審理を受ける権利（14条1項）、防御の準備のために十分な時間及び便益を与えられ、ならびに、自ら選任する弁護人と連絡すること（同条3項(b)）、裁判所において使用される言語を理解すること、または話すことができない場合には、無料で通訳の援助を受けること（同条3項(f)）、私生活、家族、住居もしくは通信に対する恣意的もしくは不法な干渉、または、名誉および信用に対する不法な攻撃から法律の保護を受ける権利（17条）、思想、良心および宗教の自由についての権利（18条1項）、表現の自由についての権利（19条2項）、家族が社会および国による保護を受ける権利（23条1項）、児童が、出生などにより差別されることなく、未成年者としての地位に必要とされる保護の措置であって家族、社会および国による措置を受ける権利（24条1項）、直接に、または、自由に選んだ代表者を通じて、政治に参与する権利（25条(a)）、選挙人の意思の自由な表明を保障する真正な定期的選挙において、投票しおよび選挙される権利（同条(b)）、いかなる差別もなしに法律による平等の保護を受ける権利（26条）、および、少数民族に属する者が、その集団の他の構成員とともに自己の文化を享有し、自己の宗教を信仰しかつ実践しまたは自己の言語を使用する権

利（27条）などが保障されている。

　締約国は、「この規約において認められる権利を尊重し及び確保することを約束」し（2条1項）、「立法措置その他の措置がまだとられていない場合には、この規約において認められる権利を実現するために必要な立法措置その他の措置をとるため、自国の憲法上の手続及びこの規約の規定に従って必要な行動をとることを約束」している（同2項）。また、「この規約において認められる権利又は自由を侵害された者が、公的資格で行動する者によりその侵害が行われた場合にも、効果的な救済措置を受けることを確保すること」（同3項(a)）、「救済措置を求める者の権利が権限のある司法上、行政上若しくは立法上の機関又は国の法制で定める他の権限のある機関によって決定されることを確保すること及び司法上の救済措置の可能性を発展させること。」（同項(b)）、および、「救済措置が与えられる場合に権限のある機関によって執行されることを確保すること。」（同項(c)）を約束している。さらに、締約国は、「この規約に定めるすべての市民的及び政治的権利の享有について男女に同等の権利を確保することを約束」（3条）するとともに、「婚姻中及び婚姻の解消の際に、婚姻に係る配偶者の権利及び責任の平等を確保するため、適当な措置をとる。」（23条4項）とされている。

　「漸進的に」という文言がないことから、社会権規約とは異なり、自由権規約が定める権利は即時に実施されなければならないとされている。しかし、文言から即時の実施が求められているとは必ずしも解されないところがあり、上記の条文のどの部分が国内で直接適用され、個人がそれらを裁判所で請求できるかどうかが争点となってきた。

（1）全　　体

　主観的要件（基準）および客観的要件（基準）に触れることなく、自由権規約全体について、「国内法としての自力執行力を有する条約」（損害賠償請求事件（大阪地判2004（平16）・3・9訟月52巻10号3098頁））、および、「国内で直接に適用されて裁判規範性を有する条約」（損害賠償請求事件（東京地判2019（令1）・10・2訟月67巻8号1235頁））とした裁判例がある。

　また、自由権規約は、「自由権的な基本権を内容とし、当該権利が人類社会

のすべての構成員によって享受されるべきであるとの考え方に立脚し、個人を主体として当該権利が保障されるという規定形式を採用しているものであり」、このような性格と規定形式からすれば、「国内法としての直接的効力、しかも法律に優位する効力を有する」とした裁判例がある（受刑者接見妨害国家賠償請求事件（徳島地判1996（平8）・3・15判時1597号115頁））。主観的基準（要件）をみたしているとの判断と解される。

　他方、自由権規約の間接適用可能性を認めた裁判例もある。すなわち、自由権規約は、「国内法としての効力を有するとしても、その規定内容からして、憲法と同様に、公権力と個人との間の関係を規律し、又は、国家の国際責任を規定するものであって、私人相互の間の関係を直接規律するものではない」ので、直接適用されることはない。しかし、「私人の行為によって他の私人の基本的な自由や平等が具体的に侵害され又はそのおそれがあり、かつ、それが社会的に許容しうる限度を超えていると評価されるときは、私的自治に対する一般的制限規定である民法1条、90条や不法行為に関する諸規定等により、私人による個人の基本的な自由や平等に対する侵害を無効ないし違法として私人の利益を保護すべきである」。それゆえ、自由権規約は、私法の諸規定の解釈にあたっての基準の一つとなりうる（（小樽市）外国人入浴拒否事件（札幌地判2002（平14）・11・11判時1806号84頁））。

（2）各条文
（ア）2条
　旧優生保護法による強制にわたる優生手術は、自由権規約7条、9条1項および17条に違反するので、2017年に改正される前の民法724条後段が定める除斥期間の規定を適用することは、これらの諸規定に違反すると主張された事案で、裁判所は、次のように判示した。すなわち、2条では、「認められる権利、人権ないし基本的自由を完全に実現することを確保し、又は推進するため、必要な立法措置その他の全ての適当な方法による行動を約束する旨定められているにとどまり、締約国における個々の国民がその権利を確保するための具体的な手続・手段は規定されていない。これらに照らすと、締約国の条約実施義務は、上記約束を達成するために積極的に施策を進めるべき政治的義務であって、

これら条約が個々の国民の権利義務を直接に定めたものとは解されず、本件における除斥期間の適用を排除する法的効果を有するものではないというべきである」。こうして、主観的基準（要件）をみたしていないことを理由に、上記の主張はしりぞけられた（優生保護法国賠訴訟（神戸地判2021（令3）・8・3賃社1795号23頁））。

（イ）7 条

　指紋押捺制度が、7条の「品位を傷つける取扱い」に該当するかどうかが争われた事案で、裁判所は、次のように判示している。自由権規約はその内容に鑑みると、国民の権利義務に直接関わるものであり、国内での直接適用が可能であると解されることから、自動執行力を有し、法律に優位する効力を有している。しかし、自由権規約上の権利も公共の福祉による制限を受けるものであることからすると、指紋押捺制度が「品位を傷つける取扱い」に当たる余地があったとしても、公共の福祉による相当な制限であることからして、自由権規約に反するものとは認められない（指紋押捺拒否国家賠償請求大阪訴訟第一審判決（大阪地判1998（平10）・3・26判時1652号3頁）。本判決は、指紋押捺制度は、自由権規約2条にも違反しないとしている）。

　同様の事案で、外国人登録法14条が定める指紋押なつ制度は、同法1条の「本邦に在留する外国人の登録を実施することによって外国人の居住関係及び身分関係を明確ならしめ、もって在留外国人の公正な管理に資する」という目的を達成するため、戸籍制度のない外国人の人物特定につき最も確実な制度として採用されたものであって、その立法目的には十分な合理性、必要性、相当性が認められ、同法14条が、自由権規約7条および26条に違反すると解することはできない、とした裁判例もある（外国人指紋押なつ拒否・在留期間更新申請に対する短縮処分取消等事件上告審判決（最一小判1996（平8）・2・22裁判集民178号279頁、最一小判2002（平14）・6・27（D1-Law.com 判例体系）〔28080288〕））。

（ウ）14 条

　本条1項について、自由権規約が、「国内法としての直接的効力、しかも法律に優位する効力を有する」としたうえで、本項は、「そのコロラリーとして受刑者が民事事件の訴訟代理人たる弁護士と接見する権利をも保障」しており、「民事事件の相談、打合せに支障を来すような接見に対する制限は許されない」

ので、監獄法および同法施行規則の接見に関する条項も本項の趣旨に則って解釈されなければならず、これらが本項の趣旨に反する場合、「当該部分は無効といわなければならない」とした裁判例がある（受刑者接見妨害国家賠償請求事件（徳島地判1996（平8）・3・15判時1597号115頁））。もっとも、本件では、当該諸条項は、本項に反する無効な規定ではない、とされた。

　刑事訴訟法39条1項が、本条3項(b)に違反するかどうかが争われた事案で、裁判所は、自由権規約が「国内法としての自力執行力を有する条約」であることを認めたうえで、次のように判示した。14条に関する一般的意見、被拘禁者処遇最低基準規則93条、被拘禁者保護原則18ならびに弁護士の役割に関する基本原則8条および22条等に鑑みれば、本項は、被告人等と弁護人との接見交通権をも要求しているものと解すべきである。本項は、刑事訴訟法39条1項を支えるものであって、同項の接見交通権は、本項の趣旨にも合致するものである（損害賠償請求事件（大阪地判2004（平16）・3・9訟月52巻10号3098頁））。

　刑事訴訟法39条3項が、同項に違反するかどうかが争われた事案で、裁判所は、次のように判示した。すなわち、刑事訴訟法39条3項ただし書は、捜査機関が接見指定権を行使するにあたって被疑者が防御の準備をする権利を不当に制限してはならない旨規定し、最高裁判決（浅井事件（最三小判1991（平3）・5・10民集45巻5号919頁）、杉山事件（最一小判1978（昭53）・7・10民集32巻5号820頁））により、接見指定権の内容および行使方法について限定的に解釈され、接見等の日時等を指定する場合でも、弁護人等ができるだけ速やかに接見等を開始することができ、かつ、その目的に応じた合理的な範囲内の時間を確保することができるように配慮すべきであると解されていることから、刑事訴訟法39条3項は自由権規約14条3項(b)に違反するものとは認められない（損害賠償請求事件（東京地判1993（平5）・12・7判時1505号91頁））。

　他方、刑事被告人は無料で通訳の援助を受けることができると定める規約14条3項(f)を直接適用して、通訳費用の負担を免除した裁判例がある。すなわち、「通訳の援助を受ける権利は、わが国内において自力執行力を有するものと解される」自由権規約によって「初めて成文上の根拠を持つに至ったものであって、これまでのわが国内法の知らないところである」。そして、自由権規約14条3(f)に規定する「無料で通訳の援助を受けること」の保障は「無条件かつ絶

対的のものであって、裁判の結果被告人が有罪とされ、刑の言渡しを受けた場合であっても」、刑事訴訟法181条1項本文により「被告人に通訳に要した費用の負担を命じることは許されない」（大麻取締法違反、関税法違反（東京高判1993（平5）・2・3東京刑時報44巻1〜12号11頁））。

（エ）17 条

　17条1項については、次のような裁判例がある。同項は、「個人を主体として当該権利が保障されるという規定の仕方になっていることからすると、同条項は裁判規範性を有すると解するのが相当である」。同項は「いわゆるプライバシー権に類する権利を保障していると解され、同じ建物で居住し続ける権利を保障しているとは解することはできない」。仮に、かかる権利を保障しているとしても、絶対無制約ではなく、「不法」または「恣意的」な干渉を受けることを禁止しているだけであるところ、合理的な制限は許される。区分所有法70条は、「団地にある区分所有建物の効用を増進し、わが国に数多く存在する団地全体の活性化を図るという社会経済政策に基づく目的による規制を定めるものであるところ、その規制目的は正当であり、規制手段としてもその立法目的を達成するための手段として必要性・合理性のある手段であるので、合理的な制限と認められることから」、同項には違反しない（所有権移転登記手続等請求事件（大阪地判2007（平19）・10・30（D1-Law.com 判例体系）〔28140498〕）、所有権移転登記手続等請求控訴事件（大阪高判2008（平20）・5・19（D1-Law.com 判例体系）〔28170920〕））。

　他方、同項について、「同条文は、『何人も』と規定し、同規約の他の条文同様、個人がその権利を保障されるという形式をとっているから、規約の内容を実現する国内法の制定などを待つまでもなく、個人が直接に規約自体によって権利を与えられるものと解すべきであるし、我が国の法制上、そのように解するにあたって妨げとなるべき特段の事情もない」とした裁判例もある。もっとも、本件については、争点となった行為は法律上の根拠を有し、また、「公共の安全等の法益を守るために必要であり、かつ、手段として相当であるから、恣意的なものとはいえ」ないとして、本項の違反も認められないとした（監視用テレビカメラ撤去等請求事件（大阪地判1994（平6）・4・27判時1515号116頁））。

第6章　条約の実施（各論）——日本の場合　131

（オ）18 条

「入学式、卒業式等における国旗掲揚及び国歌斉唱の実施について（通達）」等が、18条に違反するとの主張に対し、同条は、法規範として日本で「直接適用が可能なものであるところ」、同条と、憲法19条および20条の趣旨および人権として有する原理は相通じており、同条が定める人権の保障内容は、その実質において憲法19条および20条に規定する人権の保障内容と変わるところがないので、本件通達等は、同条に違反しないとした裁判例がある（懲戒処分取消等請求事件（東京地判2015（平27）・1・16判自405号57頁）、日の丸・君が代（第一次処分取消）事件（東京地判2009（平21）・3・26判タ1314号146頁）、教職員国旗国歌訴訟控訴審判決（東京高判2011（平23）・3・10判時2113号62頁））。

（カ）19 条

19条については、次のような裁判例がある。「自由権規約は、自動執行力があり、批准の上、公布されたことによって、日本の国内法として国内の法体系に組み入れられ、かつ、裁判規範性を有するに至った」。そして、「自由権規約は、国内法である国公法の上位規範となるから、国公法が自由権規約に適合するか否かについては、自由権規約の定める制限事由を解釈適用して判断しなければならず、仮に適合しないとなれば、国公法は無効とな」る。「憲法が保障する権利と自由権規約が保障する権利とは同じであるといえるものの、それぞれが定める権利の制限条項が異なっていることから」、本件国公法、規則の諸規定が「合憲であるとしても、そのことから当然に、これらの規定が自由権規約にも抵触しないということにはならず、あらためてこれらの規定が同規約に適合するか否かについて判断することが必要となる」。このように述べたうえで、公務員の政治的行為の禁止は、「法律によって定められたもの」であり、また、「その禁止の目的は」、「行政の中立性とこれに対する国民の信頼を確保するという国民全体の重要な利益を擁護することにあり、『公の秩序』を保護することを目的とするもの」という。さらに、一般的意見10に照らして、公務員の政治的行為が自由に放任されるときに生じる弊害の発生を防止し、行政の中立性とこれに対する国民の信頼を確保するため、これらの政治的行為を禁止し、その違反行為に対して罰則による制裁を設けることは、「必要な措置」として正当化できる。したがって、本件国公法、規則の諸規定による政治的行

為の禁止は、自由権規約19条3項により許容される範囲内の制限である（東京
地判2006（平18）・6・29刑集66巻12号1627頁）。

19条3項について、公職選挙法（以下、公選法）138条1項（戸別訪問）、142条
1項ならびに2項（文書図画の頒布）および146条1項（文書図画の頒布又は掲示
につき禁止を免れる行為の制限）が同条に違反するかどうかが争われた事案で、
裁判所は、次のように判示している。「選挙人の投票意思の自由な形成、被選
挙人の立候補の自由の観点から尊重し、保護されるべき選挙運動の自由が」、「政
治的意見の表明として、表現の自由に属する限り」、公選法の上記諸規定は、
19条3項の制限事由をみたす必要がある。公選法の上記諸規定は、「選挙の自
由と公正を確保するために定められたもので、選挙の自由、公正は憲法上の公
共の福祉、換言すれば、国民全体のために保護すべき重要な共同利益であり、
このような利益が保護され、選挙制度の秩序が保持され、その制度的保障の最
も核心である選挙人の自由な意思の表明が保障されることは、民主的秩序を保
持するものである」。したがって、これは19条3項の「公の秩序の保護として、
表現の自由の行使に対する制限事由に当たる」。「選挙の自由のために認められ
る選挙運動の方法を制限することは政治的意見の表明の手段方法を制限するこ
とになるが、これによって得られる選挙の自由と公正の確保による利益は、右
の制限によって失われる利益を上回るものである」。19条3項が列挙する制限
事由の「公の秩序の保護」は、直接的に憲法上の公共の福祉に相当するもので
はないが、「同項に列挙された制限事由は、表現の自由の権利行使による他人
の人権侵害の防止、公衆の健康保護までを含む国家、公共の利益の侵害の防止
を目的とし、人権の行使と他の利益との調整を図っているもので」、この点では、
「憲法上、人権相互間の矛盾、衝突を調整し、実質的公平を図る原理である公
共の福祉と共通するものがある」。そして、「文言上は」、19条3項による制約は、
憲法上の公共の福祉による制約より広いとみる余地もある。それゆえ、公選法
の上記諸規定は、19条に違反するとはいえない（公職選挙法違反被告事件（広島
高判1999（平11）・4・28高検速報（平11）号136頁））。

（キ）24条1項

最高裁は、「世界的な状況の推移の中で」、遅くとも2001（平成13）年7月当
時において、「立法府の裁量権を考慮しても、嫡出子と嫡出でない子の法定相

続分を区別する合理的な根拠は失われていたというべき」であって、民法900条4号ただし書の規定のうち嫡出でない子の相続分を嫡出子の相続分の2分の1とする部分は、その当時において、憲法14条1項に違反していたものというべきである、との決定を下している。「世界的な状況の推移」として、自由権規約および児童の権利条約に、「児童が出生によっていかなる差別も受けない旨の規定が設けられている」（自由権規約24条1項、児童の権利条約2条1項）こと、1993（平成5）年に自由権規約委員会が、包括的に嫡出でない子に関する差別的規定の削除を勧告してから、具体的に本件規定を含む国籍、戸籍および相続における差別的規定を問題にして、懸念の表明、法改正の勧告等を繰り返してきたこと、および2010（平成22）年に、児童の権利委員会が、本件規定の存在を懸念する旨の見解を改めて示していることに言及している（遺産分割審判に対する抗告棄却決定に対する特別抗告事件（最大決2013（平25）・9・4民集67巻6号1320頁））。

　憲法の規定の解釈にあたり、本項の趣旨を反映させたものであって、少なくとも間接適用した決定と位置付けることができるようにも思われるが、本決定は、「法的効力が備わっている条約規定等の規範的効力を回避するために、他の諸事情との考量を許す一介の事実として」扱っているとの批判もある（齋藤民徒「嫡出子でない子の法定相続分を定める国内法規の違憲決定——国際法の立場から（平成25.9.4最高大決）」『新・判例解説Watch』（LEX/DB文献番号25445838）322頁注5）。

　本判決後、2013年12月、嫡出でない子の相続分を嫡出子の相続分の2分の1とする民法の規定を削除し、嫡出子と嫡出でない子の相続分を同等とする民法の一部を改正する法律が成立し、同法は同月から施行されている。

（ク）25条

　25条についても、公選法138条1項、142条1項ならびに2項および146条1項が同条に違反するかどうかが争われた事案がある。裁判所は、次のように判示している。自由権規約の内容は、人民が等しく享有する固有の権利および自由を具体的に規定したもので、その規定形式は、憲法の自由権規定と同様、司法的にも適用実現の可能な形式であり、同規約2条において、各締約国は、この規約において認められる権利を尊重しおよび確保すること、右の権利を実現

するために必要な立法措置その他の措置をとること、右の権利及び自由を侵害された者が効果的な救済措置を受けることを確保することを約束していること等の趣旨からも、各締約国はこの規約を即時に実施する義務を負うものであると解されるので、同規約は自動執行力を有し、裁判所においてこれを解釈適用できる。このような前提の下で、まず、選挙活動を行う権利が本条によって保障されているとの主張に対しては、自由権規約25条(a)および(b)は、政治に参与する権利、選挙権、被選挙権を厳格な意味における政治的権利として保障しており、通常、参政権は、選挙権及び被選挙権を指して用いられ、これと政治活動の自由は異なるものと理解されているので、これらの諸規定が選挙活動の自由を権利として保障しているものとは解釈できない、とする。そして、選挙運動が、政治的意見の表明の方法で行われる場合には、その方法、形式に従い、表現の自由、集会の自由および結社の自由に関する権利の行使として、同規約19条、21条および22条によって保障されている、とされる。

　同規約25条(a)の「自由に選んだ代表者を通じて政治に参与すること」という文言が自由な選挙を規定している」、および、同条(b)の「選挙人の意思の自由な表明を保障する選挙」の文言が自由な選挙を規定し、これが政治運動の自由、選挙活動の自由も保障しているとの主張に対しては、(a)の「自由に選んだ」という文言および(b)の「選挙人の意思の自由な表明」という文言の主体は、「いずれも選挙人であることは明らかで、これらの文言から直接、候補者あるいは団体の選挙運動の自由の権利の保障を導き出すことのできない」。また、一般的意見25は、市民の政治参加は、表現、集会及び結社の自由を確保することによって保護されるとしており、政治に参与する権利がこれらの自由までも含むものとしているわけではない。一般的意見は、投票権の実効的な行使のためには、前提条件として、すでに市民的権利として保障されている表現、集会及び結社の自由の保障が完全でなければならないといっている。一般的意見25の起草過程では、24項が、25条に関連する権利および自由として表現の自由の重要性に触れており、25条が保障する権利のために、不合理な制限のない政治活動の自由その他政治的表現の自由、選挙運動の自由等が必要であることが説明されていた。そして、一般的意見の25項が、25条の権利の完全な享受を確保するために、政治活動の自由その他政治的表現の自由、選挙運動の自由等を含めて

保障している19条、21条および22条の権利の完全な享受、尊重が必要であると説明しており、政治活動の自由、選挙運動の自由等は19条、21条および22条の権利に含まれているとしているものであって、これらを25条で保障している自由権であるといっているものではない。「選挙の自由は、投票の自由を基本」とし、この選挙の自由の中に「選挙運動の自由の権利も保障されていると当然に解釈する理由はない」。したがって、25条(b)は、選挙運動の自由を権利として保障するものではなく、公選法の上記諸規定は、本項に違反しない（公職選挙法違反被告事件（広島高判1999（平11）・4・28高検速報（平11）号136頁））。

　なお、公選法の上記諸規定が、19条および25条に違反しないことは、最高裁でも確認されている（公職選挙法違反被告事件（最一小判2002（平14）・9・9裁判集刑282号5頁）、公職選挙法違反被告事件（最三小判2002（平14）・9・10裁判集刑282号251頁））。

(ケ) 26 条

　26条には、自動執行力があり、日本でも裁判規範性を有するとした裁判例がある。すなわち、同条および2条2項により、自由権規約の締約国は、26条が「保障するよう求める権利を侵害する立法を行うか、あるいは権利侵害を放置する行為は」、これらの諸規定に違反するので、かかる作為ないし不作為は、日本の国内法上も許されない。国籍は、26条にいう「他の地位」に当たり、同条は、「各締約国が同国に在留する外国人につき、国籍を理由として差別することを禁止しており」、このような差別をすることは日本の国内法上も許されない。もっとも、26条は、「その文理上も、締約国に対し、同条の適用対象となる者の事実上の差異をすべて捨象して、これを一律に取り扱うことを求めているものとは解されず」、「締約国が同国に在留する外国人と自国民を別異に扱うことも一定の限度で許容しているといえる」。「国民年金は社会保障の一内容であるところ、社会保障立法は、立法当時の経済、社会情勢や当該国家の人的、物的制約等に由来する立法府の裁量を必然的に考慮する必要があるものであり」、「締約国の社会保障立法において、同国に在留する外国人と自国民を区別することが」、2条2項および26条に違反するか否かを判断する際には、「社会保障立法について立法府に裁量権があることを前提に、当該区別を設けることが立法裁量の逸脱であり、合理性のない不当なものであるか否かとの観点から

検討する必要がある」。「いかなる社会保障立法を行うかは、原則として、締約国の裁量事項」であり、国民年金の被保険者の範囲をいかなるものとするのかも、原則として、我が国の立法府の裁量事項である」。加えて、「日本国民の社会保障につき第一次的に責任を負っているのは」日本であるのに対し、日本に「在留する外国人の社会保障につき第一次的に責任を負っているのはその者らの本国であ」り、日本の「社会保障政策上、在留外国人をどのように処遇するかは、国内の社会、経済情勢や当該国との外交関係とを総合的に考慮して立法府がその裁量により決することができる」ので、国際人権規約上も、日本が、「社会保障立法を行い、その限られた財源の下で福祉的給付を行うに際し、在留外国人に比して日本国民を優先的に取り扱うことを立法府の裁量の範囲内の事項として許容している」。したがって、日本が、「国籍条項を設け、あるいはこれを廃止しないことが」、日本の「立法府が有する裁量権の範囲を逸脱するものとはいえないから」、2条2項および26条に違反しない。国籍条項が改正されたのは、同条項が不合理だからではなく、難民条約が、社会保障につき、難民に自国民に与える待遇と同一の待遇を与えることを要求しており（24条）、同条約に加入するためには、難民に対し国民年金法を適用することが必要になったが、難民に限って国民年金法を適用することは、公平の観点から適当ではないことからであり、かかる経緯からすれば、国籍条項により国民年金の被保険者から除外されていた在留外国人につき、一部を除き、経過措置および救済措置を設けなかったとしても、立法裁量からの逸脱があるとはいえない（慰謝料等請求事件（京都地判2007（平19）・2・23判時1993号104頁）、同旨、障害基礎年金不支給決定取消等請求事件（京都地判2003（平15）・8・26裁判所ウェブサイト掲載判例〔28082537〕））。

　26条については、次のような裁判例もある。26条の差別禁止の原則が適用されるのは、「その文言上は、B規約において認められる権利に限定されてはいない。そして、このことは、規約人権委員会の一般的意見18でも確認されている」。規約人権委員会は、社会保障を供給すべき立法は同条に従うものでなければならず、問題は、社会保障を規定している立法が同条の平等原則に違反しているかどうかにあるなどと説示している。自由権規約の規定は、「自動執行力があると解されるから」、26条の平等原則は、社会権規約で規定されている

第6章　条約の実施（各論）──日本の場合　137

社会保障についての権利の場面でも適用される。ただし、規約人権委員会による意見によっても、26条は、「すべての区別を禁止しているのではなく、その区別の基準が合理的であり、かつ客観的である場合であって、かつ、規約の下での合法的な目的を達成するという目的で行われた場合には、処遇の差異は、必ずしもすべて『差別』を構成するわけではない」。このように、国内法の内容がこの「差別」に該当するか否かの判断に当たっては、それぞれ、「その国内法の内容による区別が合理性を有するものであるか否かの観点から検討がされなければならない」。

　さらに、社会権規約2条1項ならびに2項および9条は、「社会保険、社会保障の権利については、締約国において、それらの権利が国の社会政策により保護されるに値するものであることを確認し、その権利の実現に向けて積極的に社会保障政策を推進すべき政治的責任を負うことを宣明したものと解される」。これらの各規定に照らすと、社会権規約の締約国は、「このような政治的責任を負うことになるのであり、その立法府は、その国の予算上の制約、経済、社会、国際情勢等の事情をふまえて、そのための立法措置をとることが予定されている」。その意味で、社会権規約は、日本の憲法25条2項と同様の趣旨を有し、社会権規約および自由権規約を批准した日本では、社会権規約に規定された社会保障の権利について自由権規約26条の解釈をする場合には、このような社会権規約の趣旨とその要請との間に整合性を持つように解釈せざるを得ない。

　このような観点からは、26条も、「その国の予算上の制約、経済、社会、国際状況等の事情による立法府の裁量を許容しているものと解するのが相当である」。したがって、「立法府である国会に立法や改正をする際の裁量があることを前提として、それが何ら合理的理由のない不当な差別的扱いかどうかの観点から判断すべきもの」であって、「国籍条項やその後の国民年金法の改正との関係で、自由権規約26条の解釈については、憲法14条1項とは全く異なる厳格な解釈基準によるべきである」ことを前提とした主張は、社会権規約の趣旨を考慮しないものであって、採用することはできない。

　また、旧法下の国籍条項は、自由権規約26条との関係においても、立法府である国会に裁量があることが前提であって、国民年金の原則的形態である拠出

制の場合の被保険者の範囲を定めるにあたって、保険料の支払を義務づけられることになる保険料納付期間中に日本に在住することが必ずしも安定的ではない在留外国人を除外し、それとの関係で、拠出制を補完するための、または制度発足時に拠出制により得なかった場合の障害福祉年金についても、同様に国籍要件を定めたもので、このような国籍条項は、合理性を欠くものとはいえない。

　また、国籍要件によって設けられた区別の基準は客観的で、それは、社会保障の拡充という憲法25条2項や社会権規約の趣旨にも合致する立法趣旨を実現するための立法過程で生じたものとみられるから、国籍条項は、自由権規約26条にも違反せず、有効だった（障害基礎年金不支給決定取消等請求事件（京都地判2003（平15）・8・26裁判所ウェブサイト掲載判例〔28082537〕））。

　なお、26条と社会権規約との関係については、これとやや異なる判断を示した裁判例がある。26条は、「自由権につき自動的、即時執行的性格を有するといえるが」、社会権規約の適用される社会権に関する限り、同条の内容も、「事柄の性質上、同条と同趣旨の」社会権規約2条2項を含めて締約国の政治的責任を宣明したと解される社会権規約に規定されて、「締約国における政治的責任を示したものとせざるを得ない」。裁判規範としては、社会権についての合憲・合法性を判断するにあたり、同じ事柄を規定する憲法14条によることで十分であり、26条の適用に関しては、消極に解されることとなる、とされる（障害基礎年金不支給決定取消等請求控訴事件（大阪高判2005（平17）・10・27裁判所ウェブサイト掲載判例〔28131976〕））。

　この関係では、次のような裁判例もある。自由権規約2条は、いずれも自由権規約上の権利に関するものであり、社会保障などの権利に関連した差別からの保護を定めたものではない。一方、一般的意見18によれば、26条により保護される者には外国人も含まれ、また、国籍による差別も「他の地位」による差別に含まれる。もっとも、すべての処遇の差異が本条で禁止される差別にあたるわけではなく、基準が合理的ありかつ客観的である場合であって、かつまた、本規約の下での合法的な目的を達成する目的でなされた場合には禁止される差別にはあたらない。社会保障の権利についても、法律によって認められた以上は26条による保護が可能であり、法律によって認められた社会保障の権利に関

第6章　条約の実施（各論）——日本の場合　139

して同条が禁ずる差別の状態にあるときは、締約国にはその状態を解消すべき施策を講ずるべき義務が生ずる。

また、社会保障の権利に関し差別の状態を解消すべき施策を講ずるときにも、社会保障の権利を創設する場合（立法による社会保障制度を創設する場合）と同様に、自ずから合理的期間を要するものであるから、かかる合理的期間を経過してもなお必要な施策が講じられていないときに、上記の義務に反することとなる。

自由権規約については、日本政府が留保なしに批准したものであるから、なんらの立法措置を講ずることなく国内法的効力を有する。また、同規約が、自由権という基本的人権について定めていること、個人を主体として当該権利が保障されるという規定の仕方となっていることに照らすと、同規約は裁判規範性を有する。国民年金制度を創設した1959（昭和34）年当時に、まず日本国民に対して保障するという立法政策をとったことには、合理性があった。

これに対し、国際人権規約が発効した1979（昭和54）年当時は、国民年金制度への加入資格要件（被保険者の範囲）につき、日本国民と日本に在留する在国人、とりわけ、定住外国人とを区別する十分な合理的理由は薄れていた。したがって、「国民年金制度への加入資格要件としての国籍条項の存在は、国際人権規約発効当時、必ずしも十分な合理的理由があるとは言えず」、自国民と外国人の平等な取扱いを要求する内外人平等原則（社会権規約２条２項、自由権規約26条）が許容する処遇の差異の基準に合致せず、「このまま放置するときは違法な状態となるとみる余地があった」。

もっとも、国籍条項の撤廃により在留外国人に対し、被保険者の範囲を拡大するにあたっては、「それに伴う諸々の立法手当をする必要があり、それにはある程度の合理的期間が必要である」。それゆえ、「国際人権規約の発効後、旧法下の国籍条項が国際人権規約の平等原則に違反する状態となりうる事態が生じたとしても」、「直ちに国際人権規約に違反するというものではなく」、立法措置に必要な合理的期間が経過してもなお必要な改廃措置がとられない場合に、「初めて国際人権規約上平等原則違反になる」。国際人権規約が発効してから約２年経過後に改正が行われ、旧法下の国籍条項が撤廃されており、この期間は、長期の給付を予定する国民年金の被保険者の範囲を変更して年金制度の

設計を見直すための合理的な期間である。したがって、「改正までに上記の期間を要したことが旧法下の国籍条項を削除すべき義務を怠ったものであるということはできず、国際人権規約上違法であるとまではいえない。」（在日コリアン年金差別訴訟（大阪地判2005（平17）・5・25訟月52巻4号1047頁））。

26条に関しては、戦傷病者戦没者遺族等援護法（以下、援護法）が、同条に違反するかどうかが争われた事案もある。裁判所は、次のように判示している。26条は、「人間には固有の尊厳及び平等の奪い得ない権利があることを前提として、法の下の平等を保障しようとするものであって、憲法14条と同趣旨の規定であることはその文言からも明確」であり、「その内容の実現に新たな国内法の制定を必要とするものではない」。したがって、同条は、「格別の法律を制定するまでもなく」、日本の国内で「当然に適用される（いわゆる自動執行力を有する）ものと解されるから」、日本の裁判所は、国内法が同条に違反するかどうかを直接判断することができる。

このような前提の下、援護法により、在日韓国人である軍人軍属等に対し、一切の給付を行わないことは、援護を受けるべき地位とは直接には無関係な国籍の有無によって法的取扱いに著しい差異を生じさせる不合理な差別と考えられるから、26条に違反する疑いがある、とする。

また、援護法の立法当時は、朝鮮半島出身者等の財産・請求権等の問題が、平和条約に基づく特別取極の主題として、日本と韓国との二国間協議による外交交渉によって解決される可能性があり、それが国籍条項および戸籍条項を設けることを合理化しうる事情となっていた。しかし、自由権規約の批准時には、在日韓国人である軍人軍属等に対しては日本および韓国のいずれからも援護ないし補償が行われないことが明らかとなっており、国籍条項および戸籍条項をそのまま存置すれば、これらの者が日本国籍を有する者と比較して著しく不利益な状態に置かれたままの状態となることは十分予測できたものであるから、援護法の立法当時に合理的な理由があったというだけでは、自由権規約批准後も国籍条項および戸籍条項をそのまま存置することを合理化しうる理由にはならない。したがって、国会には、自由権規約批准後、できるだけ速やかに、国籍条項および戸籍条項をそのまま存置することが同規約26条に抵触しないかどうかを検討のうえ、これらの規定を改廃したり、新たな立法措置を講ずるなど

第6章 条約の実施（各論）——日本の場合　141

して、在日韓国人である軍人軍属等に対する法的取扱いを同条に適合するように是正することが要請されることになったものというべきである（損害賠償等、障害年金請求却下処分取消請求控訴事件（大阪高判1999（平11）・10・15判時1718号30頁））（もっとも、国会が援護法の国籍条項および戸籍条項が憲法14条および自由権規約26条に一義的に違反することを認識しながらあえてそれらの条項を存置したものとまで認めることは困難であるから、立法不作為自体を国家賠償法1条1項の違法な行為と評価することはできない、としている）。

他方、戸籍条項については、「戦争被害の特殊性、日韓協定締結のいきさつ、経緯、内容に照らし」、「不合理な差別を行うものということはできない」から、自由権規約26条に違反するということもできない、とした裁判例もある（損害賠償等請求事件（2号）、障害年金請求却下処分取消請求事件（4号）(大津地判1997（平9）・11・17訟月45巻7号1205頁））。

他に、元韓国籍であることを理由にカントリークラブへの入会を拒否したことは、合理的な理由のない差別として、本条に反するとした裁判例（慰謝料請求控訴事件（名古屋高判2023（令5）・10・27（D1-Law.com 判例体系）〔28313780〕))、本条が、「私人間の関係を直接規律するものではない」として、また、26条の文理から、および、同条は社会権規約2条2項と同趣旨であり、社会権との関係では、締約国における政治的責任を示したものと解されるので、自動執行力はなく、裁判規範性を有するものではないとして、直接適用可能性を否定した裁判例もある（慰謝料請求事件（津地四日市支判2023（令5）・4・19（D1-Law.com 判例体系）〔28311856〕)、高等学校等就学支援金支給校指定義務付等請求控訴事件（大阪高判2018（平30）・9・27訟月66巻3号269頁））。

(コ) 27 条

アイヌ民族の文化享有権について、2条1項、26条および27条が関係条文としたうえで、自由権規約は、「少数民族に属する者に対しその民族固有の文化を享有する権利を保障するとともに、締約国に対し、少数民族の文化等に影響を及ぼすおそれのある国の政策の決定及び遂行に当たっては、これに十分な配慮を施す責務を各締約国に課したもの」であって、「アイヌ民族は、文化の独自性を保持した少数民族としてその文化を享有する権利」を27条で保障され、日本は「憲法98条2項の規定に照らしてこれを誠実に遵守する義務がある」と

した裁判例がある。さらに、「27条に基づく権利といえども、無制限ではなく、憲法12条、13条の公共の福祉による制限を受ける」が、「27条制定の趣旨に照らせば、その制限は必要最小限度に留められなければならない」としている（二風谷ダム事件（札幌地判1997（平9）・3・27訟月44巻10号1798頁））。

　他方、自由権規約について、日本は、「直接適用（立法等の措置なしに個人の具体的な請求権の根拠とすることをいう。）を排除する意思を示していないことからすると、自由権規約を本件に直接適用する可能性を当然に否定することはできない」としつつ、27条は、「宗教的少数民族に属する者が、自己の文化を享有し、自己の宗教を信仰しかつ実践する権利を否定されないと定めるのみで」、「個別具体的な遺骨について、琉球民族に属するどの範囲の者に返還請求の主体となることを認めるかの基準を見出すことは困難」であるとして、自由権規約27条に基づき遺骨に係る返還請求権を有するとの主張をしりぞけた裁判例がある（琉球民族遺骨返還等請求控訴事件（大阪高判2023（令5）・9・22裁判所ウェブサイト掲載判例〔28313102〕））。

　さらに、27条は、「国内法としての効力を有するものではない」とした裁判例がある。すなわち、自由権規約は、「その主語を締約国ではなく個人としており、個人に対して権利を付与する形式で定められていること」、憲法98条2項が「日本国が締結した条約及び確立された国際法規は、これを誠実に遵守することを必要とする。」と定めていること、日本政府が自由権規約委員会に提出した第1回政府報告書およびその翌年の自由権規約委員会第12会期での審査の際の政府代表の回答で、規約の国内法律に対する優位を認めるとともに、規約の自力執行性をも認める回答をしていることなどを考慮すると、自由権規約の規定には自力執行力があるとする考えも成り立つ。しかし、自由権規約27条は、「その文言から、締約国に対し、本条の定める権利を侵害しない義務を課したものと解され、それ以上に、国家による積極的な保護措置を講ずべき義務まで認めたものとは解しがたい」。一般的意見23は、「マイノリティのアイデンティティを保護し、またその構成員が、その集団の他の構成員とともに、自己の文化や言語を享受しかつ発展させ、自己の宗教を実践する権利を保護するための、締約国による積極的措置も必要である。」とし、必要性を確認するにとどめており、積極的措置を締約国の義務として認めたものでもない。したがっ

第6章　条約の実施（各論）——日本の場合　143

て、自由権規約27条が、国家に積極的な作為を求めるマイノリティの教育権を保障するものであり、国内法としての効力を有することを前提とする原告の主張は採用できない（地位確認等請求事件（大阪地判2008（平20）・1・23判時2010号93頁）、地位確認等請求控訴事件（大阪高判2008（平20）・11・27判時2044号86頁））。

（サ）2条3項および14条1項

　日中共同声明5項に基づく請求権放棄は、裁判上訴求する権利を喪失させたものとなるが、それは自由権規約2条3項に基づく効果的な救済を受ける権利および14条1項に基づく公正な裁判を受ける権利を主要素として構成される司法へのアクセス権（効果的な救済を受ける権利および公正な裁判を受ける権利）に対する手続的制限となり、日本を拘束している条約上の義務に違背するとの主張に対し、自由権規約は、1979年6月21日に日本で発効したものであり、遡及して適用される旨の規定はないから、1972年9月29日に発出された日中共同声明を拘束するものとはいえない、とした裁判例がある（損害賠償等請求事件（大阪地判2019（平31）・1・29裁判所ウェブサイト掲載判例〔28271431〕））。

（シ）2条1項ならびに3項（b）、3条および23条4項

　日本では、「条約は公布により当然に国内的効力を有するものとなる（憲法7条1号、98条2項参照）」としつつ、「条約は、本来的には締約国相互の権利義務を発生させる国際法規であるから、特定の条約が、国内法による補完ないし具体化といった措置を採ることなく直接個人の国に対する権利を保障するものとして国内の裁判所において適用可能であるというためには、当該条約によって保障される個人の権利の内容が条約上具体的で明白かつ確定的に定められており、更に、条約の文言及び趣旨等から解釈して、個人の権利を定め、国内の裁判所において直接適用可能なものにするという締約国の意思が確認できることが必要であると解するのが相当である」として、2条1項ならびに3項(b)、3条および23条4項の直接適用可能性を検討した裁判例がある。そして、同規約中に、「何人も……されない。」あるいは、「すべての者は……権利を有する。」といった文言を用いている規定が存在しているところ、上記の諸規定は、「締約国が、当該権利を確保することを約束する、当該権利を確保するよう適当な措置を採ることを約束する、権利が権限のある機関によって決定されることを確保することを約束する旨の文言にとどまることからすれば」、「個人の権利を

定め、国内の裁判所において直接適用可能なものにするという締約国の意思を確認し得るものとはいえない」とし、主観的基準（要件）をみたしていないとした（損害賠償請求事件（東京地判2019（令1）・11・14（D1-Law.com 判例体系）〔29058065〕）、損害賠償請求事件（東京地立川支判（2019（令1）・11・14判時2450・2451号85頁）、損害賠償請求控訴事件（東京高判2020（令2）・10・23裁判所ウェブサイト掲載判例〔28290591〕））。

（ス）2条1項、3条、17条1項、23条1項ないし4項

　これらの諸規定が、客観的基準（要件）をみたしていないとして、夫婦同氏制を定める民法750条などが、これらの諸規定に違反していることが明白であるとは認められないとした裁判例もある（各損害賠償請求控訴事件（東京高判2020（令2）・10・20訟月67巻8号1205頁）、損害賠償請求控訴事件（広島高判2020（令2）・9・16判時2486号60頁）、損害賠償請求事件（東京地判2019（令1）・10・2訟月67巻8号1235頁）（23条4項の「文理からすると、同項が婚姻する各配偶者が婚姻前の氏の使用を保持する権利を具体的に保障しているものと解釈するのは困難である」。））。一般的意見19および一般的意見28からも、同項により「各配偶者が自己の婚姻前の氏の使用を保持する権利が保障されているものと一義的に解釈することはでき」ない、とされる（損害賠償請求事件（広島地判2019（令1）・11・19判時2450・2451号102頁）（「3条は、男女に同等の権利を確保することを求め、23条4項は、婚姻に係る配偶者の権利及び責任の平等を確保するため、適当な措置をとることを求めているものの、いずれも文言からは」、「配偶者が婚姻前の姓の使用を保持する権利を保障するものとは読み取れない」。「2条1項、3項(b)、17条1項、23条1項ないし3項を解釈しても」、「配偶者が婚姻前の姓の使用を保持する権利を認めたものと解する根拠が見当たらない」。）、夫婦同氏制合憲第一審審判（東京家立川支審2019（平成31）・3・28家庭の法と裁判35号87頁）（「17条1項および23条1項ないし3項が仮に自動執行力を有するとしても、その文理及び内容に照らせば」、これらの規定が、日本の国民に対し、上記権利を保障していると解すること、および、夫婦同氏制を定める諸規定が「家族に対する恣意的な干渉等とみることも困難である」。同様に、2条1項、3項(b)および3条についても、「いずれも個人の具体的な権利義務に言及する規定ではない。」））。

　23条4項は、客観的基準（要件）をみたしていないとして、直接適用可能性を否定した裁判例がある。すなわち、2条2項は、締約国は、「……必要な行

動をとることを約束する」と規定し、23条4項は、「……適当な措置をとる」
と明記しているとおり、その文理上、日本の国民に対して直接何らかの権利を
付与するものではなく、日本に対し、「婚姻による氏の変更に伴う種々の不利
益を解消するために、選択的夫婦別氏制の導入などの氏制度の在り方について
議論をし、所要の措置を執ることなどを求めるものであると解され、当該措置
を通じて国民の権利を確保することが予定されている」。したがって、23条4
項は、「各配偶者が婚姻前の姓の使用を保持する権利」などの国民の権利を「明
白、確定的、完全かつ詳細に定めたものではなく、自動執行力を有しない」（夫
婦同氏制合憲第一審審判（東京家立川支審2019（平31）・3・28家庭の法と裁判35号87頁）、
夫婦同氏制合憲控訴審決定（東京高決2019（令1）・11・25家庭の法と裁判35号83頁））。
23条1項ないし3項について個別にみても、日本で直接裁判規範として用いる
ことが可能なほど私人の権利義務を明白、確定的、完全かつ詳細に定めている
ものということは困難である。26条についても、「文理からすると」、客観的基
準（要件）をみたすものとはいえない、とされる（高等学校等就学支援金支給校指
定義務付等請求控訴事件（大阪高判2018（平30）・9・27訟月66巻3号269頁））。

（セ）その他

　直接適用の可否にはふれず、不法残留者を保護の対象としていない生活保護
法の規定が自由権規約の各規定に違反すると解することはできない、とした判

図表6-2　直接適用できるとされた自由権規約上の諸権利

保障される権利		件数
	全体	5
7	（拷問等を受けない権利）	2
14	（公平な裁判所による審理を受ける権利）	4
17	（私生活対する不法な干渉などから法律の保護を受ける権利）	3
18	（思想、良心および宗教の自由についての権利）	1
19	（表現の自由についての権利）	2
25	（政治に参与する権利）	2
26	（法律による平等の保護を受ける権利）	7
27	（少数民族が自己の文化を享有するなどの権利）	2

例がある（生活保護申請却下処分取消請求事件（最三小判2001（平13）・9・25裁判集民203号1頁））。

3　拷問等禁止条約

　拷問等禁止条約は、「拷問」を「身体的なものであるか精神的なものであるかを問わず人に重い苦痛を故意に与える行為であって、本人若しくは第三者から情報若しくは自白を得ること、本人若しくは第三者が行ったか若しくはその疑いがある行為について本人を罰すること、本人若しくは第三者を脅迫し若しくは強要することその他これらに類することを目的として又は何らかの差別に基づく理由によって、かつ、公務員その他の公的資格で行動する者により又はその扇動により若しくはその同意若しくは黙認の下に行われるもの」と定義している（1条1項）。そして、締約国に対し、「拷問」にあたる「すべての行為を自国の刑法上の犯罪とすることを確保する」義務を課している（4条1項）。また、「拷問に当たる行為の被害者が救済を受けること及び公正かつ適正な賠償を受ける強制執行可能な権利を有すること（できる限り十分なリハビリテーションに必要な手段が与えられることを含む。）を自国の法制において確保する。」義務も課している（14条1項）。

　日本は、1999年に加入しているが、特段の立法措置はとられなかった。14条1項で保障される権利は、「自国の法制において確保する」とされていることから、これを国内で直接適用し、個人が、その権利を裁判所で請求できるかどうかが争点となっている。

　本項について、旧優生保護法による強制にわたる優生手術は拷問禁止条約1条1項にいう「拷問」にあたり、同条約14条1項により締約国には被害者が補償を受ける権利を確保する義務があるので、2017年に改正される前の民法724条後段が定める除斥期間の規定を適用することは同条約に違反する、と主張された事案で、裁判所は、次のように述べた。本項は、「その文言上、締約国に義務付けられるのは、救済及び賠償を受ける権利の法制度を構築することであり、その内容を具体化するための国内法上の措置をとることなく、個々の国民に直接権利を付与しているものとは解されない」。したがって、「締約国の条約

第6章　条約の実施（各論）──日本の場合　**147**

実施義務は、上記約束を達成するために積極的に施策を進めるべき政治的義務
であって、これら条約が個々の国民の権利義務を直接に定めたものとは解され
ず、本件における除斥期間の適用を排除する法的効果を有するものではないと
いうべきである」(優生保護法国賠訴訟(神戸地判2021(令3)・8・3賃社1795号23頁))。

　同様の事案で、優生手術は、日本が拷問等禁止条約へ加入する前に行われて
いるので、本件との関係では、本項は日本を拘束するものではない、として、
侵害は同条約加入まで継続しており、継続的侵害の法理により同条約の適用を
認めることができる、との主張をしりぞけた裁判例がある（旧優生保護法仙台高
裁判決（仙台高判2023（令5）・6・1訟月70巻1号1頁））。本件では、本項は、「そ
の文言上、被害者について生じた損害賠償請求権について、権利の存続期間を
設けることを許さないとするものではなく」、「除斥期間の適用があること自体
が同項に違反するということはできない。」ともされている。

4　児童の権利条約

　児童の権利条約は、児童を「権利行使の主体」とする内容と、多数の国が当
事国になっていることから、国際人権分野での新たな前進と位置づけられてい
る条約である。

　締約国は、「この条約において認められる権利の実現のため、すべての適当
な立法措置、行政措置その他の措置を講ずる」とともに、「経済的、社会的及
び文化的権利に関しては、自国における利用可能な手段の最大限の範囲内で、
また、必要な場合には国際協力の枠内で、これらの措置を講ずる。」とされて
いる（4条）。また、「児童の最善の利益に反する場合を除くほか、父母の一方
又は双方から分離されている児童が定期的に父母のいずれとも人的な関係及び
直接の接触を維持する権利を尊重する」義務（9条3項）、「自己の意見を形成
する能力のある児童がその児童に影響を及ぼすすべての事項について自由に自
己の意見を表明する権利を確保する」義務（12条1項）、および、「思想、良心
及び宗教の自由についての児童の権利を尊重する」義務が課されている（14条
1項）。さらに、「少数民族に属し又は原住民である児童は、その集団の他の構
成員とともに自己の文化を享有し、自己の宗教を信仰しかつ実践し又は自己の

言語を使用する権利を否定されない」（30条）。

　これらの条文を国内で直接適用し、個人が、保障されている権利を裁判所で請求できるかどうかが争点となってきた。

（ア）4　条

　本条について、「自国における利用可能な手段の最大限の範囲内で、また、必要な場合には国際協力の枠内で、これらの措置を講ずる。」と規定されているので、条約において認められる「権利の完全な実現が漸進的に行われることが想定されている上、自国の意思決定のみでは実現できない国際協力の枠内で必要な措置をとるものとしていることにも照らせば」、児童の社会保障等についての権利が「国の社会政策により保護するに値するものであることを確認し、締約国がその実現に向けて積極的に社会保障政策を推進すべき政治的責任を負うことを宣言したものにすぎず、個人に対し、即時に具体的権利を付与すべきことを定めたものではないものと解するのが相当である。」とした裁判例がある（児童扶養手当・障害年金併給訴訟（大阪高判2023（令5）・10・26（D1-Law.com 判例体系）〔28313721〕））。

（イ）9　条

　本条3項は、「父母の一方又は双方から分離されている児童が定期的に父母のいずれとも人的な関係及び直接の接触を維持する権利について規定しているところ、これは飽くまで児童が親と面会する権利について定めたものであるものの、児童と別居している親の側においても、児童と面会する権利又は少なくとも法的利益を有するものと解するのが相当であ」り、「民法766条1項や児童虐待防止法12条1項は、これを前提とするものと解される。」とした裁判例がある。また、本項を参照して、保護者が児童と面会する権利又は法的利益は絶対的なものではなく、児童の最善の利益に反してはならない、ともしている（児童相談所一時保護・面会制限国家賠償請求訴訟（大阪高判2023（令5）・8・30（D1-Law.com 判例体系）〔28312935〕））。

（ウ）12条および14条

　これらの諸規定について、東京都教育委員会の教育長が発した「入学式、卒業式等における国旗掲揚及び国歌斉唱の実施について（通達）」は、それに基づく「国旗・国歌の指導が、児童・生徒の思想及び良心の自由、信教の自由を

第6章　条約の実施（各論）──日本の場合　　149

侵害するものでないこと、国旗・国歌について一方的な一定の理論を児童・生徒に教え込むことにはならないことは」明らかなので、いずれにも違反しない、とした裁判例がある（日の丸・君が代（第一次処分取消）事件（東京地判2009（平21）・3・26判タ1314号146頁））。

（エ）30 条

本条について、「権利を否定されない」と規定されているので、「国家に積極的な作為を求める権利を保障するものではない」とした裁判例がある（地位確認等請求事件（大阪地判2008（平20）・1・23判時2010号93頁）、地位確認等請求控訴事件（大阪高判2008（平20）・11・27判時2044号86頁））。

5 人種差別撤廃条約

人種差別撤廃条約は、「人種に基づく障壁の存在がいかなる人間社会の理想にも反すること」（前文）から、人種差別のない人間社会を実現するために締結された条約である。

この条約にいう「人種差別」とは、「人種、皮膚の色、世系又は民族的若しくは種族的出身に基づくあらゆる区別、排除、制限又は優先であって、政治的、経済的、社会的、文化的その他のあらゆる公的生活の分野における平等の立場での人権及び基本的自由を認識し、享有し又は行使することを妨げ又は害する目的又は効果を有するもの」である（1条1項）。

締約国は、「人種差別を非難し、また、あらゆる形態の人種差別を撤廃する政策及びあらゆる人種間の理解を促進する政策をすべての適当な方法により遅滞なくとることを約束」しており、このため、「すべての適当な方法（状況により必要とされるときは、立法を含む。）により、いかなる個人、集団又は団体による人種差別も禁止し、終了させる」義務を負っている（2条1項(d)）。これらの義務に従い、締約国は、「文化的な活動への平等な参加についての権利」などの享有にあたり、「あらゆる形態の人種差別を禁止し及び撤廃すること並びに人種、皮膚の色又は民族的若しくは種族的出身による差別なしに、すべての者が法律の前に平等であるという権利を保障することを約束」している（5条(d)(vi)）。

また、締約国は、人種的優越または憎悪に基づく暴力行為を法律で処罰すべ

き犯罪であることを宣言する（4条(a)）、および、人種差別を助長する団体および組織的宣伝活動などを違法であるとして禁止する（同条(b)）義務を負う。さらに、「権限のある自国の裁判所及び他の国家機関を通じて」、この条約に反する人種差別行為に対する「効果的な保護および救済措置を確保し、ならびにその差別の結果として被ったあらゆる損害に対し、公正かつ適正な賠償又また救済を当該裁判所に求める権利を確保する。」義務が課されている（6条）。

これらの諸規定を国内で直接適用して、個人が、裁判所で保障されている権利を請求できるかどうか、または、間接適用して、国内法の規定の解釈に反映させることができるかどうかが争点となってきた。

（1）全　　体

人種差別撤廃条約は、国内法としての効力を有するとしても、その規定内容からして、公権力と個人との間の関係を規律し、または、国家の国際責任を規定するものであって、私人相互の間の関係を直接規律するものではなく、私人相互の関係については、直接適用されることはない、とした裁判例がある（（小樽市）外国人入浴拒否事件（札幌地判2002（平14）・11・11判時1806号84頁）、慰謝料請求控訴事件（名古屋高判2023（令5）・10・27（D1-Law.com 判例体系）〔28313780〕））。

（2）各 条 文
（ア）2条および6条

宝石店に来店したブラジル人（原告）に、宝石店経営者ら（被告）が、外国人入店お断りというビラを見せるなどしたことが問題となった事案で、裁判所は、次のように述べている。人種差別撤廃条約は憲法優位の下、日本でも国内法としての効力を有する。加入に際して、新たな立法措置および予算措置がとられなかったのは、憲法前文が民主主義を人類普遍の原理としてとり、また、国際協調主義を標榜しているのみならず、その第3章で、人種、信条、性別、社会的身分または門地により差別されないという法の下の平等などを規定していることから、十分賄えると考えたからである。しかし、人種差別撤廃条約は、個人や団体の差別行為についてのとるべき立法その他の措置を締約国に要求している（2条(d)）。このことは、日本で、人種差別撤廃条約の実体規定に該当す

る人種差別行為があった場合、国または団体がとるべき措置を定められていなければ、同条約6条に従い、これらの国または団体に対してその不作為を理由として少なくとも損害賠償その他の救済措置をとりうることを意味する。そして、何らの立法措置がとられなかったことからすれば、個人に対する不法行為に基づく損害賠償請求の場合には、条約の実体規定が不法行為の要件の解釈基準として作用するものと考えられる。本件では、被告による上記のような行為などは、原告の人格的名誉を傷つけ、民法709条および710条に基づき、被告は、原告の被った精神的苦痛を慰謝すべき責任があるとして、原告に対して慰謝料の支払いがを命じられた（損害賠償請求事件（静岡地浜松支判1999（平11）・10・12判時1718号92頁））。文脈から察するに、人種差別撤廃条約の実体規定が間接適用され、民法709条および710条の解釈基準として作用したと考えられる判決である。

　私人の行為によって他の私人の基本的な自由や平等が具体的に侵害されまたはその恐れがあり、かつ、それが社会的に許容しうる限度を超えていると評価されるときは、私的自治に対する一般的制限規定である民法1条、90条および不法行為に関する諸規定等により、私人による個人の基本的な自由や平等に対する侵害を無効ないし違法として私人の利益を保護すべきなので、人種差別撤廃条約は、このような私法の諸規定の解釈にあたっての基準の一つとなりうる、とした裁判例もある。本件では、外国人の入浴拒否が、外見が外国人にみえるという、人種、皮膚の色、世系または民族的もしくは種族的出身に基づく区別、制限であると認められるので、人種差別撤廃条約の趣旨に照らし、私人間においても撤廃されるべき人種差別にあたるというべきである、とされた。

　他方、人種差別撤廃条約2条および6条に基づき、被告小樽市は、外国人一律入浴拒否を終了させるような強制力や罰則を伴った差別撤廃条例を制定する義務があったのに、これを怠ったため、本件入浴拒否が発生したのであって、被告による条例制定の不作為は違法である、との主張は認められなかった。裁判所によれば、地方公共団体である被告は、条例の制定については、憲法、条約および法律によって一定内容の条例を制定すべきことが一義的に明確に義務づけられているような例外的な場合を除いて、市民全体に対する関係で政治的責務を負うにとどまり、個別の市民の権利に対応した関係での法的義務を負う

ものではない。

　また、人種差別撤廃条約2条1項および(d)は、「締結国は、……あらゆる形態の人種差別を撤廃する政策……をすべての適当な方法により遅滞なくとることを約束する。このため、各締結国は、すべての適当な方法（状況により必要とされるときは、立法を含む。）により、いかなる個人、集団又は団体による人種差別も禁止し、終了させる。」と定めているが、この規定により、被告が、公権力の一翼を担う機関として、国と同様に、人種差別を禁止し終了させる義務を負うとしても、それは政治的責務にとどまり、個々の市民との間で、条例を制定することによって具体的な人種差別を禁止し終了させることが一義的に明確に義務づけられるものではない。

　さらに、同条約6条は、「締約国は、自国の管轄の下にあるすべての者に対し、権限のある自国の裁判所及び他の国家機関を通じて、この条約に反して人権及び基本的自由を侵害するあらゆる人種差別の行為に対する効果的な保護及び救済措置を確保し、並びに差別の結果として被ったあらゆる損害に対し、公正かつ適正な賠償又は救済を当該裁判所（権限のある自国の裁判所）に求める権利を確保する。」と定めているが、これは、主には裁判手続等による救済方法を確保するという手続的保障に関する規定であり、賠償又は救済を求めうる実体要件について具体的に言及するものではないから、これによって被告が条例の制定を義務づけられることはない（（小樽市）外国人入浴拒否事件（札幌地判2002（平14）・11・11判時1806号84頁））。

　本件の控訴審は、2条1項(d)によって条例制定義務の発生を認めることはできないとの判断を踏襲しつつ、「このことは、人種差別撤廃条約が日本で……裁判規範性を有するか否かの議論とは直接の関連性を有するものではないのであって、同条約に裁判規範性が認められるとしても、そのことによって結論が左右されるものではない」と付言している（損害賠償等請求控訴事件（札幌高判2004（平16）・9・16判例集未登載））。

　2条1項および6条に関しては、次のような裁判例もある。すなわち、2条1項は、締結国に対し、人種差別を禁止し終了させる措置を求めており、また、同6条は、締結国に対し、裁判所を通じて、人種差別に対する効果的な救済措置を確保するよう求めている。これらは、締結国に対し、国家として国際法上

の義務を負わせるというにとどまらず、締結国の裁判所に対し、その名宛人と
して直接に義務を負わせる規定であると解される。このことから、我が国の裁
判所は、人種差別撤廃条約は、法律を同条約の定めに適合するように解釈する
責務を負うものというべきである。

　もっとも、「一定の集団に属する者の全体に対する人種差別発言が行われた
場合に、個人に具体的な損害が生じていないにもかかわらず、人種差別行為が
されたというだけで、裁判所が、当該行為を民法709条の不法行為に該当する
ものと解釈し、行為者に対し、一定の集団に属する者への賠償金の支払を命じ
るようなことは、不法行為に関する民法の解釈を逸脱しているといわざるを得
ず、新たな立法なしに行うことはできないものと解される。条約は憲法に優位
するものではないところ、上記のような裁判を行うことは、憲法が定める三権
分立原則に照らしても許されないものといわざるを得ない。したがって、わが
国の裁判所は、人種差別撤廃条約2条1項及び6条の規定を根拠として、法律
を同条約の定めに適合するように解釈する責務を負うが、これを損害賠償とい
う観点からみた場合、わが国の裁判所は、単に人種差別行為がされたというだ
けでなく、これにより具体的な損害が発生している場合に初めて、民法709条
に基づき、加害者に対し、被害者への損害賠償を命ずることができる」。

　この場合、「裁判所は、人種差別撤廃条約上の責務に基づき、同条約の定め
に適合するよう無形損害に対する賠償額の認定を行うべきものと解される」。
「無形損害に対する賠償額は、行為の違法性の程度や被害の深刻さを考慮して、
裁判所がその裁量によって定めるべきものであるが、人種差別行為による無形
損害が発生した場合、人種差別撤廃条約2条1項及び6条により、加害者に対
し支払を命ずる賠償額は、人種差別行為に対する効果的な保護及び救済措置と
なるような額を定めなければならない」。

　本件では、人種差別撤廃条約1条1項所定の人種差別に該当する活動が存在
し、その活動に伴う業務妨害と名誉毀損は、民法709条所定の不法行為に該当
すると同時に、人種差別に該当する違法性を帯びている。また、1988年、日本
政府が、人種差別撤廃委員会で、「レイシズムの事件においては、裁判官がし
ばしばその悪意の観点から参照し、それが量刑の重さに反映される」と答弁し、
同委員会が、日本政府に対し「憎悪的及びレイシズム的表明に対処する追加的

な措置、とりわけ……関連する憲法、民法、刑法の規定を効果的に実施することを確保すること」を求めていることから、「刑事事件の量刑の場面では、犯罪の動機が人種差別にあったことは量刑を加重させる要因となるのであって、人種差別撤廃条約が法の解釈適用に直接的に影響することは当然のこととして承認されている」。

また、「名誉毀損等の不法行為が同時に人種差別にも該当する場合、あるいは不法行為が人種差別を動機としている場合も、人種差別撤廃条約が民事法の解釈適用に直接的に影響し、無形損害の認定を加重させる要因となることを否定することはできない」。本件の場合、人種差別として業務妨害や名誉毀損が行われているので、裁判所には、人種差別撤廃条約2条1項および6条から、同条約の定めに適合する法の解釈適用が義務づけられ、無形損害の金銭評価についても高額なものとならざるを得ないとして、賠償金等の支払いが命じられた（街頭宣伝差止め等請求事件（京都地判2013（平25）・10・7判時2208号74頁））。

これに対して、本件の控訴審は、次のように述べている。「人種差別撤廃条約は、国法の一形式として国内法的効力を有するとしても、その規定内容に照らしてみれば、国家の国際責任を規定するとともに」、「公権力と個人との関係を規律するものである」。本件のような「私人相互の関係を直接規律するものではなく、私人相互の関係に適用又は類推適用されるものでもないから、その趣旨は、民法709条等の個別の規定の解釈適用を通じて、他の憲法原理や私的自治の原則との調和を図りながら実現されるべきものであると解される」。

したがって、私人間において一定の集団に属する者の全体に対する人種差別的な発言が行われた場合、その発言が、「憲法13条、14条1項や人種差別撤廃条約の趣旨に照らし、合理的理由を欠き、社会的に許容し得る範囲を超えて、他人の法的利益を侵害すると認められるときは、民法709条にいう『他人の権利又は法律上保護される利益を侵害した』」との要件を満たすと解すべきであり、これによって生じた損害を加害者に賠償させることを通じて、人種差別を撤廃すべきものとする人種差別撤廃条約の趣旨を私人間においても実現すべきものである」。

また、「不法行為に基づく損害賠償制度は、被害者に生じた現実の損害を金銭的に評価し、加害者にこれを賠償させることにより、被害者が被った不利益

を補填して、不法行為がなかったときの状態に回復させることを目的とする。加害者に対する制裁や、将来における同様の行為の抑止を目的とするものではないから、被害者に実際に生じた損害額に加え、制裁及び一般予防を目的とした賠償を命ずることはできない」。

　しかしながら、「人種差別を撤廃すべきものとする人種差別撤廃条約の趣旨は、当該行為の悪質性を基礎付けることになり、理不尽、不条理な不法行為による被害感情、精神的苦痛などの無形損害の大きさという観点から当然に考慮されるべきである」（京都朝鮮学園事件（大阪高判2014（平26）・7・8判時2232号34頁））。なお、人種差別撤廃条約1条1項にいう「人種差別」に該当する発言があったことについては、控訴審も認めており、結論は原審と変わらなかった。

（イ）2条1項および5条

　これらの諸規定によって、「他の締約国に対する国際法上の義務として、各規定の趣旨を立法及び既存の国内法の規定により国内において実施すべき義務を負うから、不法行為法上の違法性の判断においても、人種差別撤廃条約の規定の趣旨を踏まえて」、私的自治の原則や結社の自由と抵触しないように適切な調整をしながら、「社会的に許容し得る限度を超える違法なものといえるか否かを判断するのが相当である」とした裁判例がある。裁判所によれば、カントリークラブへの入会が許されるか否かについては、不特定多数の者を対象とする活動として人種差別撤廃条約1条1項の「公的生活」にあたると解されるところ、元韓国籍であることを理由に入会を拒否することは、民族的出身に基づいて公的生活の分野における平等の立場での人権および基本的自由を享有しまたは行使することを妨げる効果を有するものとして人種差別撤廃条約1条1項所定の「人種差別」にあたる。民法は、個人の尊厳と両性の本質的平等を旨として解釈しなければならない（同法2条）から、「人種差別」にあたるということは、私人間における不法行為法上の違法性の有無において考慮されるべきものである。

　そして、入会拒否により被った侵害法益が会員として本件ゴルフ場でプレーするという法的利益だけでなく、人格権ないし人格的価値であるのに対し、カントリークラブが入会により被る不利益の程度が比較的小さい。また、外国籍（元外国籍を含む）の者の入会を一切認めないというのではなく、外国籍の者の

会員数に上限を設けているというものであったこと、現在においても外国籍の者の入会を認めていないゴルフクラブも相当数存在することが認められることを踏まえても、本件入会拒否は、カントリークラブの構成員選択にあたっての裁量権を逸脱した社会的に許容しうる限度を超えた違法なものといわざるを得ない。こうして、本件入会拒否は、控訴人に対する不法行為を構成するといえるとして、慰謝料等の支払いが命じられた（慰謝料請求控訴事件（名古屋高判2023（令5）・10・27（D1-Law.com 判例体系）〔28313780〕））。

（ウ）2条2項および5条

　2条2項に関しては、「その規定の仕方からして、締約国が当該権利の実現に向けた積極的施策を推進すべき政治的責任を負うことを定めたにすぎず、この規定から直ちに、マイノリティの教育権という具体的な権利が保障されていると認めることはできない」とした裁判例がある（地位確認等請求事件（大阪地判2008（平20）・1・23判時2010号93頁）、地位確認等請求控訴事件（大阪高判2008（平20）・11・27判時2044号86頁））。

　同様の理由により、2条および5条に「裁判規範性は認められない」としたうえで、高等学校等就学支援金不指定処分は、当該学校には教育基本法16条1項にいう「不当な支配」があること等の疑いがあり、公立高等学校に係る授業料の不徴収及び高等学校等就学支援金の支給に関する法律施行規則1条1項2号ハの規定に基づく指定に関する規程13条適合性を認めることができないことを理由としてされたものであって、国籍や人種に基づいてされたものではないから、上記各規定に違反するとはいえない、とした裁判例もある（高等学校等就学支援金支給校指定義務付等請求控訴事件（大阪高判2018（平30）・9・27訟月66巻3号269頁））。

（エ）4条

　人種差別撤廃条約の国内法体系上の位置づけには言及せず、差別的言動解消法の前文および人種差別撤廃条約4条に照らせば、差別的な表現を用いて侮辱する投稿は、社会通念上許される限度を超える侮辱行為であるとし、不法行為が成立する、とした裁判例がある（損害賠償請求事件（東京地判2023（令5）・6・19裁判所ウェブサイト掲載判例〔28312749〕））。

（オ）その他

　人種差別撤廃委員会による勧告を無視し、就学支援金対象校となるための措置をとらなかったことが、人種差別撤廃条約および憲法98条2項に違反するとの主張に対して、同委員会の勧告が締約国に対して何らかの法的拘束力を有するとは解し難いから、同委員会の勧告に従わないことによって、人種差別撤廃条約および憲法98条2項に違反するとは認められない、とした裁判例がある（朝鮮高校生就学支援金不支給違憲損害賠償請求事件（名古屋地判2018（平30）・4・27判時2400号20頁））。

　また、人種差別撤廃委員会による勧告は、締約国に対して法的拘束力を有するものではないうえ、関係法律の仕組み等を踏まえたものではなく、また、具体的な事実調査を行ったうえでされたものとも認められないことからすれば、上記の勧告等をもって朝鮮学校無償化不指定処分が国際人権諸規定に違反する違法なものということはできない、とした裁判例がある（朝鮮学校無償化不指定処分取消等請求控訴事件（広島高判2020（令2）・10・16裁判所ウェブサイト掲載判例〔28283742〕））。社会権規約委員会および児童の権利委員会による勧告に基づく主張も、同様の理由でしりぞけられている（高等学校等就学支援金支給校指定義務付等請求控訴事件（大阪高判2018（平30）・9・27訟月66巻3号269頁））。

6　女子差別撤廃条約

　女子差別撤廃条約は、女子差別が、「権利の平等の原則及び人間の尊厳の尊重の原則」に反し、「女子が男子と平等の条件で自国の政治的、社会的、経済的及び文化的活動に参加する上で障害」となり、「社会及び家族の繁栄の増進を阻害する」とともに、「女子の潜在能力を自国及び人類に役立てるために完全に開発することを一層困難にするもの」（前文）なので、女子に対するあらゆる差別を撤廃するために締結された条約である。

　締約国は、「女子に対する差別を撤廃する政策をすべての適当な手段により、かつ、遅滞なく追求することに合意し」、「女子に対する差別となる既存の法律、規則、慣習及び慣行を修正し又は廃止するためのすべての適当な措置（立法を含む。）をとること。」などを約束している（2条(f)）。

そして締約国には、男女の平等を基礎として同一の権利、特に「同一価値の労働についての同一報酬（手当を含む。）及び同一待遇についての権利並びに労働の質の評価に関する取扱いの平等についての権利」を確保することを目的として、「雇用の分野における女子に対する差別を撤廃するためすべての適当な措置をとる。」義務が課されている（11条1項(d)）。

　また、締約国は、「婚姻及び家族関係に係るすべての事項について女子に対する差別を撤廃するためのすべての適当な措置をとるものとし、特に、男女の平等を基礎として」、「自由に配偶者を選択し及び自由かつ完全な合意のみにより婚姻をする同一の権利」および「夫及び妻の同一の個人的権利（姓及び職業を選択する権利を含む。）」を確保しなければならない（16条1項(b)および(g)）。

　さらに、締約国は、所定の時期に、「この条約の実施のためにとった立法上、司法上、行政上その他の措置及びこれらの措置によりもたらされた進歩に関する報告を、委員会による検討のため、国際連合事務総長に提出することを約束」している（18条1項）。

　これらの諸規定を国内で直接適用して、個人が、裁判所で保障されている権利を請求できるかどうかが争点となってきた。

（1）全　　体

　女子差別撤廃条約自体の「自動執行力」を否定した裁判例がある。すなわち、「女子差別撤廃条約は一定の権利を確保することに言及しているが、いずれも締結国がその権利を確保するよう適当な措置を執る必要があり、締結国の国民に対し、直接権利を付与するような文言になっておらず、国内法の整備を通じて権利を確保することが予定されているから、自動執行力があるとは認めることができない。また、我が国の主観的意思として、国内的に直ちに執行可能であるとの認識も認められない。」（損害賠償請求事件（広島地判2019（令1）・11・19判時2450・2451号102頁））。

（2）各　条　文

（ア）2条（f）、16条1項（b）ならびに（g）および18条

　これらの諸規定について、次のような裁判例がある。女子差別撤廃条約では、

「締約国の個々の国民に対し直接権利を付与するような文言になっておらず、いずれも締約国がその権利の実現に向けた積極的施策を推進すべき政治的責任を負うことを宣明したものであって、締約国が国内法の整備を通じてその権利を確保することが予定されて」いる。国会答弁においても、「同条約の国内における実施については、国内法制の整備を通じて行うことを前提とする政府の答弁が繰り返し行われている」。それゆえ、「我が国の立法府及び政府は、同条約がその内容を具体化するための国内法上の措置を待たずにそのままの形で直接に適用されて個々の国民に権利を保障するものであるとの認識を持っていなかったものと認められる」。

また、当該諸規定によって保障される権利の具体的な内容は「一義的に明確ではない上、その執行に必要な機関や手続についての定めを欠いているから、これらにより個々の国民の保有する権利義務が明確かつ完全に定められているとはいい難く、その内容を補完し、具体化する法令の制定を待つまでもなく、国内的に執行可能なものということはできない」。

したがって、「ある条約の規定が、その内容を具体化するための国内法上の措置をとることなく、個々の国民に権利を保障するものとしてそのままの形で直接に適用されて裁判規範性を有する」ために必要な主観的基準（要件）と客観的基準（要件）がみたされていないので、これらの諸規定の「内容を具体化するための国内法上の措置をとることなく、個々の国民に権利を保障するものとして、そのままの形で直接に適用されて裁判規範性を有しているものと解することはでき」ない（各損害賠償請求控訴事件（東京高判2020（令2）・10・20訟月67巻8号1205頁）、損害賠償請求事件（東京地判2019（令1）・10・2訟月67巻8号1235頁）同旨、損害賠償請求控訴事件（広島高判2020（令2）・9・16判時2486号60頁）、損害賠償請求控訴事件（東京高判2014（平26）・3・28民集69巻8号2741頁））。

（イ）11条1項（d）

この規定について、女子差別撤廃条約は、「男女差別の点から国際社会のあるべきルールを宣言しているにとどまり、同一価値労働同一賃金の原則それ自体について、具体的な共通の規範を策定したものとはいえないから、同条約が同一価値労働同一賃金の原則という観点から見て自動執行力を有するものと解することはできない。」とした裁判例がある（京都市女性協会事件／京都市女性協

会嘱託職員賃金差別事件（京都地判2008（平20）・7・9労判973号52頁）、京都市女性協会事件／京都市女性協会嘱託職員賃金差別事件（大阪高判2009（平21）・7・16労判1001号77頁））。

（ウ）16条1項（b）および（g）

　これらの諸規定については、国会で、政府委員が、具体的にとるべき措置についての判断は、各締約国が判断すべきであると考えている旨答弁していること、また「女子差別撤廃委員会の最終見解」（2009年8月7日）の19項で、女子差別撤廃条約の規定に自動執行性がなく、法的審理に直接適用されないことに懸念を有するとの記載があることは、直接適用の基準（要件）が満たされていないとするに足る根拠である、とした裁判例もある（損害賠償請求事件（東京地判2013（平25）・5・29民集69巻8号2708頁））。

　客観的基準（要件）にはふれず、締約国が、これらの権利を「確保するよう適当な措置を採り、又は措置を採ることを約束する」と規定され、「直接、権利を保障する旨の文言ではないから、個人の権利を定め、国内の裁判所において直接適用可能なものにするという締約国の意思が確認できるものではない。」とし、これらが日本の個々の国民に対し、「直接、権利を保障するものということはできない」とした裁判例もある（損害賠償請求事件（東京地立川支判2019（令1）・11・14判時2450・2451号85頁）、損害賠償請求事件（東京地判2019（令1）・11・14（D1-Law.com 判例体系）〔29058065〕）。同旨、損害賠償請求控訴事件（東京高判2020（令2）・10・23裁判所ウェブサイト掲載判例〔28290591〕））。

　他方、「適当な措置をとる」および「約束する」との文言から、客観的基準（要件）を満たしていないとして、「自動執行力を有しない」との結論を導き出した裁判例もある。すなわち、16条1項柱書の「適当な措置をとる」との「文理に照らせば」、同項は日本の国民に対して直接何らかの権利を付与するものではなく、日本に対して、同項(b)および(g)に規定する権利等を確保するために、選択的夫婦別氏制の導入などについて議論をし、所要の措置を執ることを求めるもの」である。また、2条柱書の「約束する」との「文理に照らせば」、同条も、日本の国民に対して直接何らかの権利を付与するものではなく、日本が、「女性に対する差別を生じさせている既存の法律等の修正等のために所要の措置を執ることを約束するもの」だからである、とされる（夫婦同氏制合憲第一審

審判（東京家立川支審2019（平31）・3・28家庭の法と裁判35号87頁）、同旨、夫婦同氏制合憲控訴審決定（東京高決2019（令1）・11・25家庭の法と裁判35号83頁））。

2条(c)により、女子差別撤廃条約締結国の国民は、差別によりその権利を侵害された場合には司法的救済を求めることができるのであるから、女子差別撤廃条約によって「氏の変更を強制されない権利」が保障されているかどうかを検討する必要はなく、裁判所が請求の可否を判断する際に適用するのは、国内法である国家賠償法（以下、国賠法）であり、女子差別撤廃条約そのものではないから、女子差別撤廃条約16条1項(b)および(g)について、直接適用可能性ないし自動執行性の有無を問題とする必要はない、との主張に対しては、次のように判断している。条約が、直接、当該条約締約国の国民に対し、具体的な権利として「氏の変更を強制されない権利」を保障する場合、その権利行使の機会を確保するために所要の立法措置を執ること（民法750条を改正し選択的夫婦別氏制度を導入すること）が必要不可欠であり、それが明白であるにもかかわらず、国会が正当な理由なく長期にわたってこれを怠るときなどには、例外的に、国会議員の立法不作為が、国賠法1条1項の適用上違法の評価を受けるものと解する余地がある。

しかし、女子差別撤廃条約が、日本の国民に対し、具体的な権利として「氏の変更を強制されない権利」を保障しており、同条約の内容が国家と国民との間の法律関係に適用される規範として裁判所を拘束するためには、女子差別撤廃条約に直接適用可能性ないし自動執行力があることが必要である。女子差別撤廃条約は、一定の権利を確保することに言及しているが、いずれも締結国がその権利を確保するよう適当な措置を執る必要があり、締結国の国民に対し、直接権利を付与するような文言になっておらず、国内法の整備を通じて権利を確保することが予定されているから、直接適用可能性ないし自動執行力があるとは認めることができない（損害賠償請求控訴事件（東京高判2014（平26）・3・28民集69巻8号2741頁））。

同様の主張を、客観的基準（要件）をみたしていないとして、しりぞけた裁判例もある。すなわち、「国会議員の立法不作為が、国家賠償法1条1項の適用上、違法の評価を受けるのは、条約が、直接、当該条約締約国の国民に対し、具体的な権利として、婚姻に際して氏の選択に関する夫婦同一の権利（16条1

項(g)) ないし、合意のみにより婚姻をする同一の権利（16条1項(b)）を保障しているにもかかわらず、国内法の規定が、その権利利益を合理的な理由なく制約している等により、当該条約の規定に違反するものであることが明白であるにもかかわらず、国会が正当な理由なく長期にわたってこれを怠るなどの例外的な場合に限られる」（損害賠償請求事件（東京地判2019（令1）・11・14（D1-Law.com 判例体系）〔29058065〕））。

旧優生保護法による強制にわたる優生手術は、女子差別撤廃条約2条および16条に違反するので、2017年に改正される前の民法724条後段が定める除斥期間の規定を適用することは、これらの規定に違反するとの主張も、客観的基準（要件）のみに照らしてしりぞけられている。これらの諸規定は、同条約において「認められる権利、人権ないし基本的自由を完全に実現することを確保し、又は推進するため、必要な立法措置その他の全ての適当な方法による行動を約束する旨定めているにとどまり、締約国における個々の国民がその権利を確保するための具体的な手続・手段を規定していない。したがって、締約国の条約実施義務は、上記約束を達成するために積極的に施策を進めるべき政治的義務であって、条約が個々の国民の権利義務を直接に定めているとは解されず、本件における除斥期間の適用を排除する法的効果を有するものではないというべきである。」（優生保護法国賠訴訟（神戸地判2021（令3）・8・3賃社1795号23頁））。

7　障害者権利条約

障害者権利条約は、「障害者の権利及び尊厳を促進し、及び保護するための包括的かつ総合的な国際条約が、開発途上国及び先進国において、障害者の社会的に著しく不利な立場を是正することに重要な貢献を行うこと」を確信して（前文(y)）、「全ての障害者によるあらゆる人権及び基本的自由の完全かつ平等な享有を促進し、保護し、及び確保すること並びに障害者の固有の尊厳の尊重を促進することを目的」として締結された条約である（1条）。

締約国は、「障害に基づくいかなる差別もなしに、全ての障害者のあらゆる人権及び基本的自由を完全に実現することを確保し、及び促進することを約束」し、このため、「この条約において認められる権利の実現のため、全ての適当

な立法措置、行政措置その他の措置をとること。」を約束している（4条1項(a)）。

　また、締約国は、「障害者に対して政治的権利を保障し、及び他の者との平等を基礎としてこの権利を享受する機会を保障するものとし」、特に、「選挙人としての障害者の意思の自由な表明を保障すること。このため、必要な場合には、障害者の要請に応じて、当該障害者により選択される者が投票の際に援助することを認めること。」を行うことにより、「障害者が、直接に、又は自由に選んだ代表者を通じて、他の者との平等を基礎として、政治的及び公的活動に効果的かつ完全に参加することができること（障害者が投票し、及び選挙される権利及び機会を含む。）を確保」しなければならない（29条(a)(iii)）。

　これらの諸規定を国内で直接適用して、個人が、裁判所で保障されている権利を請求できるかどうかが争点となってきた。

（ア）　4条1項(a)

　4条1項は、「締約国は、障害に基づくいかなる差別もなしに、全ての障害者のあらゆる人権及び基本的自由を完全に実現することを確保し、及び促進することを約束する。このため、締約国は、次のことを約束する。」と規定し、(a)項で、「この条約において認められる権利の実現のため、全ての適当な立法措置、行政措置その他の措置をとること。」としている。

　旧優生保護法による強制にわたる優生手術は、障害者権利条約に違反するので、2017年に改正される前の民法724条後段が定める除斥期間の規定を適用することは、本項(a)に違反するとの主張を客観的基準（要件）に照らして、しりぞけた裁判例がある。すなわち、同条約では、「認められる権利、人権ないし基本的自由を完全に実現することを確保し、又は推進するため、必要な立法措置その他の全ての適当な方法による行動を約束する旨定められているにとどまり、締約国における個々の国民がその権利を確保するための具体的な手続・手段は規定されていない」。それゆえ、「締約国の条約実施義務は、上記約束を達成するために積極的に施策を進めるべき政治的義務であって、これら条約が個々の国民の権利義務を直接に定めたものとは解され」ない。したがって、本項は、「2017年に改正される前の民法724条後段が定める除斥期間の適用を排除する法的効果を有するものではない」（優生保護法国賠訴訟（神戸地判2021（令3）・8・3賃社1795号23頁））。

（イ）29　条

　公選法48条2項は、障害者が代理投票をする際の補助者を投票事務従事者に限定するものであって、当該障害者により選択される者が代理投票の援助をすることを認めていないので、障害者権利条約3条および29条に違反する状態にあったことから、これを可能にする立法の不作為は国賠法1条1項の適用上違法であるとの主張に対して、裁判所は、次のように判断している。国会議員の立法過程における行動についての評価は原則として国民の政治的判断に委ねられるべき事柄であり、仮に立法不作為が条約の規定に違反するものであるとしても、そのゆえに国会議員の立法不作為が直ちに国賠法1条1項の適用上違法の評価を受けるものではない。もっとも、条約が、直接、締約国の個々の国民に対し具体的な権利を保障するものである場合、法律の規定が条約上保障されまたは保護されている権利を合理的な理由なく制約するものとして条約の規定に違反するものであることが明白であるにもかかわらず、国会が正当な理由なく長期にわたってその改廃等の立法措置を怠る場合等には、例外的に、国会議員の立法不作為は、国賠法1条1項の規定の適用上、違法の評価を受けるものと解する余地がある。

　しかし、同条約29条は、投票の際の援助については「必要な場合」という抽象的な要件の下で、「障害者の要請に応じて、当該障害者により選択される者が投票の際に援助することを認めること」を「約束する」と規定しているが、「直接、障害者の要請に応じて、当該障害者により選択される者が投票の際に援助することを求める権利を付与する旨の文言を有しない」。したがって、本条は、「締約国相互間において、国内法の整備を通じて、投票の際に援助を求める権利を確保する義務を定めた趣旨であると解される」。

　そうすると、本条により、障害者の要請に応じて、かかる権利の内容が「明白、確定的、完全かつ詳細に定められているとはいえず」、かつ、同条約の文言および趣旨等から解釈して、「個人の権利を定め、直接に国内裁判所で執行可能な内容のものとする締約国の意思が確認できるものであるとはいえない」。

　仮に、障害者権利条約が、直接、締約国の個々の国民に対し、障害者の要請に応じて、当該障害者により選択される者が投票の際に援助することを求める権利を保障するものであると解されるとしても、本件立法不作為は、国賠法1

第6章　条約の実施（各論）──日本の場合　**165**

条1項の規定の適用上、違法の評価を受けるものということはできない、とされる。すなわち、本条(a)(iii)は、締約国に対して「選挙人としての障害者の意思の自由な表明を保障すること。このため、必要な場合には、障害者の要請に応じて、当該障害者により選択される者が投票の際に援助することを認めること」を求めており、投票の際の援助は、選挙人としての障害者の意思の自由な表明を確保するための手段とされている。しかし、補助者としての適格性、中立性等を正確に確認することは困難であって、すべての選挙人について、自由な意思の表明ができなくなるおそれが生じる結果の発生を回避しつつ、選挙人の希望による補助者の選任を認め、障害者の意思の自由な表明を確保する制度を確立することは容易だったということはできない。

　また、障害者権利条約が日本で効力を発生してから、日本の司法機関で、公選法48条2項が本条に違反すると判断された判決等は存在しない。さらに、障害者権利委員会から、本件立法不作為の時点（2016年7月10日）までの間に、提案および勧告を受けたことはなく、公選法48条2項が本条に適合するものであるか否かについて、何らの知見も得ていない。

　それゆえ、公選法48条2項が障害者権利条約上保障されまたは保護されている権利を合理的な理由なく制約するものとして同条約の規定に違反するものであることが明白であるにもかかわらず、国会が正当な理由なく長期にわたってその改廃等の立法措置を怠っていたと評価することはできない（障害者投票権確認等請求事件（大阪地判2020（令2）・2・27裁判所ウェブサイト掲載判例〔28281203〕））。

　なお、本件の控訴審は、障害者権利条約3条(a)および29条(a)(iii)から、心身の故障その他の事由により候補者の氏名等を自書することができない選挙人に対して、その選択する者を補助者として当該選挙人が指示する候補者の氏名等を記載することを認めなければならない旨の規範的解釈を一義的に導き出すことはできず、当該選挙人が代理投票を行うに当たり、選挙の公正を確保する観点から、職務上知り得た代理投票に係る選挙人の投票内容の漏えいを防止するための制度的手当を講じたうえで、代理投票における補助者となるべき者を政治的中立性が制度的に確保された投票事務従事者に限定することが、障害者権利条約の上記各規定の趣旨に明らかに抵触するということもできない、とした（公選法58条3項が、投票所に出入りし得る者の例外として、選挙人を介護する者その他の

選挙人とともに投票所に入ることについてやむを得ない事情がある者として投票管理者が認めた者も投票所に入ることができる旨規定していることを付言している。）（障害者投票権確認等請求控訴事件（大阪高判2021（令３）・８・30裁判所ウェブサイト掲載判例〔28292826〕））。

8　難民条約

難民条約は、難民に対する庇護の付与が「国際的な広がり及び国際的な性格を有すると国際連合が認める問題についての満足すべき解決は国際協力なしには得ることができないことを考慮し」、「すべての国が、難民問題の社会的及び人道的性格を認識して、この問題が国家間の緊張の原因となることを防止するため可能なすべての措置をとることを希望し」て締結された条約である（前文）。

難民条約および時間的・地理的範囲を拡大した難民議定書は、「難民」を、「人種、宗教、国籍もしくは特定の社会的集団の構成員であることまたは政治的意見を理由に迫害を受けるおそれがあるという十分に理由のある恐怖を有するために、国籍国の外にいる者であって、その国籍国の保護を受けることができない者またはそのような恐怖を有するためにその国籍国の保護を受けることを望まない者及びこれらの事件の結果として常居所を有していた国の外にいる無国籍者であって、当該常居所を有していた国に帰ることができない者またはそのような恐怖を有するために当該常居所を有していた国に帰ることを望まない者。」と定義している（１条Ａ(2)）。

出入国管理及び難民認定法（以下、入管法）は、「難民」を難民条約または難民議定書１条の規定により「難民条約の適用を受ける難民をいう」と定義している（２条３号）。そして、日本にある外国人から難民である旨の認定の申請があったときは、法務大臣が、その者が難民である旨の認定を行うことができる、としている（同61条の２）。

入管法自体には、「難民」の定義がないので、裁判所は、難民条約の直接適用可能性にふれることなく、「難民」に該当するかどうかを、難民条約１条に照らして判断している。また、「迫害」については、同条約33条１項を参照し、「通常人において受忍し得ない苦痛をもたらす攻撃ないし圧迫であって、生命

第６章　条約の実施（各論）——日本の場合　167

又は身体の自由の侵害又は抑圧を意味するもの」と解している（難民不認定処分取消等請求事件（東京地判2021（令3）・1・29（D1-Law.com 判例体系）〔29062414〕）、難民の認定をしない処分取消請求事件（東京地判2018（平30）・2・23裁判所ウェブサイト掲載判例〔29048286〕）、難民不認定処分取消請求事件（東京地判2017（平29）・9・28（D1-Law.com 判例体系）〔29031906〕）、難民の認定をしない処分取消等請求事件（東京地判2017（平29）・7・27（D1-Law.com 判例体系）〔29050334〕）、難民不認定処分取消等請求事件（東京地判2016（平28）・5・10（D1-Law.com 判例体系）〔29018382〕））。

9 社会保障の最低基準に関する条約（第102号）

社会保障の最低基準に関する条約（第102号）は、社会保障制度の最低基準を、給付の種類別に定めた条約である。日本は、第3部（疾病給付）、第4部（失業給付）、第5部（老齢給付）および第6部（業務災害給付）を受諾している。後に、日本は、この条約より基準の高い業務災害給付条約（第121号）を批准したので、現在、第6部は適用されていない。

この条約について、主観的基準（要件）および客観的基準（要件）に照らして、同条約を直接適用できないとした裁判例がある。すなわち、日本は、保護対象者の類型として「所定の種類の被用者」（27条(a)）を選択しているので、日本の国民は、被用者でない者を対象とする国民年金制度に関して、同条約を根拠に、日本に対して上記規定の遵守を求める権利を有しない。厚生年金保険制度に関しては、老齢給付に係る給付の額に関する規定はあるものの（28条(a)、65条および第11部の付表）、その額は加盟国の国内法によって具体化することを予定しており（65条2項）、直接、加盟国の国民に対し、同条約に定める水準の老齢給付の受給権を付与する文言はない。

したがって、個人の権利の内容が条約で「明白、確定的、完全かつ詳細に定められているとはいえず」、かつ、これらの諸規定の文言および趣旨等から解釈して、「個人の権利を定め、直接に国内裁判所で執行可能な内容のものとする加盟国の意思が確認できるものであるとはいえない」（年金減額改定決定取消請求事件（251号）、年金改定決定取消請求事件（202号）（大阪地判2020（令2）・7・10（D1-Law.com 判例体系）〔28282585〕）、年金減額改定決定取消、年金改定決定取消請

求控訴事件（大阪高判2022（令4）・11・16（D1-Law.com 判例体系）〔28310133〕）、年金額改定（減額）処分取消、年金改定決定取消請求控訴事件（名古屋高判2022（令4）・10・27（D1-Law.com 判例体系）〔28310217〕）、年金額改定（減額）処分取消請求控訴事件（名古屋高判2023（令5）・2・22（D1-Law.com 判例体系）〔28311298〕）、年金額減額処分取消請求事件（広島地判2022（令4）・5・11（D1-Law.com 判例体系）〔28301505〕）、同旨、年金減額改定取消請求事件（宮崎地判2022（令4）・3・4（D1-Law.com 判例体系）〔28300790〕））。

　また、これらの諸規定は、加盟国相互間において、国内法の整備を通じて、同条約が定めた枠組みの中で老齢給付に係る権利を確保する義務を定めたものであって、給付の額の算定の基礎となるものの具体的内容は、国内法により定められることが予定されていることに鑑みれば、同条約の趣旨を憲法25条および29条の解釈においてしん酌したとしても、関係法律が上記の憲法の諸規定により保障された権利を侵害するものとはいえず、同条約の「間接的な適用」によって当該法律が無効であると解することはできない、としている（年金減額改定決定取消請求事件（251号）、年金改定決定取消請求事件（202号）（大阪地判2020（令2）・7・10（D1-Law.com 判例体系）〔28282585〕）、年金額減額処分取消請求事件（広島地判2022（令4）・5・11（D1-Law.com 判例体系）〔28301505〕））。

10　WTO 設立協定および附属書に含まれる協定

　世界貿易機関（以下、WTO）は、1995年に設立された国際機構で、貿易に関連するさまざまな国際規則を定め、多角的貿易体制の中核を担っている。

　WTO 設立協定とその附属書1～3は不可分の一部である。附属書2の「紛争解決に係る規則及び手続に関する了解」により、詳細な紛争解決手続が定められている。また、1947年に作成された「関税及び貿易に関する一般協定（1947年のガット）」は、附属書1A(A)「1994年の関税及び貿易に関する一般協定（1994年のガット）」の一部となり、現在にいたっている。

　これらの条約に含まれる規定が、国内で直接適用されるかどうかが争点となってきた。

第6章　条約の実施（各論）──日本の場合　169

図表6-3　WTO 設立協定附属書1A（物品の貿易に関する多角的協定に含まれる協定）

（A）1994年の関税及び貿易に関する一般協定
（B）農業に関する協定
（C）衛生植物検疫措置の適用に関する協定
（D）繊維及び繊維製品に関する協定
（E）貿易の技術的障害に関する協定
（F）貿易に関連する投資措置に関する協定
（G）1994年の関税及び貿易に関する一般協定6条の実施に関する協定
（H）1994年の関税及び貿易に関する一般協定7条の実施に関する協定
（I）船積み前検査に関する協定
（J）原産地規則に関する協定
（K）輸入許可手続に関する協定
（L）補助金及び相殺措置に関する協定
（M）セーフガードに関する協定
（N）貿易の円滑化に関する協定

（1）各 条 文

（ア）譲許表に関する規定

　WTO 設立協定の附属書1A（物品の貿易に関する多角的協定）に含まれる1994
年のガットの譲許表に関する規定は、日本で直接適用可能性を有するものとさ
れている。WTO 協定（WTO 設立協定および附属署に含まれている協定）を締結す
る前に、国会で、直接適用可能性を有することを前提とした説明がされていた
こと、また、譲許法の定める譲許税率の内容が明確であり、直接適用可能性を
認めた場合に適用要件や効果も明確に定まるものであることからすると、日本
は、譲許表に関する規定については直接適用されるものとして締結したと解す
るのが相当である、としている（関税更正処分取消請求事件（東京地判2016（平
28）・3・17訟月63巻1号112頁）、関税法違反被告事件（東京高判2016（平28）・8・26
判時2349号120頁）、更正処分等取消請求事件（東京地判2016（平28）・11・29訟月65巻
10号1506頁）、各関税法違反被告事件（東京地判2020（令2）・3・30（D1-Law.com 判
例体系）〔28281781〕））。

（イ）農業協定4条2項

　附属書1A(B)の農業に関する協定（以下、農業協定）の4条2項は、直接適用されない、としている。その論拠は、次の通りである。まず、「条約中に関税について特別の規定があるときは、当該規定による」と規定する関税法3条のただし書は、「当該条項が直接適用可能性を有している場合には適用されるということを注意的に規定したもの」、または、「WTO協定の一部である1994年のGATTの譲許表に関する規定が我が国において直接適用されるということなどを前提としたもの」である。

　次に、WTO設立協定は、加盟国間の国際貿易関係を規律し、多角的貿易体制の基礎を成す基本原則を維持するとともに同体制の基本目的を達成するものとして位置づけられており、国家と私人との間の権利義務を規定することを直接的な目的とした条約であるとは認められない。また、附属書1Bの「サービスの貿易に関する一般協定」には直接適用可能性を認めるかのような個別の規定（2条1項、16条1項および17条1項）が存在するのに対し、WTO設立協定自体には、そのような条項は存在しないことに加え、同協定16条4項が、加盟国は、自国の法令および行政上の手続を附属書の協定に定める義務に適合したものとすることを確保することを定めていることからすると、締約国の間で、WTO協定（WTO設立協定および附属書に含まれている協定）が加盟国の国内で当然に直接適用可能性を有するものとして締結されたものではないことがうかがわれる。実際、WTOの主要加盟国であるアメリカおよびEUでは、当初から、WTO協定が国内（域内）で当然に直接適用可能性があるものとは取り扱われていない。

　さらに、信頼性の高い、包括的な紛争解決手続が整備されていることも、WTO協定が加盟国の国内で直接適用されることを当然の前提とはしていないことをうかがわせる。同紛争解決手続によれば、WTO協定をめぐる紛争は、第一次的には加盟国間の協議や交渉によって解決が図られることが予定されており、最終的な救済も、加盟国による対象協定に適合しない措置の撤回によって図られることが前提となっている。それゆえ、WTO協定が加盟国の国内で当然に直接適用可能なものであるとすると、協議や交渉による解決の手段を結果的に否定するという事態が生じかねない（更正処分等取消請求控訴事件（東京高

第6章　条約の実施（各論）——日本の場合　　171

判2019（平31）・1・17訟月65巻10号1482頁）、同旨、（東京高判2013（平25）・11・27高刑66巻4号1頁））。

　農業協定4条2項の性格および規定内容からしても、同項が、加盟国の国内で当然に直接適用可能性を有するものとしてWTO協定が締結されたとは認められない。同項は、農産品の輸入に際して執られる通常の関税以外の措置を原則としてすべて通常の関税に転換するという趣旨の関税に関する国家間の合意に係る条項である。関税を、いかなる品目につき、いかなる範囲で課するかという点に関しては、国家間の交渉を経たうえで決せられるべき性質のものであり、関税に関する紛争については、本来的に国家間で解決すべきものである。

　また、農業協定4条2項は、「加盟国は」と規定していることからすると、通常の解釈によれば、同項は、加盟国に向けた規範として、加盟国に対し、農産品貿易に係る国際的な規律を強化する目的の下、締約国に対して特例措置を適用したものを除き通常の関税以外の国境措置を包括的に関税化する国際法上の義務を負わせることを規定するものと解するのが自然である。

　もっとも、農業協定4条2項を、加盟国の国内で直接適用可能性を有するものとして取り扱うことが否定されているとは解されないが、日本がそのような取り扱いをしているとするに足る根拠はない。すなわち、日本では、条約の締結にあたり、一般的には、当該条約上の義務を国内的に実施しうる体制が整っていることを締結の前提としており、そのために国内立法措置が必要であれば、このような措置をとったうえで条約を締結している。したがって、条約を締結するにあたり、当該条約上の義務を実施するための国内立法措置がとられている場合には、一般的に、我が国において、当該義務につき直接適用することは想定されていない。日本は、WTO協定を締結するにあたり、同協定を国内的に実施するための国内措置をとることが必要とされ、農業協定4条2項が関係する関税化については、その実施のため、立法措置がとられているが、同項の直接適用可能性の有無について、国会において説明や議論が行われたと認めるべき証拠はない。

　以上により、日本は、農業協定4条2項が直接適用可能性を有することを前提とした対応を行っておらず、同項については、専ら関係する国内法の整備等によって間接的にこれを適用することが予定されていたものと解される（関税

172

更正処分取消請求事件（東京地判2016（平28）・3・17訟月63巻1号112頁）、同旨、関税法違反被告事件（東京高判2016（平28）・8・26判時2349号120頁）、更正処分等取消請求事件（東京地判2016（平28）・11・29訟月65巻10号1506頁）、各関税法違反被告事件（東京地判2020（令2）・3・30（D1-Law.com 判例体系）〔28281781〕））。このように、主観的基準（要件）のみに照らしても、日本では、農業協定4条2項の直接適用可能性（裁判規範性）を認めることは困難である、とする（更正処分等取消請求控訴事件（東京高判2019（平31）・1・17訟月65巻10号1482頁）、更正処分等取消請求事件（東京地判2016（平28）・11・29訟月65巻10号1506頁））。

　法律が条約などの国際規範に違反するか否かを審査し、違反するときは当該法律の適用を排除する場合（「消極適用の場合」）、主観的基準（要件）および客観的基準（要件）は適用されないとの主張を、条約の規定を国内で直接適用するためには明確性が必要であるとしてしりぞけたうえで、農業協定4条2項を、条約法条約31条1項に従って解釈すると、同項は客観的基準（要件）も満たしていない、とした裁判例がある。すなわち、同項の脚注には、過去に問題となった措置が例示されているものの、禁止される措置についての一般的な基準は、どの条文にも含まれていない。また、WTO 紛争解決機関の小委員会および上級委員会が、本項を条約解釈の原則に従った解釈を示しているが、その判断は分かれたという事実に照らせば、本項の趣旨および目的等に照らして解釈しても、なお、個々の文言の意味を一義的に解釈することができず、その意義や判断基準が明確であるとまでは言い難い。したがって、農業協定4条2項の規定内容が、条約解釈の原則に従って解釈したとしても、国内で直接適用できるだけの具体性および明確性を有するとまでは認め難いから、消極適用の場合においても、同項について直接適用可能性（裁判規範性）を認めるのは困難である（更正処分等取消請求控訴事件（東京高判2019（平31）・1・17訟月65巻10号1482頁））。

11　条約法条約

　条約法条約の効力は1980年1月27日に発生し、日本に対しては1981年8月1日に発生した。条約法条約は、「自国についてこの条約の効力が生じている国によりその効力発生の後に締結される条約についてのみ適用する。」とし、不

遡及の原則を定めている（4条）。もっとも、「この条約に規定されている規則のうちこの条約との関係を離れ国際法に基づき条約を規律するような規則のいかなる条約についての適用も妨げるものではない。」とも規定しており、すでに成立していた慣習法上の規則を法典化した条文が定める規則は、自由権規約（日本に対しては1979年9月21日に効力発生）のように条約法条約効力発生前に締結された条約についても適用される。

（ア）条約2条1項（a）および26条

　直接適用可能性にふれることなく、これらに直接言及し、「条約上の義務に拘束され、あるいは当該条約を誠実に履行すべき義務を負うのは当該条約を締結した当事国」なので一私人の行為について生物多様性条約違反が直接問題とされる余地はない、とした裁判例がある（費用支出差止請求事件（名古屋地判2003（平15）・3・7判タ1147号195頁））。

（イ）28　条

　条約一般について不遡及の原則を定めている条約法条約28条については、次のような裁判例がある。旧優生保護法による強制にわたる優生手術（以下、本件各手術）は、拷問等禁止条約で禁止される拷問であり、自由権規約7条、9条1項および17条、社会権規約10条、また、女子差別撤廃条約や障害者権利条約に違反するかどうかが争われた事案で、裁判所は、次のように述べた。条約法条約28条は、「条約は、別段の意図が条約自体から明らかである場合及びこの意図が他の方法によって確認される場合を除くほか、条約の効力が当事国について生じる日前に行われた行為、同日前に生じた事実又は同日前に消滅した事態に関し、当該当事国を拘束しない。」と規定しているところ、上記の各条約に遡及適用を認める旨の規定はなく、その意図を他の方法によって確認することもできない。

　各条約の効力は、本件各手術がされた後に生じている。本件各手術によって加害行為は終了しており、本件各条約の効力発生後の加害行為は認められない。また、加害行為が条約締結前にされたものであっても、その被害が条約締結後も継続している場合には、締約国は効果的な救済を確保する義務がある（継続的侵害の法理）ので、2017年に改正される前の民法724条後段が定める除斥期間に関する規定は適用されないとの主張に対しては、「条約不遡及の原則を定め

る条約法条約28条の解釈からしても、本件各手術について除斥期間の規定を適用することが本件各条約に違反するとの主張には理由がない」とした（優生保護法国賠訴訟（神戸地判2021（令3）・8・3賃社1795号23頁）、同旨、旧優生保護法仙台高裁判決（仙台高判2023（令5）・6・1訟月70巻1号1頁））。

　本件は、直接適用可能性にはふれていないが、女子差別撤廃条約および障害者権利条約は、条約法条約の効力発生後に、日本に対して効力を発生した条約なので、28条を適用しても差し支えない。しかし、自由権規約および社会権規約は、条約法条約の効力発生前に、日本に対して効力を発生していた条約なので、厳密に言えば、28条が直接適用されるのではなく、28条が定める原則は慣習法の法典化であって、慣習法上の原則として適用されることを明らかにしておくべきである。

（ウ）31条および32条

　条約法条約の効力発生前に締結された自由権規約の解釈は、その内容が慣習法を規定しているので、「特段の事情がない限り、条約法条約に沿ってなされる」とした裁判例がある（損害賠償請求事件（大阪地判2004（平16）・3・9訟月52巻10号3098頁）、同旨、障害基礎年金不支給決定取消等請求事件（京都地判2003（平15）・8・26裁判所ウェブサイト掲載判例〔28082537〕））。条約法条約31条の解釈規則が、「一般に成文法の解釈上も尊重されている理論的な基礎を有する」ので、これを採用し、「同条約32条の趣旨を尊重し」、自由権規約28条によって設置された委員会が同規約40条4項に基づき採択した一般的意見等も」同条約31条の規定の適用によって得られた意味を確認するために補足的手段となるものといえる」とした裁判例もある（公職選挙法違反被告事件（広島高判1999（平11）・4・28高検速報（平11）号136頁））。

　また、指紋押捺拒否国家賠償請求大阪訴訟第一審判決（大阪地判1998（平10）・3・26判時1652号3頁）は、条約法条約は遡及効を持たないものではあるが自由権規約の解釈の指針となるものと解され、31条1項を「参考に」、同規約12条2項にいう「自国」の意義を解釈した。条約法条約が、「国際慣習法として形成適用されてきた条約法の諸原則を成文化したものであることを考えると」、自由権規約の解釈に際しても「一定の指針となり得るもの」として、31条に明示的に言及して、同規約14条1項の解釈を行った裁判例もある（受刑者

接見妨害国家賠償請求事件（徳島地判1996（平8）・3・15判時1597号115頁））。

　自由権規約を解釈適用するにあたっては、条約法条約31条および32条が解釈基準として用いられるべきであるとした原告の主張を、特に理由を付さず、「当裁判所も、基本的には、これを是とするものである。」とした裁判例もある（（東京地判2006（平18）・6・29刑集66巻12号1627頁）、同旨、在日韓国人再入国不許可処分取消訴訟第一審判決（福岡地判1989（平1）・9・29民集52巻3号704頁））。不遡及の原則からすれば、上記の裁判例のように、31条および32条を解釈基準として用いる理由を明示しておくことが望ましい。

　1912年2月11日に日本に対して効力を発生したヘーグ陸戦条約についても、「条約の解釈はその条約の発効時における国際法上の条約解釈の規則によってされるべきものと解され、条約法条約も遡及しない旨が定められている」から、「ヘーグ陸戦条約の解釈に条約法条約における規則を直接適用することはできない」が、「条約法条約31条、32条における条約解釈の規則は、国際判例等により従来から認められ国際慣習法として成立していた条約解釈の準則を確認し明確化したものと解されるから、ヘーグ陸戦条約の解釈も、条約法条約31条、32条の条約解釈の方法に準じて行うのが相当である。」としている（損害賠償請求事件（16684号）、損害賠償等請求事件（27579号）（東京地判2002（平14）・8・27裁判所ウェブサイト掲載判例〔28072758〕）、同旨、フィリピン性奴隷国家賠償請求訴訟第一審判決（東京地判1998（平10）・10・9訟月45巻9号1597頁）、損害賠償請求事件（東京地判2002（平14）・6・28訟月49巻11号3015頁）、中国人強制連行国家賠償請求訴訟第一審判決（東京地判2001（平13）・7・12訟月49巻10号2815頁）、損害賠償等請求事件（東京地判2003（平15）・3・11訟月50巻2号439頁））。条約法条約31条1項に規定されている条約の解釈手法は、ヘーグ（ママ）陸戦条約制定前から是認されていた、として、同条約の解釈を条約法条約の解釈手法に従って行った裁判例もある（謝罪等請求事件（金沢地判2008（平20）・10・31訟月57巻5号1439頁））。

　条約法条約の効力発生後に、日本に対して効力を発生した国連国家免除条約の解釈に当たり、条約法条約31条1項および2項、32条に明示的に言及して、アドホック委員会議長の発言およびノルウェー等の解釈宣言を「文脈」または「解釈の補足的な手段として」参照することは可能とした裁判例がある。なお、本件では、ICJも、主権免除事件判決で、「このような手法を採用している」

と付言されている（対米国・嘉手納基地爆音差止等請求事件（那覇地沖縄支判2017（平29）・2・9（D1-Law.com 判例体系）〔28250731〕））（第4章3（1）参照）。

同じく条約法条約の効力発生後に締結された租税条約の文言の解釈にあたって、条約法条約31条1項に明示的に言及し、「文脈」による解釈と「趣旨及び目的に照らして与えられる用語の通常の意味」をそれぞれ検討し、文言の意味を確定した裁判例がある（還付金（過誤納金）返還請求事件（東京地判2022（令4）・2・17（D1-Law.com 判例体系）〔29069609〕））。農業協定の解釈にあたっても、同様の手法がとられている（更正処分等取消請求控訴事件（東京高判2019（平31）・1・17訟月65巻10号1482頁））。

（エ）48条、49条および52条

日韓請求権協定は、日本が韓国に対して詐術、欺罔行為を弄して、または経済的援助に名を借りた圧力を用いて締約させたものであるから、条約法条約48条、49条、52条により無効であり、同協定を受けて制定された財産及び請求権に関する問題の解決並びに経済協力に関する日本国と大韓民国との間の協定第2条の実施に伴う大韓民国等の財産権に対する措置に関する法律（以下、措置法）も無効であるとの主張に対し、日本に対して条約法条約の効力が発生したのは1981年であって、日韓請求権協定の効力は1965年に発生しているので、条約法条約を根拠に、日韓請求権協定や措置法が無効であるということはできない、とした裁判例がある。（損害賠償等請求事件（13581、2598号）、合祀絶止等請求事件（13244号）（東京地判2006（平18）・5・25訟月54巻3号591頁））。不遡及の原則を厳格に解した裁判例である。

このように、上述した条約法条約の諸規定は、慣習法としてまたは条約上の規則として、主観的基準（要件）および客観的基準（要件）を問うことなく適用されている。条約法条約は、これらの基準をみたさないと解されるが、国内担保法は制定されていない。したがって、解釈手法などの条約法上の問題が争点になる場合、条約法条約に依拠して判断するほかない。それゆえに、今後、条約法条約の効力発生後に締結された条約については上記の規定が直接適用されることになるだろう。

12　日韓請求権協定

　日韓請求権協定は、「両国及びその国民の財産並びに両国及びその国民の間の請求権に関する問題を解決する」ために締結された条約である。

　両締約国は、請求権に関する問題が、「完全かつ最終的に解決されたこととなることを確認」している（2条1）。また、「一方の締約国及びその国民の財産、権利及び利益であってこの協定の署名の日に他方の締約国の管轄の下にあるものに対する措置並びに一方の締約国及びその国民の他方の締約国及びその国民に対するすべての請求権であって同日以前に生じた事由に基づくものに関しては、いかなる主張もすることができないもの」としている（同条3）。

　本協定については、同協定2条1が「完全かつ最終的に解決されたこととなることを確認し」、また、2条3が「いかなる主張もすることができないものとする」と規定していることから、債務不履行および不法行為などに基づく損害賠償請求権を主張することはできないとした裁判例がある。本判決は、「法律と条約との国内法的効力における優劣関係に関しては、条約が法律に優位するものと解される」としたうえで、条約である日韓請求権協定の上記条文を直接適用して、事案を処理したものである（損害賠償請求事件（富山地判2007（平19）・9・19訟月54巻2号324頁））。直接適用の基準（要件）に合致するかどうかは検討されなかった。

　他方、本件の控訴審は、同協定2条3に該当する請求については、「認めないとの判断をすれば足りるのであって、同規定を具体化すべき法令等がなくとも適用可能な内容ということができるから、同規定を直接適用することに妨げはない」としている。こちらは、「内容」に言及しており、客観的基準（要件）がみたされていることを直接適用可能な根拠にしているとも解される。なお、2条3の前段にいう「財産、権利及び利益」と後段にいう「請求権」は区別されており、後段の「請求権」については、前段の「財産、権利及び利益」に係る措置を要しないことは「当然である」と付言されている（損害賠償請求控訴事件（名古屋高金沢支判2010（平22）・3・8裁判所ウェブサイト掲載判例〔28161079〕））。

178

13　日中共同声明

　日中共同声明は、両国は、「平和友好関係を樹立すべきであり」、「両国間の国交を正常化し、相互に善隣友好関係を発展させることは、両国国民の利益に合致するところであり、また、アジアにおける緊張緩和と世界の平和に貢献するものである」として発出された声明である。その5項は、「中華人民共和国政府は、中日両国国民の友好のために、日本国に対する戦争賠償の請求を放棄することを宣言する。」としている。

　この声明に関して、日中平和友好条約の前文が、日中「共同声明に示された諸原則が厳格に遵守されるべきことを確認」していることから、日中共同声明5項の内容は、日本で条約としての法規範性を獲得し、国内法的な効力が認められるので、日中戦争の遂行中に生じた中国国民の日本などに対する請求権は、裁判上訴求する権能を失った、とした裁判例がある。対日平和条約の枠組みでは、請求権の放棄とは、請求権に基づいて裁判上訴求する権能を失わせることを意味し、日中共同声明5項もその枠組みを外れるものではなく、国内法的な効力が認められるにあたって、その内容を具体化するための国内法上の措置は不要だからである（中国人強制連行広島訴訟等上告審判決（最二小判2007（平19）・4・27民集61巻3号1188頁））。

　このように、本判決は、「直接適用」の基準（要件）に照らした検討を行うことなく、「条約としての法規範性を獲得した」日中共同声明5項の内容を直接適用している。そして、条約により法律上の権利である「請求権に基づいて裁判上訴求する権能」を失うのは、日本の国内法体系上、条約が法律に優位するからであり、本判決は実質的にそのことを認めたことになる。

　条約の前文は、条約の解釈にあたり、「文脈」に位置づけられるものであり（第4章3（1）参照）、新たな権利義務を創設するという意味で、法的拘束力を有するものではない。法的拘束力を有しない前文の文言により、「法規範性が問題となり得る」日中共同声明5項の内容が、「条約としての法規範性を獲得」するという本判決の論理には飛躍がある。

第6章　条約の実施（各論）——日本の場合　　179

14　そ の 他

　1930年の強制労働条約（第29号）1条および14条は、「締結国ないしその権限ある機関に対し、強制労働を禁止し又は労働に対する報酬が支払われるような措置を講ずるよう義務付ける内容を有している」が、「私人間の法律関係を直接規律した規定ということはできないから、同条約を直接の根拠として、当然に私人が他の私人又は国家に対し同条約にいう強制労働に関して損害賠償請求をすることはできない」とした裁判例がある。

　本判決は、奴隷条約、サン・ジェルマン条約、1919年の最低年齢（工業）条約（第5号）および1937年の最低年令（工業）条約（改正）（第59号）も、「これらの条約が、締結国又はその権限ある機関に対し、奴隷制度ないし奴隷取引を廃止又は禁止するよう求める内容であると解する余地があるとしても」、また、「5号条約及び59号条約は年少者労働の廃止を求める内容であるといえるが」、「私人間の法律関係を直接規律した規定ということはできず、同条約を直接の根拠として、私人が他の私人又は国家に対し、損害賠償請求をすることはできない」としている（損害賠償請求控訴事件（名古屋高金沢支判2010（平22）・3・8裁判所ウェブサイト掲載判例〔28161079〕））。いずれの条約も、客観的基準（要件）をみたしていない、との判断である。

　グラクソ事件では、所得に対する租税に関する二重課税の回避及び脱税の防止のための日本国政府とシンガポール共和国政府との間の協定（以下、日星租税条約）の国内担保法である租税特別措置法66条の6第1項が、同条約7条1項に違反しているかどうかが争点となった。最高裁は、次のような判断を示している。すなわち、条約法条約32条にいう「解釈の補足的な手段」と位置づけたOECDのモデル租税条約のコメンタリーによれば、同条約7条1項に相当する同モデル租税条約の規定は、法的二重課税に関する規定である。また、措置法66条の6のような形のタックス・ヘイブン対策税制は、その文言を理由として、同規定に違反しないとされている。

　もっとも、各締約国の課税権を調整し、国際的二重課税を回避しようとする日星租税条約の趣旨目的に鑑みると、その趣旨目的に明らかに反するような合

理性を欠く課税制度は、日星租税条約の条項に直接違反しないとしても、実質的に同条約に違反するものとして、その効力を問題とする余地がないではない。しかし、「日本のタックス・ヘイブン対策税制は、特定外国子会社等に所得を留保して我が国の税負担を免れることとなる内国法人に対しては当該所得を当該内国法人の所得に合算して課税することによって税負担の公平性を追求しつつ、特定外国子会社等の事業活動に経済合理性が認められる場合を適用除外とし、かつ、それが適用される場合であっても所定の方法による外国法人税額の控除を認めるなど、全体として合理性のある制度」なので、「シンガポールの課税権や同国との間の国際取引を不当に阻害し、ひいては日星租税条約の趣旨目的に反するようなものということもできない」。

　したがって、日星租税条約の趣旨目的も、措置法66条の6第1項のようなタックス・ヘイブン対策税制を設けることのできる課税権が制約されると解釈すべき根拠となるものではなく、同項が日星租税条約7条1項に違反していると解することはできない、とされた（グラクソ事件（最一小判2009（平21）・10・29民集63巻8号1881頁））。

　このように、租税条約に関しては、主観的基準（要件）および客観的基準（要件）に関する検討を行うことなく、総じて直接適用されている（還付金（過誤納金）返還請求事件（東京地判2022（令4）・2・17税資（250号〜）272号13671順号）、その控訴審である東京高判2023（令5）・2・16判例集未登載など）。

第**7**章　条約の無効、終了および運用停止

【この章で学ぶこと】
・条約は、どのような場合に、無効となるのだろうか。
・条約は、どのような場合に、終了するのだろうか。
・無効または終了の手続は、どのようなものなのだろうか。

　条約は、当事国に対して権利および義務を設定する。それゆえ、当事国による行為がどのような法的効果を生ずるか、常に予見可能な状態にしておくために、安定して運用される必要がある。これを「条約関係の安定性」という。安定性は、当事国の条約に対する信頼を確保し、誠実な履行を促進する。その意味で、「条約関係の安定性」を保つことは、きわめて重要である。

　条約の有効性や条約に拘束されることについての国の同意の有効性を否認することは、予見可能性を損ない、条約関係の安定性を脅かす。条約の終了も同様である。したがって、条約法条約は、条約の無効原因や終了原因と考えられるものをすべて列挙し、条約法条約の適用によってのみ、条約を無効にする、または条約を終了させることができる、とした（条約法条約42条）。さらに、安定性への影響を最小限にするため、条約の無効、終了等の主張およびこれらに関する紛争の処理は、条約法条約の第5部4節（65条から68条まで）に定める手続によらなければならないとしている。

1　無効原因

　条約法条約は、条約に拘束されることについての国の同意を無効にする根拠として援用できる原因として、（1）条約締結権能に関する国内法違反、（2）国の同意を表明する代表者の権限に付されていた制限にその代表者が従わなかった場合、（3）錯誤、（4）詐欺および（5）買収を挙げている。さらに、

図表7-1　条約法条約に規定されている無効原因

条文	原因	効果	追認	可分性
46	条約締結権能に関する国内法違反	相対的	○	○
47	代表者の権限踰越	相対的	○	○
48	錯誤	相対的	○	○
49	詐欺	相対的	○	○
50	買収	相対的	○	○
51	代表者に対する強制	絶対的	×	×
52	国に対する強制	絶対的	×	×
53	強行規範との抵触	絶対的	×	×

（6）国の代表者に対する強制の結果表明された同意は、「いかなる法的効果も有しない」とし、また、（7）武力による威嚇または武力の行使の結果締結された条約および（8）一般国際法の強行規範に抵触する条約は、「無効である」としている。

（1）から（5）までの原因が存在する場合でも、条約に拘束されることについての同意が自動的に無効になるわけではない。（1）から（5）までの原因は、当事国は、無効にする根拠として援用する権利を得るにとどまるという意味で、相対的無効原因と呼ばれている。根拠となる事実が存在することを知りながら、条約が有効であることを明示的に同意した場合または条約の有効性を黙認したとみなされるような行為を行った場合、無効原因を援用する権利は喪失し、これらの根拠を援用できなくなる（45条）。他方、（6）から（8）までの原因が存在する場合、当事国が援用しなくとも、条約に拘束されることについての同意から法的効果は発生せず、条約は当然に無効となる。それゆえ、絶対的無効原因と呼ばれている。

（1）から（5）までを援用する国は、条約全体についてだけでなく、所定の要件をみたせば、特定の条項のみについても権利を行使することができる（44条2項〜4項）。これらの原因が特定の条項のみに関する場合、条約全体を無効にすれば、かえって条約関係の安定性を損なうこともありうるからである。（6）から（8）までの場合、重要性のゆえに、条約の分割は認められない（同5項）。

（1）条約締結権能に関する国内法違反

条約法条約は、全権委任状を提示する者が、条約締結交渉や条約に拘束されることについての国の同意を表明するために国を代表するものと認められることや、元首などは、全権委任状の提示を要求されることなく、自国を代表するものと認められると規定している（第3章2（1）参照）。しかし、全権委任状を誰に付与するか、また元首などに条約締結権能が実際に付与されているかどうかなど、どのような手続で誰に条約締結権能を付与するかは、各国の国内法に委ねている。国内法で定められている手続によらず、国を代表する資格を付与されていないにもかかわらず、条約に拘束されることについての同意を表明した場合、国内法上、その同意は無効となるだろう。

たとえば、実際にはまず起こり得ないが、日本国憲法7条5号は、天皇の国事行為の一つとして、全権委任状の認証を挙げているので、認証されなかった全権委任状を提示して表明した同意は、憲法に反するので日本の国内法上は無効となる。もっとも、条約締結交渉に先立ち、条約の締結権能に関する自国の国内法を各国に周知する義務はなく、また交渉国に対し各国の国内法に精通しておく義務が課されているわけではない。したがって、国内法に反して表明された同意を、国際法上も無効とすることは、条約関係の安定性を損なうことになりかねない。

条約法条約は、原則として、条約締結権能に関する国内法の規定に違反して、条約に拘束されることについての同意が表明された場合、その事実を、同意を無効にする根拠として援用することができない、とした（条約法条約46条1項）。ただし、例外として、違反が明白でありかつ基本的な重要性を有する国内法の規則に係るものである場合は、同意を無効にする根拠として援用できる。「条約の締結に関し通常の慣行に従いかつ誠実に行動するいずれの国にとっても客観的に明らかであるような場合」、「違反が明白」とみなされる（同2項）。たとえば、憲法が定める条約の署名権能に関する規則は、「基本的な重要性を有する国内法の規則」であるが、慣行上、元首の条約の締結権能に制限が課されていたとしても、しかるべき形式で公表されていない限り、その制限に違反しても、「違反が明白」とはみなされない。元首は、同7条2項により、「職務の性質により、全権委任状の提示を要求されることなく」、国家を代表するものと

認められているからである（*Frontière terrestre et maritime entre le Cameroun et le Nigéria (Cameroun c. Nigéria; Guinée Équatoriale (intervenant)), arrêt, C.I.J. Recueil 2002*, p. 303, at p. 430, par. 265.）。

（2）国の同意を表明する権限に対する特別の制限

　代表者の権限に制限が課されていたにもかかわらず、代表者がその制限に従わずに条約に拘束されることについての同意を表明してしまった場合、その制限をあらかじめ他の交渉国に通告していなければ、権限の範囲を超えていたという事実を、同意を無効にする根拠として援用することはできない（条約法条約47条）。これも、条約関係の安定性を確保するためである。とりわけ、2国間条約の場合、条約自体が成立しない可能性があるので、安定性を確保し、交渉の相手方の利益を保護する必要があるからである。

（3）錯　　誤

　錯誤は、国内法ではよく生じるが、国際法上、特に条約の内容に関して生じることはまずない。条約の締結過程には多くの人が関与し、条約の内容を慎重に検討するからである。実際、条約の有効性に影響を及ぼす錯誤として援用されてきたのは、もっぱら地図に関するものである。

　条約法条約は、存在しなければ同意していなかったと考えられるような事実または事態に係る錯誤に限り、条約に拘束されることについての同意を無効にする根拠として援用することができる、とした（条約法条約48条1項）。条約の内容についての錯誤、すなわち法に係る錯誤については、上述のような理由で生じる可能性がきわめて低いことに加えて、条約自体の安定性を損なうことになりかねないので、本条の対象にはなっていない。

　自ら錯誤の発生に寄与した場合や、錯誤の発生を予見できるような状況が存在した場合には適用されない。条約文の字句のみに係る錯誤は、条約文の誤りであって、誤りの訂正に関する規定が適用される（79条）。条約の有効性には、影響を及ぼさない。

第7章　条約の無効、終了および運用停止　　185

（4）詐　　欺

他の交渉国の詐欺行為によって条約を締結した場合、条約に拘束されることについての同意を無効にする根拠として、その詐欺行為を援用することができる（条約法条約49条）。錯誤とは異なり、詐欺行為は、当事国相互の信頼関係を損なうことになるので、別の無効原因として規定されている。

国家実行や裁判例がほとんどないことから、「詐欺行為」は定義されず、どのような行為が該当するかなど、本条の正確な適用範囲については、国家実行や国際裁判例の発展に委ねられることになった。しかし、条約との関係で、詐欺行為が主張されたことはなく、定義や適用範囲についての進展はみられない。

（5）国の代表者の買収

他の交渉国に買収された結果、自国の代表者が同意を表明したことが明らかになった場合、その買収を条約に拘束されることについての同意を無効にする根拠として援用することができる（条約法条約50条）。

当初、国際法委員会は、代表者の買収を詐欺の一例と考え、独立の条文を設けていなかった。しかし、一部の委員が、植民地支配を正当化するために締結された条約の交渉過程で、代表者を買収するという手段が用いられたと指摘したことから、別個の無効原因として規定されることになった。

また、買収は、代表者個人に対する強制の場合と重なる可能性もあるが、重要性を考慮して、代表者個人に対する強制の場合とは区別された。

詐欺や強制との類似性が認識されながらも、買収が独自の無効原因として生き残ったのは、多くの条約が締結され、またその締結方法も多様化していることから、強制よりも買収を試みる可能性が高いと考えられたからである。

（6）国の代表者に対する強制

条約に拘束されることについての同意が、国の代表者に対する行為または脅迫による強制の結果表明された場合、その同意は、いかなる法的効果も有しない（条約法条約51条）。

代表者個人に対する強制は、伝統的に無効原因として認められてきたものであり、この規定は既存の慣習法を法典化したものである。1939年に、ボヘミア

とモラビアに対するドイツの保護権を設定する条約の署名を引き出すために、チェコスロヴァキアの大統領と外務大臣（ともに当時）に加えられた強制が、しばしば引用される。

国家機関の一員としてではなく、個人としての代表者に影響を及ぼす強制が対象となる。身体に対する脅迫や、私生活での不謹慎な行為を暴露しキャリアを台無しにすると脅したり、家族に危害を加えると脅すことなどである。

国際法委員会は、後述の国家に対する強制と区別して、代表者に対する強制の場合、条約を当然に無効にするのではなく、条約に拘束されることについての同意の無効を援用する権利を付与するにとどめるべきであるかどうかを検討した。その結果、国の代表者を強制することは、きわめて重大なので、強制により得られた同意が絶対的に無効になることを規定するべきであるとの結論に達した。「いかなる法的効果も有しない」とは、このような趣旨である。

（7）武力による威嚇または武力の行使による国に対する強制

国連憲章に規定する国際法の諸原則に違反する武力による威嚇または武力の行使の結果締結された条約は、無効である（条約法条約52条）。

1919年に国際連盟規約が締結されるまで優勢だった理論によれば、武力による威嚇または武力の行使によって締結された条約は有効だった。これは、当時の国際法が、国際紛争を解決する手段としての武力の行使を合法としていたからだった。1928年に不戦条約が締結されると、武力による威嚇または武力の行使の結果として締結された条約は、もはや法的に有効なものと認めるべきではないとの見解が優勢になり始めた。

さらに、国際軍事裁判所条例や極東国際軍事裁判所条例で侵略戦争が犯罪であるとされ、また、国連憲章は2条4項で武力による威嚇または武力の行使を明確に禁止した。こうした発展を考慮して、国際法委員会は、国連憲章に規定する国際法の諸原則に違反する武力による威嚇または武力の行使によって締結された条約は、原則として無効であるとの結論を導き出すにいたった。強者の法と揶揄されることもあった条約法の性質が、大きく転換した瞬間だった。条約法条約は、既存の慣習法の法典化として、この結論を規定している。

これも、被害国に無効原因として援用する権利を付与するものではなく、絶

第7章　条約の無効、終了および運用停止　**187**

対的に無効となる。国連憲章に規定する国際法の諸原則に違反する武力による威嚇または武力の行使から解放された後、このような手段によって締結された条約の当事国が、その条約の効力が存続することを望む場合でも、無効となる。国連憲章2条4項は、一般国際法上の規則でもあり、その遵守は、すべての国が法的に関心を抱く事項である。したがって、たとえ、当事国が条約の無効を望まない場合でも、当初から無効とみなし、法的に対等な立場でかかる条約を維持するかどうかを決定できるようにしておく必要がある。その結果、当事国が、条約の有効性を維持するとの決定にいたったとしても、国連憲章に規定する国際法の諸原則に違反する武力による威嚇または武力の行使の結果締結された条約の有効性を承認したから維持されるのではない。完全に平等な立場で交渉を行った結果、新たに条約を締結したことによって維持されるのである。

　無効になるのは、国連憲章に規定する国際法の諸原則に違反する武力による威嚇または武力の行使であり、合法な武力による威嚇または武力の行使の結果締結された条約は、引き続き有効である。これにより、古くから戦争を終結する手段として用いられてきた平和条約は、国連憲章に規定する国際法の諸原則に違反しない武力による威嚇または武力の行使の結果締結される限り、無効ではない。

　条約法条約は、その効力発生の後に締結される条約についてのみ適用される。ただし、条約法条約に規定されている規則のうち、既存の慣習法を法典化したものは、慣習法として条約法条約の効力発生の前に締結された条約に適用される（同4条）。本条は、「国連憲章に規定する国際法の諸原則」と規定していることから、国連憲章の効力発生の後に締結されたすべての条約に適用することが暗に示唆されている（しかし、日本の裁判例には、4条により、48条、49条および52条を根拠に、1965年に締結された日韓請求権協定の無効を主張することはできない、としたものがある（損害賠償等請求事件（13581, 2598号）、合祀絶止等請求事件（13244号）（東京地判2006（平18）・5・25訟月54巻3号591頁）））。「国連憲章に規定する国際法の諸原則」は、2条4項を中心とする武力行使禁止原則をさしており、その原則は当時すでに慣習法化し、それに違反して締結された条約が無効になるという規則も慣習法化していたからである。それゆえ、武力行使禁止原則が、国連憲章の効力発生の前に成立していれば、本条の適用範囲はさらに広がる。さら

188

に、本条は、既存の慣習法の法典化なので、条約法条約の非当事国間で締結された条約も無効になる。

「武力」の原語は 'force' であるが、条約法条約の起草過程において、特に発展途上国および旧社会主義国は、ここに政治的または経済的な強制を含めるべきであると主張した。結局、条約本文の 'force' は「武力」を意味するとしながら、「条約の締結における軍事的、政治的または経済的強制の禁止に関する宣言」を採択することで妥協が成立した。それでも、シリアは、'force' には政治的または経済的な強制も含まれるとの解釈宣言を付したが、日本政府などは、これに対して異議を申し立てている。日本の裁判所も、'force' は武力のみを意味すると解している（供託金還付請求却下処分取消等請求事件（東京地判2004（平16）・10・15訟月52巻2号405頁））。

（8）強行規範との抵触

締結の時に一般国際法の強行規範に抵触する条約は、無効である。条約法条約の適用上、一般国際法の強行規範とは、いかなる逸脱も許されない規範として、また、後に成立する同一の性質を有する一般国際法の規範によってのみ変更することのできる規範として、国により構成されている国際社会全体が受け入れ、かつ、認める規範をいう（条約法条約53条）。

かつての国際法および条約法は、国家の要件の一つである外交能力を剥奪する保護条約や、一方当事国の消滅という効果をもたらす併合条約のようなものでさえ、代表者が表明した同意に瑕疵がない限り、締結することを認めてきた。そのような状況の中で、合意によっても逸脱できない規範すなわち強行規範の存在を肯定するのは難しいように思われた。

しかし、国際関係が緊密になるにつれ、言語、文化、宗教および政治体制の異なる国家で構成される「分裂した国際社会」においても、すべての国に妥当する公益が存在すると考えられるようになった。国連憲章2条4項を中心とする武力行使禁止原則などは、すべての国が、合意によっても逸脱できない規範として遵守することによって、平和と安全という利益がもたらされる。こうして、公益の保護を目的とする強行規範の存在を認めようとする機運が高まり、条約法条約53条の法典化にいたった。強行規範に関する規定が条約中に挿入さ

れたのは、歴史上はじめてであり、画期的な出来事だった。

　もっとも、一般国際法のどの規範が、強行規範としての性質を有するかを特定する方法は規定されなかった。例示されなかった規範について誤解が生じるという理由で、例示列挙も見送られた。それゆえ、何が強行規範であるかについては、未だに一致した見解がない。本条の起草過程で強行規範に抵触する条約の例として挙がっていたのは、国連憲章の諸原則に違反する武力の行使を企てる条約、ジェノサイド、奴隷貿易または海賊行為の遂行を企てる条約などである。

　国際裁判所は、長らく強行規範の認定については慎重な姿勢をとっていたが、2006年、ICJ は、コンゴ・ルワンダ事件判決で、はじめてジェノサイドの禁止を強行規範と認定した（*Activités armées sur le territoire du Congo (nouvelle requête: 2002) (République démocratique du Congo c. Rwanda), compétence et recevabilité, arrêt, C.I.J. Recueil 2006*, p. 6, at pp. 31-32, par. 64.）。これは、2015年のジェノサイド条約の適用事件本案判決でも踏襲されている（*Application de la convention pour la prévention et la répression du crime de génocide (Croatie c. Serbie), arrêt, C.I.J. Recueil 2015*, p. 3, at pp. 46-47, par. 87.）。また、2012年の訴追か引渡しかの義務事件判決では、拷問の禁止が強行規範と認定された（*Questions concernant l'obligation de poursuivre ou d'extrader (Belgique c. Sénégal), arrêt, C.I.J. Recueil 2012*, p. 422, at p. 457, par. 99.）。さらに、2024年のパレスチナ占領地におけるイスラエルの政策・実行の法的効果事件勧告的意見で、外国により占領されている場合、自決権が強行規範になると認定している（*Legal Consequences arising from the Policies and Practices of Israel in the Occupied Palestinian Territory, including East Jerusalem, Advisory Opinion, I.C.J. Reports* 19 July 2024, p. 1, at p. 66, para. 233.）。ただし、国際裁判所が、強行規範に抵触するという理由で、条約を無効とする判決を下したことは未だかつてない。

2　終了および運用停止原因

　条約の終了とは、有効に締結され効力を発生した条約がなんらかの原因により効力を失い、条約として存在しなくなることをいう。また、条約の廃棄とは、

当事国が条約への参加を終了することを求めて行う一方的行為であり、2国間条約の場合、合法的に廃棄がなされれば、当該条約は終了する。廃棄は多数国間条約についても用いられることがあるが、多数国間条約の場合には廃棄が認められたとしても、通常条約自体は終了しない。したがって、脱退という用語が用いられることもある（京都議定書27条、国際刑事裁判所規程127条、化学兵器禁止条約16条など）。運用停止とは、条約自体は終了せず、その効力を一時的に停止することである。

　条約法条約第5部の42条から45条までおよび54条から64条までの規定は、条約の終了、廃棄、条約からの脱退またはその運用停止を行いうるさまざまな原因を規定している。条約関係の安定性を確保するため、条約の終了もしくは廃棄または条約からの当事国の脱退は、条約または条約法条約の適用によってのみ行うことができる。運用停止も同様である（42条2項）。もっとも、条約法条約または条約の適用によりもたらされる条約の終了、廃棄、条約からの当事国の脱退または条約の運用停止は、条約に規定されている義務のうち条約との関係を離れても国際法に基づいて課されるような義務についての国の履行の責務に影響を及ぼさない（43条）。

　条約に別段の定めがある場合または当事国が別段の合意をする場合を除き、条約を廃棄し、条約から脱退または条約の運用を停止する当事国の権利であって、条約に定めるものまたは後述の56条の規定に基づくものは、条約全体についてのみ行使することができる。また、条約の終了、条約からの脱退または条約の運用停止の根拠として、条約法条約が認めるものは、条約全体についてのみ援用することができる（44条2項）。ただし、後述の60条に定める場合（本章2（3）参照）、および、当該根拠が特定の条項にのみ係るものであり、かつ、①その条項がその適用上条約の他の部分から分離可能なものであること、②その条項の受諾が条約全体に拘束されることについての他の当事国の同意の不可欠の基礎を成すものでなかったことが、条約自体から明らかであるかまたは他の方法によって確認されるかのいずれかであること、③条約の他の部分を引き続き履行することとしても不当ではないこと、という条件が満たされる場合には、その根拠は、その条項についてのみ援用することができる（同3項）。条約の終了等の根拠として種々のものが認められており、これらの根拠が条約中の

第7章　条約の無効、終了および運用停止　191

図表7-2　条約法条約に規定されている終了原因

条文番号	原因	追認	可分性
54	当事国による同意	×	○
56(a)	当事国が廃棄又は脱退の可能性を許容する意図を有していたと認められる場合	×	×
56(b)	条約の性質上廃棄又は脱退の権利があると考えられる場合	×	○
59	①すべての当事国が同一の事項に関し後の条約を締結する場合 ②当事国の意図が後の条約自体から明らかである場合、または、他の方法によって確認される場合 ③同時に適用できないこと	×	○
60	重大な違反	○	○
61	後発的履行不能	×	×
62	事情の根本的な変化	○	×
63	外交関係または領事関係の断絶	×	×
64	新たな強行規範の成立	×	×

図表7-3　条約法条約に規定されている運用停止原因

条文番号	原因	追認	可分性
57(a)、58(a)	条約	○	○
57(b)	すべての当事国の同意	×	○
58(b)	①条約により禁止されていないこと ②条約に基づく他の当事国による権利の享有又は義務の履行を妨げるものでないこと ③条約の趣旨及び目的に反することとなるものでないこと	×	○
59	①すべての当事国が同一の事項に関し後の条約を締結する場合 ②当事国の意図が後の条約自体から明らかである場合、または、他の方法によって確認される場合	×	○
60	重大な違反	○	○
61	後発的履行不能（一時的なものである場合）	×	×
62	事情の根本的な変化	○	×
63	外交関係または領事関係の断絶	×	×
64	新たな強行規範の成立	×	×

あまり重要でない一部の規定のみに関する場合においても、条約全体の終了等を決めることとなるのは、条約関係の安定性の観点からみて不適当と解されるからである。

　かつて、日本政府は、千島列島等に対するすべての権利、権原および請求権を放棄すると規定されている対日平和条約2条c項のみを廃棄することはできるのではないかという点について、国際法上、条約の諸規定は原則として不可分なので、一部のみ切り離して廃棄することは認められず、2条c項のみを廃棄することはできない、と答弁したことがある（第87回国会参議院沖縄及び北方問題に関する特別委員会会議録第3号16頁（宮澤泰外務省欧亜局長答弁））。この規定は、対日平和条約の適用上他の部分から分離可能なものではなく、この規定の受諾が対日平和条約全体に拘束されることについての他の当事国の同意の不可欠の基礎を成すものであり、さらに、この規定を除く他の部分を引き続き履行することは不当である、との趣旨と解される。

　後述の（3）から（5）までに基づき、条約を終了させ、条約から脱退しまたは条約の運用を停止する根拠となるような事実が存在することを了知したうえで、条約が有効であること、条約が引き続き効力を有することまたは条約が引き続き運用されることについて明示的に同意した場合、および条約の有効性、条約の効力の存続または条約の運用の継続を黙認したとみなされるような行為を行った場合には、これらの根拠を援用することができない（45条）。

（1）条約に基づく場合またはすべての当事国の同意がある場合

　条約の終了または条約からの当事国の脱退は、条約に基づく場合またはすべての当事国の同意がある場合に行うことができる。条約に基づく場合は、条約の規定に従って、すべての当事国の同意がある場合には、いかなる時点においても行うことができる（条約法条約54条）。後者の場合、当事国となっていない締約国、すなわち条約に拘束されることについて同意しているが、自国について効力が生じていない国と事前に協議しなければならない（同(b)）。条約の運用停止も同様である（同57条）。

　条約に基づく場合の例として、国連海洋法条約がある。同条約は、条約の寄託者である国連事務総長にあてた書面による通告を行うことにより廃棄するこ

とができ、一層遅い日が通告に明記されている場合を除き、その通告が受領された日の後1年で、廃棄の効力が生ずると規定している。廃棄を理由として、条約の締約国であった間に生じた財政上および契約上の義務は免除されない。廃棄は、同条約が廃棄を通告した国について効力を失う前にこの条約の実施によって生じていたその国の権利、職務および法的状態に影響を及ぼさない。さらに、廃棄は、同条約に定める義務であってこの条約との関係を離れ国際法に基づいて負うものを締約国が履行する責務に影響を及ぼさない（317条）。この規定にいう廃棄は、脱退と同義である。

　終了、廃棄または脱退に関する規定を含まない条約の場合、当事国が廃棄または脱退の可能性を許容する意図を有していたと認められる場合、または条約の性質上廃棄または脱退の権利があると考えられる場合にのみ、これを廃棄し、またはこれから脱退することができる（同56条1項）。ただし、条約を廃棄しまたは条約から脱退しようとする意図を廃棄または脱退の12ヵ月前までに通告しなければならない。

　伝統的に、同盟条約や仲裁または司法的解決に関する条約は、性質上廃棄または脱退の権利があると考えられてきた。他方で、自由権規約委員会は、一般的意見26（1997年）で、終了、廃棄または脱退に関する規定を含まない自由権規約は、当事国が廃棄または脱退の可能性を許容する意図を有していたと認められる、または条約の性質上廃棄または脱退の権利があると考えられる条約ではないとの見解を示した。1997年8月、北朝鮮は、自由権規約からの脱退を通告した。自由権規約の寄託者である国連事務総長は、他のすべての当事国が同意していないので、脱退できないと北朝鮮に通知している。これに対して、北朝鮮は、異議を申し立てず、1999年に、第2回報告書を提出した。自由権規約人権委員会は、2001年にこの報告書を審査しているので、北朝鮮による脱退通告は、効力を発生しなかったと考えられる。

　1952年の日華平和条約は、終了に関する規定を含まない条約だが、日本政府は、「日本政府が中華人民共和国を承認するということの随伴的な効果」として、「その存在の意義を失って終了した」のであって、「わが国が条約を条約の規定等に基づきまして一方的に廃棄をするとか終了させるとかいう措置をとったわけでは」ないとの見解を表明している（第94回国会衆議院外務委員会議録第13号4

194

頁（栗山尚一外務大臣官房審議官答弁））。

多数国間条約の場合、以下の要件をみたせば、2以上の当事国が合意することにより、条約の運用を一時的にかつ当該当事国の間においてのみ停止することができる。すなわち、条約が規定している場合、条約により禁止されておらず、かつ、条約に基づく他の当事国による権利の享有または義務の履行を妨げるものでないこと。条約の趣旨および目的に反することとなるものでないこと、である。かかる合意を締結する意図を有する当事国は、条約に別段の定めがあるときを除き、その意図および運用を停止することとしている条約の規定を他の当事国に通告しなければならない（同58条）。

（2）後の条約の締結

条約は、すべての当事国が同一の事項に関し後の条約を締結する場合、次のいずれかの条件がみたされるときは、終了したものとみなされる。①当事国が当該事項を後の条約によって規律することを意図していたことが後の条約自体から明らかであるかまたは他の方法によって確認されるかのいずれかであること、②条約と後の条約とが著しく相いれないものであるためこれらの条約を同時に適用することができないこと。当事国が条約の運用を停止することのみを意図していたことが後の条約自体から明らかである場合または他の方法によって確認される場合には、条約は、運用を停止されるにとどまる（条約法条約59条）。

第4章2（4）（イ）(a)でふれた23のEU加盟国による2国間投資協定の終了に関する協定は、本項を念頭に置いたうえでの対応と解される。

（3）重大な違反

当事国による条約の重大な違反は、他の当事国がその条約を終了するまたは運用を停止する根拠となる。重大な違反とは、条約の否定であって条約法条約により認められないもの、条約の趣旨および目的の実現に不可欠な規定についての違反をいう（条約法条約60条3項）。

2国間条約の場合、一方の当事国による重大な違反を、他方の当事国は、その条約の終了または条約の全部もしくは一部の運用停止の根拠として援用することができる（同1項）。

多数国間条約の重大な違反があった場合、他の当事国は、一致して合意することにより、①他の当事国と違反を行った国との間の関係において、②すべての当事国の間の関係において、条約の全部もしくは一部の運用を停止しまたは条約を終了させることができる（同2項(a)）。違反により特に影響を受けた当事国は、自国とその違反を行った国との間の関係において、その違反を条約の全部または一部の運用停止の根拠として援用することができる（同(b)）。条約の性質上、当事国による重大な違反が条約に基づく義務の履行の継続についてのすべての当事国の立場を根本的に変更するものであるときは、その違反を行った国以外の当事国は、違反を自国につき条約の全部または一部の運用を停止する根拠として援用することができる（同(c)）。軍縮条約などが、これに該当する。

ただし、条約自体に、条約違反があった場合に適用される規定がある場合、その規定が適用される（同4項）。また、1949年のジュネーヴ諸条約のように、人道的性格を有する条約に定める身体の保護に関する規定、特にこのような条約により保護される者に対する報復（＝復仇）を禁止する規定については、上記の規定は適用されない（同5項）。当事国相互の行動のいかんを問わず、個人の保護を意図して権利を創設するという意味では、人権諸条約の諸規定にも適用されないと考えられる。しかし、「人道的性格を有する条約」は、人権諸条約よりも狭い範疇であることを示唆しているとして、この規定の適用範囲を人権諸条約一般に拡大することには否定的な見解もある。

ICJ は、1971年のナミビア事件勧告的意見および1997年のガブチコボ・ナジマロシュ計画事件判決で、これらの規定は、多くの点で、慣習法を反映したものであるとした（第4章2（1）参照）。1995年9月13日の暫定協定の適用事件で、ギリシャは、マケドニア旧ユーゴスラビアの NATO 加盟申請に反対したことが暫定協定に違反するとしても、それはマケドニア旧ユーゴスラビアが同協定の重大な違反をおかしたからであり、条約法条約60条3項(b)に基づき正当であると主張した。ICJ は、マケドニア旧ユーゴスラビアによる同協定違反を一件認定したが、それは重大な違反ではなく、また、ギリシャの対応がその違反に対するものであったことも立証されていないとして、ギリシャの主張をしりぞけた（*Application of the Interim Accord of 13 September 1995 (the former Yugoslav Republic of Macedonia v. Greece), Judgment, I.C.J. Reports 2011*, p. 644, at p. 691, para.

163.）。

　なお、条約当事国が、終了原因として依拠しうるのは、他の当事国による当該条約の重大な違反だけであって、他の条約上の規則または一般国際法上の規則の違反は、対抗措置を含めて、被害国が一定の措置をとることを正当化しうるが、条約法上の終了原因ではない（*Gabčikovo-Nagymaros Project (Hungary/Slovakia), Judgment, I.C.J. Reports 1997,* p. 7, at p. 65, para.106.）。

（4）後発的履行不能

　条約の実施に不可欠の対象が永久に消滅しまたは破壊された結果条約が履行不能となった場合、当事国は、そのことを条約の終了または条約からの脱退の根拠として援用することができる（条約法条約61条1項）。たとえば、島の浸水、干ばつによる河川の枯渇、地震によるダムの破壊などによって、これらを規律対象とする条約が履行不能となる場合である。財政難により支払い不能となるような事態は、61条の適用範囲に含まれない。ガブチコボ・ナジマロシュ計画事件で、ハンガリーは深刻な財政難による履行不能を主張したが、ICJ は認めなかった（*Gabčikovo-Nagymaros Project (Hungary/Slovakia), Judgment, I.C.J. Reports 1997,* p. 7, at p. 63, para. 102.）。一時的に履行不能となる場合には、条約の運用停止の根拠としてのみ援用することができる（同上）。なお、自国の義務違反により履行不能となった場合、終了などの根拠として援用することはできない（同2項）。

　条約法上の後発的履行不能は、国家責任法上の不可抗力とは似て非なるものである。後発的履行不能を援用して、条約上の義務を終了または条約の運用を停止することによって、当事国は、義務違反が生じないようにすることができる。他方、不可抗力は、条約違反の違法性を阻却するための抗弁として機能するからである。

（5）事情の根本的な変化

　私人が契約を締結した時点で存在した事情に根本的な変化が生じた場合、もはやその契約に拘束されないという事情変更の原則は、条約にも適用されると考えられてきた。しかし、国際法秩序には、一般的な強制的管轄権を有する裁

判所が存在しないことから、濫用の危険性が常に懸念され、その適用条件をめぐって、活発な議論が展開されてきた。そこで、条約法条約は、次のようなきわめて厳格な条件がみたされない限り、事情変更を条約の終了または条約からの脱退の根拠として援用することができないとした（条約法条約62条1項）。①条約の締結の時に存在していた事情につき生じた変化であること、②その変化が「根本的な」ものであること、③当事国の予見しなかった変化であること、④その事情の存在が条約に拘束されることについての当事国の同意の不可欠の基礎を成していたこと、⑤その変化が、条約に基づき引き続き履行しなければならない義務の範囲を根本的に変更する効果を有するものであること。これらは加重要件であり、一つでもみたさなければ、条約を終了させるまたは条約から脱退する根拠として援用できない。ガブチコボ・ナジマロシュ計画事件で、ハンガリーは、計画の経済的実行可能性を減少させる激しい政治的変化や国際環境法の規則の発展などが、事情の根本的変化にあたるとしたが、ICJ は、条約関係の安定性を確保するため、本条は例外的な場合にのみ適用されることを強調し、この主張を認めなかった（*Gabčikovo-Nagymaros Project (Hungary/Slovakia), Judgment, I.C.J. Reports 1997*, p. 7, at pp. 64-65, para. 104.)。

　事情の根本的な変化は、①条約が境界を確定している場合（境界条約や割譲条約）、②これを援用する当事国による条約に基づく義務についての違反または他の当事国に対し負っている他の国際的な義務についての違反の結果生じたものである場合には、条約の終了または条約からの脱退の根拠として援用することができない（同2項）。

　当事国は、事情の根本的な変化を条約の終了または条約からの脱退の根拠として援用することができる場合には、その変化を条約の運用停止の根拠としても援用することができる（同3項）。

（6）外交関係または領事関係の断絶

　条約の当事国の間の外交関係または領事関係の断絶は、当事国の間に当該条約に基づき確立されている法的関係に影響を及ぼすものではない。もっとも、外交関係条約や領事関係条約など、外交関係または領事関係の存在が当該条約の適用に不可欠である場合は、この限りでない（条約法条約63条）。これは、2

国間条約と多数国間条約の両方に適用される。1990年にイラクがクエートに侵
攻した後で、イギリスはイラクとの外交関係を断絶した。しかし、2002年、イ
ラクは、1932年のイギリス・イラク引渡条約に基づき、第3国を通じてイラク
国民の引渡しを3度にわたって要求した。イギリスは引渡しに応じなかったが、
条約の運用が停止されているという理由ではなかった。

（7）一般国際法の新たな強行規範の成立

　一般国際法の新たな強行規範が成立した場合には、当該強行規範に抵触する
既存の条約は、効力を失い、終了する（条約法条約64条）。53条が対象とするのは、
「締結の時に」成立している強行規範であり、本条は、「締結後に」成立した強
行規範を対象にしている。したがって、「締結の時」から新たな強行規範が成
立するまで、条約は有効である。新たな強行規範が成立した時点から、それと
抵触する条約は、「効力を失い、終了する」ことになる。

（8）敵対行為の発生

　条約法条約73条は、「……国の間の敵対行為の発生により条約に関連して生
ずるいかなる問題についても予断を下しているものではない」と規定している。
国際法委員会は、「現代の国際法において、国の間の敵対行為の発生は、極め
て異常な状況とみなされなければならず、その法的結果を規律する諸規則は、
国の間の通常の関係に適用可能な国際法の一般規則の一部を形成しているとみ
なされてはならない」との立場をとり、上記の規定を設けた。しかし、実際に
は、武力行使禁止原則を定める国連憲章が制定されてからも、多くの国際的武
力紛争が生じており、敵対行為が条約に及ぼす影響は重要である。2004年、国
連総会は、この問題を研究するとの国際法委員会の決定を承認した。その結果、
国際法委員会は、武力紛争が条約に及ぼす効果に関する条文草案を採択した。
この条文草案は、単に慣習法を法典化したものにとどまらず、国際法の漸進的
発達の要素も含んでいる。

　条文草案の3条は、「武力紛争の存在は、(a)当該紛争の当事国間において、
(b)当該紛争の当事国と当事国でない国との間において、当然に条約を終了させ
る、または条約の運用を停止させるものではない」と規定している。

第7章　条約の無効、終了および運用停止　199

図表7-4　無効および終了等を援用する場合の手続

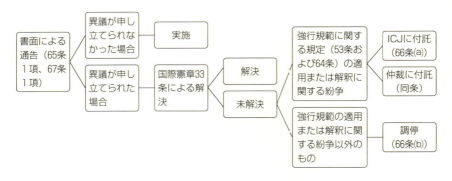

3　手続および効果

（1）手　続

　条約法条約に基づき、条約に拘束されることについての同意の瑕疵を援用する場合または条約の有効性の否認・条約の終了等の根拠を援用する場合には、自国の主張を他の当事国に書面で通告しなければならない。その際、条約についてとろうとする措置およびその理由を示さなければならない（条約法条約65条1項、同67条1項）。

　一定の期間（特に緊急を要する場合を除くほか、通告の受領の後3ヵ月以上）内に、他のいずれの当事国も異議を申し立てなかった場合には、通告を行った当事国は、とろうとする措置を文書で伝達することにより実施に移すことができる。文書に元首、政府の長または外務大臣の署名がない場合には、文書を伝達する国の代表者は、全権委任状の提示を要求されることがある（同67条2項）。

　他のいずれかの当事国が異議を申し立てた場合には、通告を行った当事国および異議を申し立てた当事国は、国連憲章33条に定める手段により解決を求めなければならない（同3項）。

　これらの規定は、紛争の解決に関し当事国の間において効力を有する条項に基づく当事国の権利または義務にも影響を及ぼさない（同65条4項）。

　通告を行った当事国と異議を申し立てた当事国が、異議が申し立てられた日

から12ヵ月以内に、国連憲章33条に定める手段により何らの解決も得られな
かったときは、次の手続に従う。紛争が、強行規範に関する規定（同53条およ
び64条）の適用または解釈に関するものである場合、当該紛争の当事者のいず
れも、ICJ に対し紛争を付託することができる。紛争の当事者が紛争を仲裁に
付することについて合意する場合は、仲裁に付託される（同66条(a)）。これ以外
の規定の適用または解釈に関する紛争については、いずれかの当事国が国連事
務総長に対して要請することにより、条約法条約の附属書に定められている調
停手続を開始させることができる（同(b)）。

　上記の通告または文書は、効果を生ずる前にいつでも撤回することができる
（同68条）。

（2）効　　果

　上記の諸規定により、その有効性が否定された条約は無効であり、無効な条
約は、法的効力を有しない（条約法条約69条１項）。無効な条約に依拠してすで
に行為が行われていた場合には、いずれの当事国も、他の当事国に対し、当該
行為が行われなかったとしたならば存在していたであろう状態を相互の関係に
おいてできる限り確立するよう要求することができる（同２項(a)）。また、条約
が無効であると主張される前に誠実に行われた行為は、当事国が詐欺、買収ま
たは強制を行った場合を除き、適用しない。条約が無効であることのみを理由
として違法とされることはない（同項(b)、同69条３項）。多数国間条約に拘束さ
れることについての国の同意が無効とされた場合には、これらの規則は、その
国と条約の当事国との関係において適用される（同４項）。

　条約が強行規範に関する規定（同53条）により無効であるとされた場合には、
当事国は、強行規範に抵触する規定に依拠して行った行為によりもたらされた
結果をできる限り除去し、当事国相互の関係を強行規範に適合したものにしな
ければならない（同71条１項）。

　条約または条約法条約に基づく条約の終了により、当事国は、条約を引き続
き履行する義務を免除される（同70条１項(a)）。ただし、条約の終了前に条約の
実施によって生じていた当事国の権利、義務および法的状態は、影響を受けな
い（同項(b)）。これらの規則は、多数国間条約を廃棄しまたはこれから脱退する

第７章　条約の無効、終了および運用停止　　201

場合には、その廃棄または脱退が効力を生ずる日から、その国と条約の他の各当事国との間において適用される（同2項）。

　新たな強行規範の成立により効力を失い、終了するとされた条約については、その終了により、当事国は、条約を引き続き履行する義務を免除される（同71条2項(a)）。条約の終了前に条約の実施によって生じていた当事国の権利、義務および法的状態は、影響を受けないが条約の終了後は、一般国際法の新たな強行規範に抵触しない限度においてのみ、これらの権利、義務および法的状態を維持することができる（同(b)）。

　条約または条約法条約に基づく運用停止により、運用が停止されている関係にある当事国は、運用停止の間、相互の関係において条約を履行する義務を免除される（72条1項(a)）。ただし、当事国の間に条約に基づき確立されている法的関係は、(a)の場合を除くほか、いかなる影響も受けない（同(b)）。当事国は、運用停止の間、条約の運用の再開を妨げる恐れのある行為を行わないようにしなければならない（同2項）。

〔参考文献〕

Sir Ian Sinclair, *The Vienna Convention on the Law of Treaties*, 2nd ed., 1984, Manchester University Press.

Mark Eugen Villiger, *Commentary on the 1969 Vienna Convention on the Law of Treaties*, 2009, Martinus Nijhoff.

Olivier Corten, Pierre Klein (eds.), *The Vienna Conventions on the Law of Treaties: A Commentary*, 2011, Oxford University Press.

Enzo Cannizzaro (ed.), *The Law of Treaties Beyond the Vienna Convention*, 2011, Oxford University Press.

Duncan B. Hollis (ed.), *The Oxford Guide to Treaties*, 2012, Oxford University Press.

Christian J. Tams, Antonios Tzanakopoulos (eds.), *Research Handbook on the Law of Treaties*, 2014, Edward Elgar Publication.

Robert Kolb, *The Law of Treaties: An Introduction*, 2016, Edward Elgar Publication.

Oliver Doerr, Kirsten Schmalenbach (eds.), *Vienna Convention on the Law of Treaties: A Commentary*, 2nd ed., 2018, Springer.

Michael J. Bowman , Dino Kritsiotis (eds.), *Conceptual and Contextual Perspectives on the Modern Law of Treaties*, 2018, Cambridge University Press.

Malgosia Fitzmaurice, Panos Merkouris (eds.), *Treaties in Motion: The Evolution of Treaties from Formation to Termination*, 2020, Cambridge University Press.

Dinah Shelton, *Jus Cogens*, 2021, Oxford University Press.

Esm Shirlow, Kiran Nasir Gore (eds.), *The Vienna Convention on the Law of Treaties in Investor-State Disputes: History, Evolution and Future*, 2022, Kluwer Law International.

Jeremy Hill, *Aust's Modern Treaty Law and Practice*, 4th ed., 2023, Cambridge University Press.

経塚作太郎『条約法の研究』（1969年、弘文堂）

経塚作太郎『続　条約法の研究』（1977年、中央大学出版会）

岩沢雄司『条約の国内適用可能性』（1985年、有斐閣）

小川芳彦『条約法の理論』（1989年、東信堂）

中野徹也「条約法条約における留保の『有効性』の決定について（1）（2・完）」『関西大学法学論集』48巻5＝6号、49巻1号（1999年）

中野徹也「人権諸条約に対する留保：条約法の適用可能性とその限界」『関西大学法学論集』50巻3号（2000年）

国際法事例研究会『日本の国際法事例研究（5）条約法』(2001年、慶應義塾大学出版会)

中野徹也「脱退に関する規定を含まない条約からの脱退可能性について」『関西大学法学論集』52巻2号（2002年）

中野徹也「多数国間条約に付された『両立しない』留保に対する異議の法的効果：北欧諸国の実行をめぐって」『関西大学法学論集』53巻4＝5号（2004年）

坂元茂樹『条約法の理論と実際』(2004年、東信堂)

寺谷広司「『間接適用』論再考」坂元茂樹編『国際立法の最前線』(2009年、有信堂)

松田誠「実務としての条約締結手続」『新世代法政策学研究』(2011年、第10巻)

中野徹也「人権概念と条約の留保規則」『国際法外交雑誌』111巻4号（2013年）

浅田正彦『日中戦後賠償と国際法』(2015年、東信堂)

申惠丰『国際人権法【第2版】』(2016年、信山社)

坂元茂樹『人権条約の解釈と適用』(2017年、信山社)

中内康夫「国会の承認を要する『条約』の範囲」『立法と調査』(2020年)

塩田智明「条約の締結に伴う国内担保法の立案と条約遵守義務」『レファレンス』(2022年)

中内康夫「条約と国内担保法案の国会提出と審議過程」『立法と調査』(2023年)

松田浩道『国際法と憲法秩序：国際規範の実施権限』(2020年、東京大学出版会)

中野徹也「条約法条約における『事情変更の原則』」浅田正彦ほか編『現代国際法の潮流Ⅰ』(2020年、東信堂)

中野徹也「条約の留保の意義」『法学教室』491号（2021年）

黒﨑将広、坂元茂樹他『防衛実務国際法』(2021年、弘文堂)

柳原正治『帝国日本と不戦条約』(2022年、NHK出版)

岩沢雄司『国際法【第2版】』(2023年、東京大学出版会)

事項索引

あ　行

後にされた合意　75
後に生じた慣行　75, 79
後の条約の締結　195
アフリカ分割　38
意思主義解釈　73
一般慣行　3
一般国際法　65
ウィーン会議　28
ウィーン会議最終議定書　29
ウィーン体制　29
ウェストファリア条約　18, 21
ヴェルサイユ条約　37
ヴェルサイユ体制　40
ウティ・ポティデティス・ユリス　32
運用停止　191

か　行

外交関係または領事関係の断絶　198
解　釈　73
解釈宣言　59, 60
解釈の補足的な手段　82
改　正　72
海洋の自由　20
加　入　50
仮署名　50
間接適用　107, 115
完全担保主義　94
偽装留保　60
寄託者　60
客観的基準（要件）　111
強行規範　6, 189, 199
強者の法　33, 187
行政協定　49
行政取極　93, 101
許容性学派　57
国の代表者に対する強制　186
国の代表者の買収　186

国の同意を表明する権限に対する特別の制限　185
形式的法源　2
権力分立　110
　　――の原則　112
行為規範　89
「合意は守られなければならない」（*Pacta sunt servanda*）　19, 63
公海自由の原則　20
交換公文　10
交換書簡　11
公権解釈　75
交　渉　48
交渉国　49
口頭の合意　9
後発的履行不能　197
公　布　101
後法優位の原則　6
効力発生　60
国際河川　36
国際法委員会　42
国際法の漸進的発達及び法典化　4, 42
国際連盟規約　37, 40
国内担保法　94
国内的効力順位　102
国内的効力の発生条件　93
古代国際法　19
国会承認条約　93

さ　行

裁判規範　89
詐　欺　186
錯　誤　185
暫定的適用　61
ジェイ条約　25
時間的範囲　63
事後承認　100
事情の根本的な変化　197
実効性の原則　73

自動執行力　107
修　正　72
重大な違反　195
集団安全保障　40
終　了　190
主観的基準（要件）　111
主　権　17
主権国家　17
主権国家体系　17, 18
受　諾　50
準備作業　82
消極的法律事項　94
消極適用　114
承　認　50
条　約　7
条約関係の安定性　182
条約その他の国際約束　93
条約締結権能に関する国内法違反　184
条約締結能力　46
条約に拘束されることについての同意の表明
　49
条約の関係合意　74
条約の実施　89
条約の遵守　63
条約の登録　14
条約文の確定　49
条約文の採択　48
条約法条約の留保制度　53
条約を構成する文書の交換　50
署　名　49
自力執行力　107
人的範囲　65
人道的性格を有する条約　196
侵略国　71
政治的または経済的な強制　189
正統主義　29
勢力均衡　23
積極的法律事項　94
積極適用　114
絶対的無効原因　183
セルフ・エクゼキューティング　117
全権委任状　13, 48
漸進的実施義務　117

先　占　38
戦争違法化　41
相対的無効原因　183
即時の実施　127

た　行

対抗力学派　57
第3国　65
第3国との関係　70
脱　退　191
地域的慣習法　3
地方的慣習法　3
調停手続　201
直接適用　107
通商条約　22
締結の際の事情　82
締約国　81
敵対行為の発生　199
適　用　63, 73
同一の事項に関する相前後する条約の適用
　66
当事国　81
同類解釈則　87
特定の留保を認めている条約　54
特別国際法　65
特別法優位の原則　6

な　行

2国間条約に対する留保　53

は　行

廃　棄　190
廃棄または脱退の可能性を許容する意図
　194
場所的範囲　65
万国平和会議　38
反対解釈　86
半文明国　44
汎米慣行　53
批　准　50
付随的合意　70
不遡及　64
不平等条約　43

武力による威嚇または武力の行使による国に対
　する強制　187
文　脈　74
法　源　2, 3
法的安定性　110, 113
法的拘束力のない合意　13
法的信念　3

ま　行

無効原因　182
目的論的解釈　73
文言主義解釈　73

や　行

有用性原理　73, 87
ユトレヒト条約　23
用語の通常の意味　73

ヨーロッパ協調　29
ヨーロッパ公法　18, 32

ら　行

留　保　51
　——の撤回　57
留保に関する規定がない条約　54
留保を禁止している条約　54
領域権原　38
了解覚書　10
両立性の基準　53
連盟慣行　52
ロカルノ体制　41

わ　行

ワシントン体制　41

事項索引　　207

判例索引

国際判例

ICJ（国際司法裁判所）

①訴訟事件

Corfu Channel, Merits, Judgment, I.C.J. Reports, 9 April 1949 ·············· 79

Anglo-Iranian Oil Co. Case (jurisdiction), Judgment, I.C.J. Reports, 22 July 1952 ············· 8

Arbitral Award Made by the King of Spain on 23 December 1906, Judgment, I.C.J. Reports, 18 November 1960 ·············· 79

Temple of Preah Vihear, Merits, Judgment, I.C.J. Reports, 15 June 1962 ············· 79

North Sea Continental Shelf, Judgment, I.C.J. Reports, 20 February 1969 ············· 5

Fisheries Jurisdiction (United Kingdom v. Iceland), Jurisdiction of the Court, Judgment, I.C.J. Reports, 2 February 1973 ·············· 65

Aegean Sea Continental Shelf (Greece v. Turkey), Judgment, I.C.J. Reports, 19 December 1978 ··· 12

Military and Paramilitary Activities in and against Nicaragua (Nicaragua v. United States of America), Jurisdiction and Admissibility, Judgment, I.C.J. Reports, 26 November 1984 ····················· 79

Questions of Interpretation and Application of the 1971 Montreal Convention arising from the Aerial Incident at Lockerbie (Libyan Arab Jamahiriya v. United States of America), Provisional Measures, Order, I.C.J. Reports, 14 April 1992 ·············· 69, 70

Maritime Delimitation and Territorial Questions between Qatar and Bahrain, Jurisdiction and Admissibility, Judgment, I.C.J. Reports 1994 ·············· 10, 12, 15

Territorial Dispute (Libyan Arab Jamahiriyal Chad), Judgment, I.C.J. Reports, 3 February 1994 ·············· 79

Gabčikovo-Nagymaros Project (Hungary/Slovakia), Judgment, I.C.J. Reports, 25 September 1997 ·············· 65, 197, 198

Kasikili/Sedudu Island (Botswana/Namibia), Judgment, I.C.J. Reports, 13 December 1999 ········· 64

La Grand (Germany v. United States of America), Judgment, I.C.J. Reports, 27 June 2001 ·········· 88

Land and Maritime Boundary (Cameroon v. Nigeria; Equatorial Guinea intervening), Judgment, I.C.J. Reports, 10 October 2002 ·············· 12

Frontière terrestre et maritime entre le Cameroun et le Nigéria (Cameroun c. Nigéria; Guinée Équatoriale (intervenant)), arrêt, C.I.J. Recueil, 10 Octobre 2002 ·············· 185

Oil Platforms (Islamic Republic of Iran v. United States of America), Judgment, I.C.J. Reports, 6 November 2003 ·············· 81

Activités armées sur le territoire du Congo (nouvelle requête: 2002) (République démocratique du Congo c. Rwanda), compétence et recevabilité, arrêt, C.I.J. Recueil, 3 Février 2006 ········· 57, 190

Territorial and Maritime Dispute between Nicaragua and Honduras in the Caribbean Sea (Nicaragua v. Honduras), Judgment, I.C.J. Reports, 8 October 2007 ·············· 9, 14

Application of the Interim Accord of 13 September 1995 (the former Yugoslav Republic of Macedonia v. Greece), Judgment, I.C.J. Reports, 5 December 2011 ·············· 196

Questions concernant l'obligation de poursuivre ou d'extrader (Belgique c. Sénégal), arrêt, C.I.J. Recueil, 20 Juillet 2012 ·· 190

Application de la convention pour la prévention et la répression du crime de génocide (Croatie c. Serbie), arrêt, C.I.J. Recueil, 3 Février 2015 ·· 190

Maritime Delimitation in the Indian Ocean (Somalia v. Kenya), Preliminary Objections, Judgment, I.C.J. Reports, 2 February 2017 ··· 13, 14

Obligation to Negotiate Access to the Pacific Ocean (Bolivia v. Chile), Judgment, I.C.J. Reports, 1 October 2018 ·· 9, 11, 12

②勧告的意見

Certain Expenses of the United Nations (Article 17, Paragraph 2, of the Charter), Advisory Opinion, I.C.J. Reports, 20 July 1962 ··· 79

Legal Consequences for States of the Continued Presence of South Africa in Namibia (South West Africa) notwithstanding Security Council Resolution 276 (1970), Advisory Opinion, I.C.J. Reports, 21 June 1971 ··· 64, 80

Licéité de l'utilisation des aremes nucléaires par un Etat dans un conflit armé, avis constutif, C.I.J. Recueil, 8 Juillet 1996 ··· 79

Legal Consequences arising from the Policies and Practices of Israel in the Occupied Palestinian Territory, including East Jerusalem, Advisory Opinion, I.C.J. Reports, 19 July 2024 ············· 190

ITLOS（国際海洋法裁判所）

"Hoshinmaru" (Japan v. Russian Federation), Prompt Release, Judgment, ITLOS Reports 2005-2007 ··· 10

Delimitation of the maritime boundary in the Bay of Bengal (Bangladesh/Myanmar), Judgment, ITLOS Reports, 14 March 2012 ··· 10, 12, 14

PCA（常設仲裁裁判所）

Award on Jurisdiction and Admissibility, An Arbitral Tribunal constituted under Annex Ⅶ to the 1982 United Nations Convention on the Law of the Sea between the Republic of the Philippines and the People's Republic of China, PCA 2015 ··· 12, 13

ECHR（欧州人権裁判所）

Case of Belilos v. Switzerland（Application no. 10328/83），Judgment 29 April 1988 ················· 58

HRC（自由権規約委員会）

Communication No. 845/1999, Kennedy v. Trinidad and Tobago, Report of the Human Rights Committee, Vol. Ⅱ, Official Records, Fifty fifth Session, Supplement No. 40（A/55/40）1999 ··· 58, 59

国内判例

最高裁判所

昭和23年政令第201号違反・最大判1953（昭28）・4・8刑集7巻4号775頁 …………… 104

日本国とアメリカ合衆国との間の安全保障条約第3条に基く行政協定に伴う刑事特別法違反事件・最
大判1959（昭34）・12・16刑集13巻13号3225頁 …………………………………………… 103

杉山事件・最一小判1978（昭53）・7・10民集32巻5号820頁 ………………………………… 130

障害福祉年金国籍要件違憲訴訟上告審判決／塩見訴訟・最一小判1989（平1）・3・2裁判集民156号
271頁 ………………………………………………………………………………………………… 120

浅井事件・最三小判1991（平3）・5・10民集45巻5号919頁 ………………………………… 130

外国人指紋押なつ拒否・在留期間更新申請に対する短縮処分取消等事件上告審判決・最一小判1996（平
8）・2・22裁判集民178号279頁 …………………………………………………………………… 129

生活保護申請却下処分取消請求事件・最三小判2001（平13）・9・25裁判集民203号1頁 …… 125, 147

外国人指紋押なつ拒否・在留期間更新申請に対する短縮処分取消等事件上告審判決・最一小判2002（平
14）・6・27（D1-Law.com 判例体系）〔28080288〕 …………………………………………… 129

公職選挙法違反被告事件・最一小判2002（平14）・9・9裁判集刑282号5頁 ……………………… 136

公職選挙法違反被告事件・最三小判2002（平14）・9・10裁判集刑282号251頁 ………………… 136

中国人強制連行広島訴訟等上告審判決・最二小判2007（平19）・4・27民集61巻3号1188頁 ……… 179

グラクソ事件・最一小判2009（平21）・10・29民集63巻8号1881頁 …………………………… 86, 181

遺産分割審判に対する抗告棄却決定に対する特別抗告事件・最大決2013（平25）・9・4民集67巻6号
1320頁 ……………………………………………………………………………………………… 134

高等裁判所

大麻取締法違反、関税法違反・東京高判1993（平5）・2・3東京刑時報44巻1〜12号11頁 ……… 131

シベリア長期抑留等補償請求事件控訴審判決・東京高判1993（平5）・3・5訟月40巻9号1頁 ‥ 112

公職選挙法違反被告事件・広島高判1999（平11）・4・28高検速報（平11）号136頁 …… 82, 105, 133,
136, 175

損害賠償等、障害年金請求却下処分取消請求控訴事件・大阪高判1999（平11）・10・15判時1718号30頁
…………………………………………………………………………………………… 83, 117, 142

損害賠償等請求控訴事件・札幌高判2004（平16）・9・16判例集未登載 ………………………… 153

損害賠償請求控訴事件（1170号）、同附帯控訴事件（1917号）・大阪高判2005（平17）・1・25訟月52巻
10号3069頁 ………………………………………………………………………………………… 84

障害基礎年金不支給決定取消等請求控訴事件・大阪高判2005（平17）・10・27裁判所ウェブサイト掲載
判例〔28131976〕 …………………………………………………………………………… 119, 139

所有権移転登記手続等請求控訴事件・大阪高判2008（平20）・5・19（D1-Law.com 判例体系）
〔28170920〕 ………………………………………………………………………………………… 131

地位確認等請求控訴事件・大阪高判2008（平20）・11・27判時2044号86頁 …… 83, 84, 107, 125, 144, 150,
157

京都市女性協会事件／京都市女性協会嘱託職員賃金差別事件・大阪高判2009（平21）・7・16労判1001
号77頁 ………………………………………………………………………………………… 120, 161

損害賠償請求控訴事件・名古屋高金沢支判2010（平22）・3・8裁判所ウェブサイト掲載判例

〔28161079〕 ··· 111, 112, 178, 180

教職員国旗国歌訴訟控訴審判決・東京高判2011（平23）・3・10判時2113号62頁 ······················ 132

各法人税法違反、関税法違反被告事件・東京高判2013（平25）・11・27高刑66巻4号1頁 ····· 112, 172

損害賠償請求控訴事件・東京高判2014（平26）・3・28民集69巻8号2741頁 ··················· 160, 162

京都朝鮮学園事件・大阪高判2014（平26）・7・8判時2232号34頁 ······································· 56

関税法違反被告事件・東京高判2016（平28）・8・26判時2349号120頁 ····················· 111, 170, 173

各損害賠償等請求控訴事件・東京高判2017（平29）・12・14訟月64巻11号1538頁 ······················ 82

高等学校等就学支援金支給校指定義務付等請求控訴事件・大阪高判2018（平30）・9・27訟月66巻3号
269頁 ····································· 111, 118, 125, 142, 146, 157, 158

更正処分等取消請求控訴事件・東京高判2019（平31）・1・17訟月65巻10号1482頁 ······ 111, 114, 171,
173, 177

夫婦同氏制合憲控訴審決定・東京高決2019（令1）・11・25家庭の法と裁判35号83頁 ·········· 146, 162

損害賠償請求控訴事件・広島高判2020（令2）・9・16判時2486号60頁 ············· 82, 85, 110, 111, 145

朝鮮学校無償化不指定処分取消等請求控訴事件・広島高判2020（令2）・10・16裁判所ウェブサイト掲
載判例〔28283742〕 ································· 85, 110-112, 125, 158

各損害賠償請求控訴事件・東京高判2020（令2）・10・20訟月67巻8号1205頁 ········· 83, 111, 145, 160

損害賠償請求控訴事件・東京高判2020（令2）・10・23裁判所ウェブサイト掲載判例〔28290591〕
·· 145, 161

障害者投票権確認等請求控訴事件・大阪高判2021（令3）・8・30裁判所ウェブサイト掲載判例
〔28292826〕 ··· 167

年金減額改定決定取消請求控訴事件、年金減額改定決定取消等請求控訴事件・大阪高判2022（令4）・
3・16（D1-Law.com 判例体系）〔28301077〕 ··············· 85, 107, 118, 121, 122, 123

年金額改定（減額）処分取消、年金改定決定取消請求控訴事件・名古屋高判2022（令4）・10・27（D1-
Law.com 判例体系）〔28310217〕 ····································· 107, 169

年金減額改定決定取消、年金改定決定取消請求控訴事件・大阪高判2022（令4）・11・16（D1-Law.com
判例体系）〔28310133〕 ··································· 107, 122, 168

未払年金請求控訴事件・広島高松江支判2023（令5）・1・16（D1-Law.com 判例体系）〔28310758〕
··· 84, 122

年金減額分支払請求控訴事件・広島高松江支判2023（令5）・1・16（D1-Law.com 判例体系）
〔28310767〕 ·· 84, 85, 121

年金減額分支払請求控訴事件・福岡高判2023（令5）・1・18（D1-Law.com 判例体系）〔28310757〕
··· 85, 121

還付金（過誤納金）返還請求事件・東京高判2023（令5）・2・16判例集未登載 ························· 181

年金額改定（減額）処分取消請求控訴事件・名古屋高判2023（令5）・2・22（D1-Law.com 判例体系）
〔28311298〕 ··· 169

年金減額処分取消請求控訴事件・広島高判2023（令5）・3・15（D1-Law.com 判例体系）〔28311445〕
··· 124

旧優生保護法仙台高裁判決・仙台高判2023（令5）・6・1訟月70巻1号1頁 ······················ 148, 175

児童相談所一時保護・面会制限国家賠償請求訴訟・大阪高判2023（令5）・8・30（D1-Law.com 判例
体系）〔28312935〕 ··· 149

琉球民族遺骨返還等請求控訴事件・大阪高判2023（令5）・9・22裁判所ウェブサイト掲載判例
〔28313102〕 ··· 143

児童扶養手当・障害年金併給訴訟・大阪高判2023（令5）・10・26（D1-Law.com 判例体系）

判例索引　211

〔28313721〕 ·· 123, 149

慰謝料請求控訴事件・名古屋高判2023（令5）・10・27（D1-Law.com 判例体系）〔28313780〕····· 142,
151, 157

地方裁判所

関税法違反被告事件・神戸地判1961（昭36）・5・30下刑3巻5・6号519頁 ························ 105

在日韓国人再入国不許可処分取消訴訟事件・福岡地判1989（平1）・9・29民集52巻3号704頁····· 81

損害賠償請求事件・東京地判1993（平5）・12・7判時1505号91頁 ································· 84, 130

監視用テレビカメラ撤去等請求事件・大阪地判1994（平6）・4・27判時1515号116頁 ············· 131

受刑者接見妨害国家賠償請求事件・徳島地判1996（平8）・3・15判時1597号115頁 ···· 105, 128, 130,
175

二風谷ダム事件・札幌地判1997（平9）・3・27訟月44巻10号1798頁 ···························· 143

損害賠償請求事件（2号）、障害年金請求却下処分取消請求事件（4号）・大津地判1997（平9）・11・
17訟月45巻7号1205頁 ··· 142

指紋押捺拒否国家賠償請求大阪訴訟第一審判決・大阪地判1998（平10）・3・26判時1652号3頁
··· 105, 129, 175

恩給請求棄却処分取消請求事件・東京地判1998（平10）・7・31訟月45巻7号1312頁 ············· 82

フィリピン性奴隷国家賠償請求訴訟第一審判決・東京地判1998（平10）・10・9訟月45巻9号1597頁
··· 176

在日韓国人再入国不許可処分取消訴訟第一審判決・福岡地判1999〔平11〕・9・29民集52巻3号704頁
··· 176

損害賠償請求事件・静岡地浜松支判1999（平11）・10・12判時1718号92頁 ····················· 104, 152

中国人強制連行国家賠償請求訴訟第一審判決・東京地判2001（平13）・7・12訟月49巻10号2815頁
··· 176

損害賠償請求事件・東京地判2002（平14）・6・28訟月49巻11号3015頁 ··························· 176

損害賠償請求事件（16684号）、損害賠償等請求事件（27579号）・東京地判2002（平14）・8・27裁判所
ウェブサイト掲載判例〔28072758〕 ··· 176

（小樽市）外国人入浴拒否事件・札幌地判2002（平14）・11・11判時1806号84頁 ··········· 128, 151, 153

費用支出差止請求事件・名古屋地判2003（平15）・3・7判夕1147号195頁 ······················ 174

損害賠償等請求事件・東京地判2003（平15）・3・11訟月50巻2号439頁 ························· 176

障害基礎年金不支給決定取消等請求事件・京都地判2003（平15）・8・26裁判所ウェブサイト掲載判例
〔28082537〕 ··· 81, 82, 120, 137, 139, 175

損害賠償請求事件・大阪地判2004（平16）・3・9訟月52巻10号3098頁 ····· 80, 82, 84, 107, 127, 130, 175

供託金還付請求却下処分取消等請求事件・東京地判2004（平16）・10・15訟月52巻2号405頁····· 189

在日コリアン年金差別訴訟・大阪地判2005（平17）・5・25訟月52巻4号1047頁 ················· 119, 141

損害賠償等請求事件（13581, 2598号）、合祀絶止等請求事件（13244号）・東京地判2006（平18）・5・
25訟月54巻3号591頁 ··· 177, 188

国家公務員政党機関誌配布事件・東京地判2006（平18）・6・29刑集66巻12号1627頁 ········· 133, 176

慰謝料等請求事件・京都地判2007（平19）・2・23判時1993号104頁 ················· 117, 119, 121, 137

損害賠償請求事件・富山地判2007（平19）・9・19訟月54巻2号324頁 ··························· 178

所有権移転登記手続等請求事件・大阪地判2007（平19）・10・30（D1-Law.com 判例体系）〔28140498〕
··· 84, 124, 131

地位確認等請求事件・大阪地判2008（平20）・1・23判時2010号93頁 ····· 83, 84, 107, 125, 144,150, 157

京都市女性協会事件／京都市女性協会嘱託職員賃金差別事件・京都地判2008（平20）・7・9労判973
号52頁 ·· 120, 160

謝罪等請求事件・金沢地判2008（平20）・10・31訟月57巻5号1439頁 ························· 176

日の丸・君が代（第一次処分取消）事件・東京地判2009（平21）・3・26判タ1314号146頁 ··· 132, 150

損害賠償請求事件・東京地判2013（平25）・5・29民集69巻8号2708頁 ························ 111, 161

街頭宣伝差止め等請求事件・京都地判2013（平25）・10・7判時2208号74頁 ················· 105, 155

懲戒処分取消等請求事件・東京地判2015（平27）・1・16判自405号57頁 ···················· 83, 132

退去強制令書発付処分取消等請求事件・東京地判2016（平28）・2・12（D1-Law.com 判例体系）
〔29017028〕 ··· 82

関税更正処分取消請求事件・東京地判2016（平28）・3・17訟月63巻1号112頁 ······ 111-113, 170, 172

難民不認定処分取消等請求事件・東京地判2016（平28）・5・10（D1-Law.com 判例体系）〔29018382〕
·· 80, 168

難民不認定処分取消等請求事件・東京地判2016（平28）・5・18（D1-Law.com 判例体系）〔29018382〕
··· 86

更正処分等取消請求事件・東京地判2016（平28）・11・29訟月65巻10号1506頁 ······· 105, 107, 110-113,
170, 173

対米国・嘉手納基地爆音差止等請求事件・那覇地沖縄支判2017（平29）・2・9（D1-Law.com 判例体
系）〔28250731〕 ··· 75, 86, 177

TPP 交渉差止・違憲確認等請求事件（13029号）、同請求事件（23567号）・東京地判2017（平29）・6・
7訟月64巻8号1133頁 ··· 100

朝鮮学校無償化不指定処分取消等請求事件・広島地判2017（平29）・7・19裁判所ウェブサイト掲載判
例〔28252489〕 ·· 125

難民の認定をしない処分取消等請求事件・東京地判2017（平29）・7・27（D1-Law.com 判例体系）
〔29050334〕 ··· 168

難民不認定処分取消請求事件・東京地判2017（平29）・9・28（D1-Law.com 判例体系）〔29031906〕
·· 168

難民の認定をしない処分取消請求事件・東京地判2018（平30）・2・23裁判所ウェブサイト掲載判例
〔29048286〕 ··· 168

朝鮮高校生就学支援金不支給違憲損害賠償請求事件・名古屋地判2018（平30）・4・27判時2400号20頁
··· 84, 118, 125, 158

損害賠償等請求事件・大阪地判2019（平31）・1・29裁判所ウェブサイト掲載判例〔28271431〕 ··· 144

建物明渡等請求事件・神戸地判2019（平31）・2・7（D1-Law.com 判例体系）〔28270809〕 ········ 107

建物明渡等請求事件・神戸地判2019（平31）・2・7裁判所ウェブサイト掲載判例〔28270810〕 ···· 85,
107, 123

損害賠償請求事件・東京地判2019（令1）・10・2訟月67巻8号1235頁 ····· 82, 105, 107, 110-113, 127,
145, 160

損害賠償請求事件・東京地判2019（令1）・11・14（D1-Law.com 判例体系）〔29058065〕 ······ 83, 111,
145, 161, 163

損害賠償請求事件・東京地立川支判2019（令1）・11・14判時2450・2451号85頁 ············ 83, 145, 161

損害賠償請求事件・広島地判2019（令1）・11・19判時2450・2451号102頁 ·············· 82, 83, 145, 159

障害者投票権確認等請求事件・大阪地判2020（令2）・2・27裁判所ウェブサイト掲載判例
〔28281203〕 ·· 111, 166

判例索引　213

年金減額処分取消請求事件・青森地判2020（令2）・2・28（D1-Law.com 判例体系）〔28281026〕
………………………………………………………………………………… 85, 121

年金額改定（減額）処分取消請求事件（22号）、年金改定決定取消請求事件（14号）・岐阜地判2020（令2）・3・2（D1-Law.com 判例体系）〔28281652〕…………………… 85, 121

各関税法違反被告事件・東京地判2020（令2）・3・30（D1-Law.com 判例体系）〔28281781〕…… 111, 170, 173

年金減額改定決定取消請求事件（251号）、年金改定決定取消請求事件（202号）・大阪地判2020（令2）・7・10（D1-Law.com 判例体系）〔28282585〕……………… 85, 107, 121, 122, 168, 169

年金減額改定取消請求事件・東京地判2020（令2）・9・23裁判所ウェブサイト掲載判例〔28283909〕
………………………………………………………………………………… 85, 121

難民不認定処分取消等請求事件・東京地判2021（令3）・1・29（D1-Law.com 判例体系）〔29062414〕
……………………………………………………………………………………… 168

年金減額分支払請求事件・鳥取地判2021（令3）・2・26（D1-Law.com 判例体系）〔28290846〕… 84, 117, 118, 121

年金額改定（減額）処分取消請求事件・名古屋地判2021（令3）・3・25（D1-Law.com 判例体系）〔28291644〕……………………………………………………………… 85, 121

年金額改定（減額）処分取消等請求事件・岡山地判2021（令3）・3・30（D1-Law.com 判例体系）〔28291654〕…………………………………………………………… 85, 121, 122

国家賠償請求事件・岡山地判2021（令3）・3・30（D1-Law.com 判例体系）〔28291655〕………… 107

年金減額分支払請求事件・大分地判2021（令3）・5・27（D1-Law.com 判例体系）〔28292136〕… 121

未払年金請求事件・松江地判2021（令3）・6・14（D1-Law.com 判例体系）〔28292787〕…… 85, 121

優生保護法国賠訴訟・神戸地判2021（令3）・8・3賃社1795号23頁… 64, 122, 129, 148, 163, 164, 175

還付金（過誤納金）返還請求事件・東京地判2022（令4）・2・17税資（250号〜）272号13671順号
……………………………………………………………………………………… 181

還付金（過誤納金）返還請求事件・東京地判2022（令4）・2・17（D1-Law.com 判例体系）〔29069609〕……………………………………………………………………… 177

年金減額改定取消請求事件・宮崎地判2022（令4）・3・4（D1-Law.com 判例体系）〔28300790〕
………………………………………………………………………… 85, 121, 122, 169

年金額減額処分取消請求事件・広島地判2022（令4）・5・11（D1-Law.com 判例体系）〔28301505〕
………………………………………………………………… 85, 111, 121, 169

慰謝料請求事件・津地四日市支判2023（令5）・4・19（D1-Law.com 判例体系）〔28311856〕…… 142

損害賠償請求事件・東京地判2023（令5）・6・19裁判所ウェブサイト掲載判例〔28312749〕…… 157

旅券不発給処分無効確認等請求事件・福岡地判2023（令5）・12・6裁判所ウェブサイト掲載判例〔28313869〕…………………………………………………………………… 86

家庭裁判所

夫婦同氏制合憲第一審審判・東京家立川支審2019（平31）・3・28家庭の法と裁判35号87頁……… 110, 111, 145, 146, 161

■著者紹介

中野　徹也（なかの　てつや）

1969年生まれ。関西大学法学部教授。関西大学大学院法学研究科博士後期課程単位修得後退学。

主な著書に、『竹島問題と国際法』(2019年、ハーベスト出版)、『国際法【第5版】』(第3章担当)(2022年、東信堂)。主な論文に、「人権概念と条約の留保規則」『国際法外交雑誌』111巻4号（2013年）、「条約法条約における『事情変更の原則』」(浅田正彦ほか編『現代国際法の潮流Ⅰ』(2020年、東信堂))、「条約への再加入時に付された留保の効力（1）（2・完）」『関西大学法学論集』第70巻第5号、第71巻第3号（2021年）。

条 約 法

2025年1月15日　初版第1刷発行

著　者　中野徹也

発行者　畑　　光

発行所　株式会社 法律文化社

〒603-8053
京都市北区上賀茂岩ヶ垣内町71
電話 075(791)7131　FAX 075(721)8400
https://www.hou-bun.com/

印刷：亜細亜印刷㈱／製本：㈱吉田三誠堂製本所
装幀：谷本天志

ISBN978-4-589-04359-7

Ⓒ2025　Tetsuya Nakano Printed in Japan

乱丁など不良本がありましたら、ご連絡下さい。送料小社負担にてお取り替えいたします。

本書についてのご意見・ご感想は、小社ウェブサイト、トップページの「読者カード」にてお聞かせ下さい。

JCOPY　〈出版者著作権管理機構　委託出版物〉

本書の無断複写は著作権法上での例外を除き禁じられています。複写される場合は、そのつど事前に、出版者著作権管理機構（電話 03-5244-5088、FAX 03-5244-5089、e-mail: info@jcopy.or.jp）の許諾を得て下さい。

徳川信治・西村智朗編著

テキストブック法と国際社会〔第3版〕

A 5 判・244頁・2530円

高校の既習事項から時事問題まで幅広い素材で導入を図りつつ、国際社会と法のかかわりを考察する好評書の改訂版。前回改訂以降に生じた、COVID-19のパンデミック、SDGs、「ビジネスと人権」、ロシアによるウクライナ侵攻等、昨今の情勢を踏まえ大幅に加筆。

山形英郎編

国 際 法 入 門〔第3版〕
──逆から学ぶ──

A 5 判・434頁・2970円

具体から抽象への目次構成、Quiz や Point 等でわかりやすく解説。冷戦を背景とする20世紀国際法と対比して21世紀国際法を叙述。ウクライナ情勢等国際社会を批判的に見る眼を養う。新たに索引を付し、見出し項目を3つのレベルに分類、学習の便宜を図る。

川島 聡・菅原絵美・山崎公士著

国 際 人 権 法 の 考 え 方

A 5 判・186頁・2640円

障害者や女性への差別の是正が課題の日本社会において、国際的視点から人権を捉える素材を提供。国際人権法の全体像・基本原則をおさえ、国内判例等を交えつつ人権条約の内容を具体的に論じ、さらにその実現方法まで解説。

長瀬 修・川島 聡・石川 准編
〔〈21世紀〉国際法の課題〕

障害者権利条約の初回対日審査
──総括所見の分析──

A 5 判・262頁・4180円

障害を理由とする非自発的入院や障害児と健常児の分離教育といった従来の法政策の再考を求める総括所見。審査過程と所見の内容を総論と各論に分けて解説し、日本の国内法の課題やあるべき姿を具体的に提起。

鶴田 順・島村 健・久保はるか・清家 裕編

環 境 問 題 と 法
──身近な問題から地球規模の課題まで──

A 5 判・200頁・2640円

身近な環境問題が地球規模の広がりをもつ課題であることを詳しく解説。環境条約や国内法など、法の全体像をできるだけ具体的な事例をもとに学習できるように構成や叙述を工夫。SDGs をはじめ政策にもふれた解説が特徴。

小林友彦・飯野 文・小寺智史・福永有夏著

WTO・FTA法入門〔第2版〕
──グローバル経済のルールを学ぶ──

A 5 判・228頁・2640円

WTO を重視する従来の書籍とは一線を画し、FTA の役割もふまえ両者をバランスよく学べる。米国トランプ政権の保護主義的政策、WTO 紛争処理手続の機能不全、日 EU 経済連携協定、日米貿易協定、TPP11など最新動向を補足。

──法律文化社──

表示価格は消費税10%を含んだ価格です